刘静文　肖晨晖　曹爱国◎著

技工院校学生
管理工作机制创新
的多维分析与探究

JIGONG YUANXIAO XUESHENG GUANLI GONGZUO JIZHI
CHUANGXIN DE DUOWEI FENXI YU TANJIU

黑龙江教育出版社

图书在版编目（CIP）数据

技工院校学生管理工作机制创新的多维分析与探究 / 刘静文，肖晨晖，曹爱国著. -- 哈尔滨 ： 黑龙江教育出版社，2024.8. -- ISBN 978-7-5709-4549-8

Ⅰ. G715

中国国家版本馆CIP数据核字第20245JP388号

技工院校学生管理工作机制创新的多维分析与探究
JIGONG YUANXIAO XUESHENG GUANLI GONGZUO JIZHI CHUANGXIN DE DUOWEI FENXI YU TANJIU

刘静文　肖晨晖　曹爱国　著

责任编辑	李中苏
封面设计	朱美杰
责任校对	赵美欣
出版发行	黑龙江教育出版社
	（哈尔滨市道里区群力第六大道 1313 号）
印　　刷	黑龙江天宇印务有限公司
开　　本	787 毫米×1092 毫米　1/16
印　　张	15.75
字　　数	230 千字
版　　次	2024 年 8 月第 1 版
印　　次	2024 年 8 月第 1 次印刷

书　　号	ISBN 978-7-5709-4549-8　　**定　　价**　89.00 元

黑龙江教育出版社网址：www.hljep.com.cn

如需订购图书，请与我社发行中心联系。联系电话：0451-82533087　82533097

如有印装质量问题，影响阅读，请与我公司联系调换。联系电话：18946153030

如发现盗版图书，请向我社举报。举报电话：0451-82533087

前　言

随着时代的进步和社会的发展，技工院校在培养实用型、技能型人才方面发挥着越来越重要的作用。学生作为技工院校的主体，其管理工作的好坏直接关系到人才培养的质量和效果。然而，在生源多样化的背景下，技工院校学生的思想意识、价值观、行为习惯等各方面都呈现出多元化、复杂化的特点，这给技工院校的学生管理工作带来了前所未有的挑战。因此，对技工院校学生管理工作机制的创新进行多维分析与探究，具有非常重要的时代意义。

技工院校学生管理工作机制的创新，不仅是对传统管理模式的改进和提升，更是对新时代人才培养理念的深入贯彻和实践。在当前社会背景下，技工院校学生的需求更加多元化，个性化特点更加突出，因此学生管理工作必须更加注重人性化和个性化，以满足学生的不同需求。同时，随着信息技术的快速发展，网络已经渗透到学生生活的方方面面，技工院校学生管理工作也必须适应这一变化，充分利用信息技术手段，创新管理方式和方法，提高管理效率和质量。

本书围绕"技工院校学生管理工作机制创新"这一主题，由浅入深地阐述了学生管理、技工院校学生管理工作的特殊性、创新管理机制对技工院校学生管理的意义和作用，系统地论述了技工院校学生管理工作机制创新的思路，基于多维视角分别探究了技工院校学生安全管理机制、事务管理机制、班级自主管理机制、学生干部管理机制、顶岗实习学生管理机制、学生自我管理机制、学生社团管理机制的创新，以期为读者理解与践行技工院校学生管理工作机制创新提供有价值的参考和借鉴。本书适用于技工院校从事教育教学管理的专业人士。

通过对技工院校学生管理工作机制创新的多维分析与探究，笔者期望能够为技工院校学生管理工作的改进和提升提供新的思路和方法，推动技工院校人才培养质量的不断提升，为社会输送更多优秀的高素质技能人才。同时，笔者也希望本书能够引起更多教育工作者和研究者的关注和思考，共同推动技工院校学生管理工作的创新与发展。

目　　录

第一章　技工院校学生管理工作综述

第一节　学生管理概述

在教育的广阔天地中，学生管理无疑占据着至关重要的地位。它涉及对学生日常生活、学习行为、心理健康等多方面的指导和监督，旨在促进学生全面发展，培养其成为具备高度责任感和良好素质的未来公民。本节将对学生管理进行概述。

一、学生管理的界定

（一）学生管理的定义

学生管理，顾名思义，是对学生在学校期间的行为、学习、生活等方面进行规范和引导的一系列活动。它涵盖了对学生个体和群体的组织、协调、监督和服务，旨在营造一个良好的学习环境，促进学生全面、健康、和谐发展。学生管理既是一种管理活动，也是一种教育手段，它贯穿于学生的整个学习生涯，对学生的成长和发展具有深远的影响。

（二）学生管理的主体

学生管理作为教育体系中的关键一环，涉及学生的日常行为规范、学习进度跟踪、心理健康关怀及综合素质培养等诸多方面。在这个复杂而精细的过程中，学生管理的主体并非单一存在，而是由多个角色共同构成的，他们各司其职，又相互协作，共同构建了一个全面、多元与协作的教育生态。

首先，学校和教师是学生管理的主体之一。学校作为学生管理的主要场所，通过制定和执行规章制度，确保学生的日常行为符合社会规范和道德标准。同时，学校还通过设立学生管理部门，专职负责学生的纪律教育、心理辅导及家校沟通等工作，为学生的全面发展提供有力保障。教师则是学生管理的重要执行者，他们不仅关注学生的学业成绩，还注重培养学生的道德品质、创新精神和实践能力。通过课堂教学、课外辅导及个别谈话等方式，教师努力引导学生形成正确的价值观和人生观。

其次，家长也是学生管理的重要主体。家长是孩子成长的第一任教师，他们的言传身教对孩子的行为习惯、性格特点及价值观念有着深远的影响。在学生管理中，家长需要与学校保持密切沟通，共同关注孩子的成长状况，及时发现并解决问题。同时，家长还需要积极参与学校的各项活动，如家长会、家长志愿者等，为孩子的全面发展提供支持和帮助。

再次，学生自身也应成为学生管理的重要主体。学生需要认识到自己在学习和生活中的主体地位，自觉遵守规章制度，积极参与各类活动，努力提升自己的综合素质。同时，学生还需要学会自我管理、自我约束和自我激励，不断挖掘自己的潜力和优势，实现自我价值的最大化。

最后，社会作为学生管理的外部环境，也发挥着不可忽视的作用。社会通过制定法律法规、弘扬社会风气及提供教育资源等方式，为学生管理提供有力的支持和保障。同时，社会还需要关注学生的成长环境和发展需求，积极营造有利于学生健康成长的社会氛围。

综上所述，学生管理的主体具有多元化和协作性的特点。学校、教师、家长、学生及社会都扮演着重要的角色，他们共同构成了一个全面、多元与协作的教育生态。在这个生态中，各方需要充分发挥自己的优势和作用，相互支持、相互配合，共同为学生的全面发展贡献力量。同时，我们还需要不断探索和创新学生管理的方式和方法，以适应时代发展和学生需求的变化，为学生的成长和发展创造更加良好的条件和环境。

（三）学生管理的对象

学生管理的对象是全体学生，无论是优等生还是后进生，都需要得到适当的关注和引导。

学生管理作为教育系统中的一个重要环节，其核心在于如何有效地对学生进行引导、协调、服务和监督，以达成教育目标，促进学生全面发展。那么，学生管理的对象究竟包括哪些内容呢？下面将对此进行深度解析。

首先，学生个体是学生管理的最直接对象。这包括对学生的思想、行为、学习、生活等方面的全面管理。思想管理旨在引导学生树立正确的世界观、人生观和价值观，培养他们的道德品质和社会责任感；行为管理则侧重于规范学生的日常行为，防止不良习惯的养成；学习管理关注学生的学习效果和学习方法，帮助他们提升学习能力；生活管理则关注学生的生活环境和生活习惯，确保他们的身心健康。

其次，学生群体也是学生管理的重要对象。学生群体由个体学生组成，但并非个体的简单集合，而是具有自身独特特性和运行规律的整体。学生管理需要关注群体内部的互动关系，引导群体形成良好的学习氛围和积极向上的精神风貌。同时，也需要关注群体与外部环境的交互，确保学生群体能够在和谐、稳定的环境中成长。

（四）学生管理的范围

学生管理作为学校教育的重要组成部分，旨在培养德智体美劳全面发展的社会主义建设者和接班人。这一过程涵盖了多个方面。

1. 理想信念教育

在这一领域，学校应当帮助学生树立正确的世界观、人生观和价值观。通过开展主题教育、组织社会实践活动、举办讲座和报告等形式，引导学生坚定共产主义远大理想和中国特色社会主义共同理想，将个人的理想追求融入国家和民族的事业之中。

2. 道德品质规范的养成教育

学校应当注重培养学生的道德品质，包括诚信、尊重、责任、公正等方面。通过课堂教学、校园文化建设、志愿服务等多种途径，引导学生养成良好的行为习惯和道德品质，成为有道德、有文化、有纪律的公民。

3. 依法治校

学校应当建立完善的规章制度，确保学生管理有法可依、有章可循。同时，学校还应当加强法治教育，培养学生的法治意识，让他们明白自己的权利和义务，学会用法律武器维护自己的合法权益。

4. 维护学生合法权益

学校应当尊重学生的人格尊严和合法权益，保障学生的受教育权、隐私权、人身安全等不受侵犯。当学生权益受到侵害时，学校应当及时介入，依法处理，为学生提供必要的支持和帮助。

学籍管理是学生管理的基础工作。学校应当建立完善的学籍管理制度，对学生的入学、转学、休学、复学、毕业等各个环节进行规范管理。通过学籍管理，学校可以全面掌握学生的基本情况，为教育教学提供有力的支持。

5. 学习指导

学校通过设立专门的学业指导中心，为学生提供个性化的学习规划、课程选择和学术咨询。学业指导老师会根据学生的兴趣、特长和学业目标，给予专业的建议和指导，帮助学生建立正确的学习方法和习惯，提高学习效果。此外，学校还会组织各种学术讲座、研讨会和实践活动，开阔学生的知识视野，提升学术素养。

6. 就业指导与服务

随着社会的快速发展和就业市场的不断变化，学校越来越重视学生的职业规划和就业准备。就业指导中心会为学生提供职业测评、简历制作、面试技巧等方面的指导，帮助他们了解就业市场和行业趋势，制定合适的职业目标和发展路径。同时，学校还会积极与用人单位合作，组织招聘会、实习实训等活动，为学生提供更多的就业机会和实践平台。

7. 勤工俭学和贫困生救助

学校通过设置勤工俭学岗位和奖学金制度，鼓励和支持学生积极参与社会实践和劳动锻炼，培养他们的劳动意识和自理能力。同时，对于家庭经济困难的学生，学校会提供助学金、贷款等资助措施，帮助他们顺利完成学业，减轻经济负担。

8. 生活服务与心理治疗

学校会提供优质的住宿、餐饮、医疗等生活服务，保障学生的基本生活需求。同时，学校还会设立心理咨询中心，为学生提供心理健康教育和心理咨询服务，帮助他们解决学习、生活和情感方面的问题，维护其心理健康。

9. 校园秩序与课外活动

学校会制定严格的规章制度和管理措施，维护校园的安全稳定和良好秩序。同时，学校还会组织丰富多彩的课外活动和文化活动，如运动会、文艺比赛、志愿服务等，丰富学生的课余生活，培养他们的综合素质和团队协作精神。

综上所述，学生管理是一个系统工程，需要学校从多个方面入手，全面加强对学生的教育和管理。只有这样，才能培养出更多优秀的社会主义建设者和接班人，为实现中华民族伟大复兴的中国梦贡献力量。

（五）学生管理涉及的资源

学生管理是一个复杂且多层面的过程，它涉及一系列资源的有效配置和整合。这些资源包括教育资源、心理资源和社会资源等，它们在学生的全面发展中发挥着不可或缺的作用。

首先，教育资源是学生管理的基础。教育资源主要包括教师资源、教学设施、教材资料及课程设置等。优秀的教师资源能够为学生提供高质量的教学和指导，帮助他们掌握知识和技能。完善的教学设施和丰富的教材资料则为学生的学习提供了良好的环境和条件。同时，科学合理的课程设置能够根据学生的兴趣和需求，培养他们的综合素质和创新能力。因此，学校应该注重教育资源的投入和建设，为学生提供更好的学习和发展机会。

其次，心理资源在学生管理中同样重要。心理资源主要指的是学生的心理健康状况、心理咨询服务及心理健康教育等。学生的心理健康状况直接影响他们的学习和生活状态，因此学校应该关注学生的心理健康问题，提供必要的心理咨询服务，帮助他们解决心理困扰和问题。同时，通过心理健康教育，学生可以更好地了解自己的内心世界，提高自我认知和情绪管理能力，从而更好地应对学习和生活中的挑战。

最后，社会资源也是学生管理中不可忽视的一部分。社会资源主要包括社区资源、家庭资源及校企合作等。学校应该积极利用社区资源，如博物馆、图书馆、科技馆等，为学生提供更广阔的学习和实践平台。同时，家庭资源也是学生成长的重要支撑，学校应该与家长保持密切联系，共同关注孩子的成长和发展。此外，校企合作可以为学生提供实习和就业机会，帮助他们更好地融入社会。

综上所述，学生管理涉及的教育资源、心理资源和社会资源是相互关联、相互作用的。学校应该充分利用这些资源，为学生提供更好的教育环境和发展机会，促进他们的全面发展。同时，学生也应该积极利用这些资源，不断提升自己的能力和素质，为未来的发展打下坚实的基础。

二、学生管理：目标与实现

学生管理作为教育体系中不可或缺的一环，其目标在于创造一个有利于学生学习和发展的环境。这一目标的实现，不仅关乎学生的个人成长，也关系到整个教育体系的健康运行。

首先，学生管理的核心目标是确保学生的安全和健康。在校园生活中，学生可能会面临各种潜在的风险和挑战，如意外伤害、心理困扰等。因此，学生管理需要制定并执行严格的安全规章制度，提供必要的健康教育和心理咨询服务，以预防和应对各种可能出现的问题。

其次，学生管理致力于促进学生的学习进步。这包括提供适宜的学习资源，如图书馆、实验室等，以及制订科学的教学计划和课程安排。同时，学生管理还需要关注学生的学习态度和习惯，通过激励和引导，帮助学生形成自主学习的能力。

再次，学生管理还承担着培养学生综合素质的任务。除了专业知识的学习，学生还需要具备良好的道德品质、团队协作能力、创新精神等。因此，学生管理应通过各种途径，如组织社会实践活动、开展志愿服务等，来提升学生的综合素质。

最后，学生管理还应关注学生的个性发展和兴趣培养。每个学生都是独一无二的个体，他们有着不同的兴趣、特长和发展方向。学生管理应尊重学生的个性差异，提供多样化的教育资源和活动平台，以满足学生的不同需求。

要实现上述目标，学生管理需要不断创新和完善。一方面，学生管理需要与时俱进，适应社会发展的新要求和新挑战；另一方面，学生管理还需要注重人文关怀，关注学生的内心世界和情感体验。只有这样，才能真正创造一个既安全又充满活力、既严谨又充满创新的校园环境，为学生的全面发展提供有力的保障。

总之，学生管理的目标是多方面的，既关注学生的安全和健康，又注重学生的学习进步和综合素质提升，同时尊重学生的个性发展和兴趣培养。实现这些目标需要学生管理部门、教师、家长及学生本人的共同努力和配合。通过不断创新和完善学生管理制度和方式，我们可以为学生创造一个更加优质、更加人性化的学习环境，助力他们茁壮成长，成为社会的栋梁之材。

三、学生管理原则

在现代教育中，学生管理不仅是教育工作的基础，更是提高教育质量、促进学生全面发展的重要保障。有效的学生管理需要遵循一系列原则，以构建和谐、高效与人性化的教育环境。

首先，公正与公平是学生管理的核心原则。在教育过程中，每个学生都应享有平等的受教育机会和权利。管理者应保持公正公平的态度，不偏袒任何一方，确保教育资源的合理分配。同时，要建立健全的奖惩机制，对表现优异的学生给予适当的奖励，对违反纪律的学生进行必要的惩处，以维护教育秩序和公平。

其次，尊重与信任是构建和谐教育环境的关键。学生作为独立的个体，拥有自己的思想和情感。管理者应尊重学生的个性差异，关注学生的成长需求，鼓励他们积极参与教育活动。同时，要建立起师生之间的信任关系，让学生感受到教师的关心和支持，从而增强他们的学习动力和自信心。

再次，自主与自律是学生管理的重要原则。在管理中，应充分发挥学生的主体作用，引导他们学会自我管理、自我约束。通过制定明确的规章制度和行为准则，引导学生养成良好的行为习惯和学习习惯。同时，要关注学生的心理健康，提供必要的心理辅导和支持，帮助他们建立积极、健康的心态。

最后，创新与开放是学生管理的发展方向。随着社会的不断进步和教育理念的不断更新，学生管理也需要不断创新和完善。管理者应关注教育前沿动态，积极引进先进的管理理念和方法，提高管理效率和质量。同时，要保持开放的态度，鼓励学生和教师提出意见和建议，共同推动教育工作的不断进步。

综上所述，学生管理原则涵盖了公正公平、尊重信任、自主自律以及创新开放等方面。这些原则相互关联、相互支持，共同构成了现代学生管理的理论基础和实践指导。只有遵循这些原则，才能构建出一个和谐、高效、人性化的教育环境，为学生的全面发展提供有力保障。

在未来的教育工作中，我们应不断深化对学生管理原则的理解和认识，将其贯穿于教育实践的各个环节。同时，要关注学生的个性差异和成长需求，为他们提供个性化的教育服务和管理支持。只有这样，我们才能真正实现教育的目标，培养出更多具有创新精神和实践能力的高素质人才。

第二节 技工院校学生管理工作的特殊性

一、新时期我国对技工院校教育的要求

随着时代的快速发展，我国正逐步迈向一个更加注重技能、创新和高质量发展的新阶段。在这一背景下，技工院校作为培养技能型人才的重要基地，其教育质量与水平直接关系到我国技能人才的培养和经济社会的发展。因此，新时期我国对技工院校教育提出了更高的要求。

（一）注重技能实践与创新能力培养

新时期，技工院校教育不再仅仅满足于传统技能的传授，而是更加注重学生的技能实践能力和创新能力的培养。这要求技工院校在课程设置上更加注重理论与实践的结合，通过项目教学、实践教学等方式，让学生在实践中掌握技能，提高解决问题的能力。同时，要鼓励学生参与创新活动，培养他们的创新意识和创新能力，以适应社会对创新型人才的需求。

（二）加强职业素养与综合素质教育

除了技能培养，技工院校还应注重学生的职业素养和综合素质教育。这包括培养学生的职业道德、团队合作精神、沟通能力等，以帮助他们更好地适应未来的工作岗位。同时，技工院校还应加强学生的文化教育，提高他们的文化素养和人文素质，使他们在具备专业技能的同时，也具备较高的综合素质。

（三）深化产教融合与校企合作

产教融合和校企合作是技工院校教育的重要发展方向。通过与企业紧密合作，技工院校可以更好地了解企业的需求和行业的发展趋势，从而调整和优化专业设置和课程设置。同时，企业也可以为技工院校提供实践教学基地和就业渠道，帮助学生更好地实现就业。这种深度融合的模式有助于实现教育资源的优化配置，提高技工院校教育的质量和水平。

（四）推进信息化建设与国际化发展

在信息化时代，技工院校应积极推进信息化建设，利用现代信息技术手段提高教学效率和质量。例如，可以建立在线教育平台，开展远程教育和在线培训；利用大数据和人工智能技术，对学生进行个性化教学和精准管理。此外，技工院校还应加强与国际的交流与合作，引进国外先进的教育理念和教学方法，推动技工院校教育的国际化发展。

（五）完善评价体系与激励机制

为了确保技工院校教育质量和水平的提高，需要建立一套完善的评价体系和激励机制。这包括对学生的学习成果进行客观、全面的评价，对教师的教学质量进行定期评估，以及建立奖励机制，鼓励师生在教学和科研方面取得更好的成绩。同时，技工院校还应加强与政府、行业和社会各界的沟通与联系，争取更多的支持和资源，为技工院校教育的发展创造更好的条件。

综上所述，新时期我国对技工院校教育提出了更高的要求。技工院校应积极响应国家的号召，加强改革创新，不断提高教育质量和水平，为我国技能人才的培养和经济社会的发展作出更大的贡献。

二、技工院校学生的特点

（一）技工院校学生的生理与心理特点

技工院校学生是指中等技工院校等学校内的全日制在校生，其年龄通常为15~18岁。根据发展心理学，该年龄阶段属于青春发育后期以及青年初期，在青春发育期个体会出现3个典型的生理特点：①身形剧变，包括身高、体重以及第二性征的发展；②生理机能迅速增强，并逐步趋于成熟，特别是脑与神经系统在结构与机能上发生一系列重要变化；③性器官与性功能趋于成熟，并逐步产生性意识。

该年龄阶段的个体在心理方面存在以下特点：①在认识上抽象逻辑思维处于优势地位，辩证思维得到发展，思维具有独特性与批判性特点，但仍存在片面性与表面化的局限性；②情感内容趋于丰富，体验的持久性与深刻性增强，个体对情绪的控制调节能力显著提高，但仍存在剧烈性与内隐性的特点；③自我意识增强，具有成人感与独立感的特点。

部分学生表现出以下几个特点：①强烈关注自己的体貌，特别在意别人对自己体貌的评价与反应；②自我意识模糊，自我认知片面，缺乏清晰的人生目标与方向；③自尊与自卑并存，容易产生强烈的挫折感，自控力弱，容易发生冲动行为。

在九年义务教育结束后，学生会参加中考，部分学生进入普通高中学习，而另一部分学生则进入包括技师学院在内的技工院校学习。技工院校主要培养具备中级职业能力的职工和从业人员，相对普通高中，技工院校生源以初中毕业生为主，学制一般为 3~5 年，毕业后获得高、中级职业资格证书。毕业后通常包括就业与升学两种途径，其中就业主要是进入与其所学专业相关的企业工厂，从事相关技术工作，走上工作岗位。而升学主要包括四种方式，即"3+X"对口升学、"3+2"高职、高职单招及五年一贯制。

（二）技工院校学生的构成与学习特点

技工院校作为培养高技能人才的重要基地，其学生群体具有独特的特点。这些学生既具有青春活力的共性，又在知识构成、学习方式等方面展现出鲜明的个性。以下将从学生构成的特点和学生学习的特点两个方面进行详细阐述。

1. 学生构成的特点

（1）多元化的生源背景

技工院校的学生来自不同的地域，有不同的家庭背景和学历层次。有的学生是初高中毕业生，有的则是已经在社会上有一定工作经验的成年人。这种多元化的生源背景使得学生在思维方式、兴趣爱好等方面存在较大的差异。

（2）较强的实践能力倾向

相比于普通院校的学生，技工院校的学生更加注重实践能力的培养。

他们往往对动手操作、实践应用有着浓厚的兴趣，愿意投入更多的时间和精力去提升自己的技能水平。

（3）明确的职业导向

技工院校的学生在选择专业时，往往已经有了明确的职业规划和目标。他们希望通过学习掌握一门实用的技能，为未来的就业和职业发展打下坚实的基础。

2. 学生学习的特点

（1）注重理论与实践相结合

技工院校的教学体系注重理论与实践的有机结合。学生在学习理论知识的同时，还需要进行大量的实践操作和技能训练。这种学习方式有助于培养学生的实际操作能力和解决问题的能力。

（2）自主学习与合作学习相结合

技工院校的学生在学习过程中，既需要发挥自主学习的能力，也需要与同学、教师进行合作学习。他们通过自主学习掌握基础知识，通过合作学习解决复杂问题和提升技能水平。

（3）具有较强的创新意识和创新能力

技工院校的教学体系注重培养学生的创新意识和创新能力。学生在学习过程中，需要不断探索新的方法和思路，尝试解决新问题和新挑战。这种学习方式有助于培养学生的创新思维和实践能力。

综上所述，技工院校在学生构成和学生学习方面都具有独特的特点。技工院校的学生具有多元化的生源背景、较强的实践能力倾向和明确的职业导向；同时，他们注重理论与实践相结合、自主学习与合作学习相结合，并具有较强的创新意识和创新能力。这些特点使得技工院校在培养高技能人才方面具有独特的优势，也为他们未来的职业发展奠定了坚实的基础。

三、技工院校学生管理工作的特殊性分析

技工院校作为培养高素质技能型人才的摇篮，在为社会输送大量优秀

技术人才的同时，也面临着学生管理工作的诸多挑战。相较于普通高等院校，技工院校的学生管理工作具有其独特性，主要体现在学生群体的特点、教育目标的差异以及技能培养的重要性等方面。

技工院校的学生群体具有多样性。由于技工院校招生门槛相对较低，学生来源广泛，包括初中毕业生、高中毕业生、社会青年等。这些学生在年龄、文化基础、学习态度、职业规划等方面存在较大差异，使得学生管理工作更具挑战性。技工院校需要针对不同学生的特点，制订个性化的管理策略，以满足他们的不同需求。

技工院校的教育目标与普通高等院校有所不同。技工院校更注重培养学生的实际操作能力和职业技能，而非单纯的理论知识。因此，在学生管理工作中，技工院校需要更加注重实践教学和校企合作，以提高学生的实践能力和职业素养。同时，技工院校还需要关注行业动态和技术发展趋势，及时调整专业设置和课程设置，以确保学生所学知识与市场需求相契合。

技能培养在技工院校学生管理工作中占据重要地位。技工院校的学生需要掌握一定的专业技能，以便在未来的职业生涯中具备竞争力。因此，学生管理工作需要围绕技能培养展开，包括制订科学合理的技能训练计划、提供充足的实训设备和场地、加强与企业的合作等。此外，技工院校还需要关注学生的技能考核和认证工作，确保学生的技能水平得到社会的认可。

技工院校学生管理工作还需要关注学生的心理健康和职业规划。由于技工院校学生面临着较大的就业压力和技能提升需求，他们容易出现焦虑、自卑等心理问题。因此，学生管理工作需要关注学生的心理健康状况，提供必要的心理辅导和支持。同时，技工院校还需要加强学生的职业规划教育，帮助他们树立正确的职业观念，制订合适的职业发展规划。

技工院校的学生管理工作具有其独特性，需要针对学生的特点、教育目标和技能培养要求制订个性化的管理策略。通过加强实践教学、校企合作、技能考核和心理辅导等方面的工作，技工院校可以培养出更多高素质的技能型人才，为社会的发展作出积极贡献。

四、技工院校学生管理工作的原则

技工院校作为培养技术技能人才的重要基地，其学生管理工作显得尤为关键。有效的学生管理不仅有助于维护学校的正常秩序，更能促进学生的全面发展，提升他们的职业素养和综合能力。在技工院校学生管理工作中，需要遵循一系列原则，以确保管理工作的科学性和有效性。

（一）以人为本原则

技工院校学生管理工作的核心是以学生为本，尊重学生的个性差异和成长需求。在管理工作中，要关注学生的全面发展，注重培养学生的创新精神和实践能力。同时，要尊重学生的主体地位，充分发挥学生的主观能动性，激发他们的学习热情和积极性。

（二）依法治校原则

依法治校是技工院校学生管理工作的基础。学校应建立健全各项规章制度，明确管理职责和权限，确保管理工作的规范化和制度化。同时，要加强对学生的法治教育，引导学生自觉遵守校纪校规，增强学生的法治意识。

（三）公平公正原则

公平公正原则在技工院校学生管理工作中具有重要意义。在管理过程中，要坚持公开透明、一视同仁的原则，确保各项管理措施的公平性和公正性。同时，要关注学生的利益诉求，积极听取学生的意见和建议，及时解决学生面临的问题和困难。

（四）预防为主原则

技工院校学生管理工作应注重预防，通过加强对学生思想动态的关注和引导，及时发现和解决潜在的问题。同时，要加强对学生行为的监督和约束，防止不良行为的发生。此外，还要加强对学生心理健康的关注和疏导，帮助学生建立正确的人生观和价值观。

（五）协同育人原则

技工院校学生管理工作需要学校、家庭和社会共同参与，形成协同育人的良好氛围。学校应加强与家长的沟通和联系，共同关注学生的成长和发展；同时，要积极与社会各界合作，为学生提供更多的实践机会和就业渠道。通过多方面的协同合作，共同促进技工院校学生的全面发展。

综上所述，技工院校学生管理工作的原则涵盖了以人为本、依法治校、公平公正、预防为主和协同育人等多个方面。这些原则共同构成了技工院校学生管理工作的基本框架和指导思想，有助于提升管理工作的质量和水平，促进学生的全面发展和成长。在实际工作中，技工院校应根据自身特点和实际情况，灵活运用这些原则，不断完善和优化学生管理工作，为培养更多高素质的技术技能人才作出贡献。

五、技工院校学生管理思路与应对措施

（一）安全管理与心理健康教育并重，培养学生树立信心

在完善日常管理制度保障的基础上，高度重视学生思想道德与心理健康教育，时刻把学生的安全放在第一位，使以人为本的观念深入教育工作中。针对学生自信心不强的特点，多鼓励、多锻炼，让每一个学生都有自我展示的平台。诸如文艺表演、技能竞赛、学生组织等都是学生培养自信心的平台。在班主任工作中，尤其注重渗透正确的价值导向，传播正能量，帮助学生找到奋斗的目标。

（二）学生活动重质量，培养技能型人才

校园文化艺术节、科技节、体育节等校园活动项目繁多，但过多的文体活动会令学生轻主业、重副业。同时，由于师生精力有限，太过频繁的学生活动会降低其质量，不能达到提升学生素质的根本意义。社团方面，应控制数量、提升质量，发展优质社团，让其真正为学生服务，培养人才。在此方面，可以多发展技能类型的社团，利于对接各类技能竞赛的社团或兴趣小组。在日常训练中，既提升了学生的专业水平，又能为竞赛输

送种子选手。

（三）基于以人为本实施学生安全、心理教育

技工院校的学生多处于青春期，在学生管理中，教师应不断完善教育制度和学生管理制度，加强对学生的教育引导，为学生的成长和发展创造良好的生活环境。在学生教育管理中，应重点突出学生的安全教育和心理教育。对青少年而言，其正处于成长的关键时期，此阶段学生活泼好动、探究欲望强盛，这使其在活动探究中存在一定的安全隐患。对此，技工院校应充分认识到学生的年龄特征，然后制订完善的校园安全管理制度，并加强校园监控、安全防护设施等基础设施的建设，以此来为学生的健康成长创造良好环境。同时，在学生心理教育中，教师应坚持以人为本的理念，分阶段、分年级进行针对性心理健康素质教育。在心理教育过程中，心理测试是对学生心理健康状况进行把控的重要依据，教师应系统全面地开展班级学生心理测试，掌握学生的心理动态。然后充分借助微信、QQ等现代通信工具，加强自身与学生的联系，深化心理咨询。此外，针对家庭破裂等因素引起的学生心理问题，应及时进行干预，并对学生进行心理辅导，以此来促进学生的健康成长。

（四）以"工匠精神"为导向开展技能人才培养

巩固学生技工理论知识，培养学生技工操作技能是技工院校学生管理及教育教学工作开展的重要任务。在学生技工专业技能培养中，应时刻以"工匠精神"为导向，培养社会需要的知识型、技能型、创新型技能人才。技能教育是技工院校学生管理教育的基础。新时期，技工院校在开展学生技能教育中，应注重以下要点。

①学校应进一步加强对学生基础知识的检验，了解学生的认知能力，然后系统化地开展教学设计，确保学生能理解教师所讲授的内容。

②在教学方法的应用中，教师应注重分层教学、探究教学、多媒体教学等方式的应用，同时技工院校应加强实训基地的建设，通过校企合作培养并巩固学生的实践技能，确保学生实际操作能力突出。

③在进行学生专业技能教育管理中，要落实"工匠精神"这一教育理念，还应注重学生敬业精神、精益精神、专注精神、创新精神的培养，即在教学中，教师应将"匠心"融入各个环节，寻求技术突破和创新，不断提升学生的专业技术素养，确保学生满足社会工业发展需要。

（五）从"立德树人"的角度出发开展学生德育

传统教学实践中，技工院校学生管理中存在学生不听从管教等问题，这不但影响了学校的教育教学质量，而且对学生本人的发展也会造成较大影响。新时期，要进一步提升技工院校学生管理质量，必须从"立德树人"的角度出发，积极开展学生的德育管理。就学生德育而言，应注重以下要点把控。

①在学生教育中，应在构建良好道德环境的基础上，通过师生的互动影响来提升德育工作质量。

②开展学生德育的核心在于明确德育教学的工作内容。

新时期，网络媒体技术的发展使技工院校学生获取知识的渠道具有多样性，同时学生的价值观念也出现了多元化的发展特征。在教学中，教师应有意识地加强德育与学生生活之间的联系，通过个体案例、课堂活动、主题班会等形式，积极开展德育，实现学生日常行为的有效规范，为学生管理创造有利条件。

（六）注重学生的阶段性考核

技工院校的教学问题与学生自身原因、学校客观条件具有较大关系。在以往的教学管理中，技工院校学生管理的办法较少，很多院校仅通过期末考核的办法对学生进行监督管理，这使学生没有来自学校的压力和目标，管理效果不理想，同时也加大了学生的管理难度。对此，在新时期学生管理中，应注重学生考核方式的优化：一方面，技工院校教师应灵活掌握考核的内容和时间分配。在实际考核中，应从理论知识、实践技能等多个方面模块化地开展考核。同时，采用定期与不定期相结合的考核时间分配方法，提高学生对于技工技能学习的重视程度。另一方面，针对学生智育、实践技能、德育等考核的结果，应做到精准反馈，及时指导学生进行问题纠正，以此来提升技工院校学生的管理质量，促进学生长远发展。

技工院校学生管理对学校教育水平和学生长远发展具有深刻影响。新时期，教育工作者只有充分认识到技工院校学生管理的必要性，然后结合当前管理问题及学生特点，系统化地进行管理方法的创新，这样才能有效地提升技工院校学生的管理质量，实现高素质知识型、技能型、创新型人才的有效培养。

严格的纪律是教学保障的盾牌，学习是学生的根本，教学是办学的主旨。针对技工院校学生实际情况，学校不得不采用规训式的教育方式。然而，在严格的纪律与繁多的教条面前，仍然有一部分学生不服从管理，纪律章程对他们而言像一纸空文。但若教育仅仅停留在工具性地管束学生和教授其技能的状态，那只能是一种技能的训练，而没有体现出教育更深刻的含义。教育需要的是树立旗帜、点拨方向，而非仅仅是挥动鞭子。针对技工院校部分学生文化底子薄、个人成长方面存在问题的这些情况，教育者最应该做的是唤醒学生的自我成长意识和发展意识。但这种唤醒，不是依靠规定制度让他们遵守，而是教育者用尊重、耐心和真诚去带动、影响他们的灵魂，令学生从本质上改变自己对生活的态度，指引他们对未来进行理性的思考。

第三节 创新管理机制对技工院校学生管理的意义和作用

在技工院校教育体系中，学生管理是一项至关重要的工作，它关系到学生的全面发展、学校的教育质量及社会的稳定和谐。近年来，随着教育改革的不断深化和社会发展的日新月异，传统的学生管理模式已逐渐显露出其局限性。因此，创新管理机制在技工院校学生管理中的应用变得尤为重要。

一、学生管理机制的定义与重要性

在现今的教育环境中，学生管理机制的构建和实施显得尤为关键。它涉及学校的日常运作、教学质量的保障，以及学生的全面发展。那么，什么是学生管理机制？它的重要性又体现在哪里呢？

首先，学生管理机制是学校为了规范学生行为、维护学校秩序、促进学生全面发展而制定的一系列规章制度、管理办法和操作流程的总和。这些规章制度包括学生守则、行为规范、奖惩制度等；管理办法则涉及学生选课、考勤、评价等方面；而操作流程则指学生在校期间的各项活动、事务处理等的具体步骤。这些形成了一个完整的学生管理机制，确保了学校教育的有序进行。

学生管理机制的重要性体现在以下几个方面。

首先，良好的学生管理机制有助于维护学校的秩序和稳定。通过制定明确的规章制度，学校能够规范学生的行为，防止违纪现象的发生，从而营造一个良好的学习氛围。同时，科学的管理办法和操作流程也能够确保学校各项工作的顺利进行，避免混乱和冲突。

其次，学生管理机制有助于促进学生的全面发展。通过合理的选课制度，学生可以根据自己的兴趣和特长选择适合自己的课程，发展自己的潜能。通过科学的考勤和评价制度，学生可以及时了解自己的学习情况，调整学习策略，提高学习效果。同时，奖惩制度的实施也能够激励学生积极进取，追求卓越。

最后，学生管理机制还能够增强学校的凝聚力和向心力。通过共同参与规章制度的制定和执行，学生能够感受到自己是学校的一分子，增强对学校的认同感和归属感。同时，学校也能够通过学生管理机制了解学生的需求和想法，及时调整教育策略，提高教育质量。

综上所述，学生管理机制是学校教育中不可或缺的一部分。它不仅能够维护学校的秩序和稳定，促进学生的全面发展，还能够增强学校的凝聚力和向心力。因此，学校应该重视学生管理机制的构建和实施，不断完善和优化相关制度和流程，为学生提供一个更好的学习和成长环境。同时，学生也应该积极配合学校的管理工作，自觉遵守规章制度，参与学校的各项活动，共同营造一个和谐、有序、充满活力的校园氛围。

二、学生管理机制的全面构建

在现代教育体系中，学生管理机制是一个复杂而关键的组成部分。它不仅涉及学生的日常行为规范，还涵盖了安全教育、实习管理、社团活动等多个方面。一个完善的学生管理机制能够为学生创造一个安全、有序、和谐的学习和生活环境，促进他们的全面发展。

（一）管理工作机制

管理工作机制是学生管理机制的基础。它涵盖了学校对学生日常行为的规范和管理，包括课堂纪律、作息制度、考试规定等。通过制定明确的管理规定和奖惩措施，管理工作机制能够确保学生在校园内的行为符合教育目标和社会规范。

（二）安全管理机制

安全管理机制是保障学生身心健康和生命安全的重要措施。学校应建立健全的安全管理制度，包括校园安全巡查、突发事件应急预案等。同时，加强安全教育和培训，增强学生的安全意识和自我保护能力。

（三）事务管理机制

事务管理机制涉及学生日常生活中的各项事务管理，如宿舍管理、食堂管理、图书借阅等。通过建立完善的事务管理流程和规范，学校能够确保学生在校园内享受到便捷、高效的服务，提升他们的学习和生活质量。

（四）班级自主管理机制

班级自主管理机制是培养学生自我管理和团队合作能力的有效途径。学校应鼓励班级制定自己的规章制度和管理办法，通过班级会议、民主选举等方式，让学生参与到班级管理中来。这样不仅能够增强学生的责任感和归属感，还能够培养他们的领导力和组织协调能力。

（五）学生干部管理机制

学生干部是学校管理中的重要力量。通过建立学生干部选拔、培训、考核和激励机制，学校能够培养出一批具有领导能力、组织协调能力和团队合作精神的学生干部。学生干部可以协助学校开展各项工作，推动校园文化的建设和发展。

（六）实习学生管理机制

实习是学生学习和成长的重要阶段。学校应建立完善的实习学生管理机制，包括实习单位的选择、实习过程的监督、实习成果的评估等。通过加强与实习单位的沟通和合作，学校能够确保学生在实习期间得到充分的锻炼和提高，为他们的未来发展打下坚实的基础。

（七）自我管理机制

自我管理机制是学生管理机制中的核心部分。通过培养学生的自我管理能力，学校能够帮助学生更好地规划自己的学习和生活，提高学习效率和生活质量。学生应该学会制订学习计划、管理时间、调整心态等技能，以应对学习和生活中的各种挑战。

（八）学生社团管理机制

学生社团是学生发展兴趣爱好、锻炼能力的重要平台。学校应建立规范的学生社团管理机制，包括社团的注册、活动审批、经费管理等方面。通过加强对学生社团的指导和支持，学校能够推动社团活动的健康发展，丰富校园文化生活，促进学生的全面发展。

综上所述，学生管理机制的构建是一个系统工程，需要学校各方面的共同努力。通过不断完善和优化学生管理机制，学校能够为学生创造一个更加和谐、有序、充满活力的学习和生活环境，促进他们的全面发展和成长。

三、创新管理机制的内涵

创新管理机制的内涵在于对传统管理模式的突破和超越，通过引入新的管理理念、方法和手段，实现管理效能的提升。具体来说，创新管理机制包括以下几个方面：首先，它强调以学生为本，关注学生的个性化需求和全面发展；其次，它注重管理过程的科学化和规范化，通过制定完善的管理制度和流程，确保管理工作的有序进行；最后，它倡导管理方式的多样化和灵活性，以适应不同学生的特点和需求。

四、创新管理机制对技工院校学生管理的积极意义

随着社会的快速发展和科技的日新月异，技工院校作为培养高素质技能人才的摇篮，其学生管理工作面临着前所未有的挑战与机遇。在这样的背景下，创新管理机制显得尤为重要，它不仅能够提升技工院校学生管理的效率和效果，更能促进学生的全面发展，为他们未来的职业生涯奠定坚实的基础。

①创新管理机制有助于提升技工院校学生的综合素质。通过引入更加科学、合理的管理方式，可以更好地满足学生的个性化需求，激发他们的学习兴趣和潜能，从而培养出更多具备创新精神和实践能力的高素质人才。

②创新管理机制有助于提高技工院校的教育质量。科学有效地管理可以确保教学工作的顺利开展，提高教师的教学水平，进而提升整个学校的教育质量。

③创新管理机制有助于促进技工院校的和谐发展。通过创新管理机制，可以更好地协调学校与学生、教师与家长之间的关系，增强学校的凝聚力和向心力，为学校的长远发展奠定坚实的基础。

④创新管理机制有助于提高学生管理的针对性和实效性。传统的技工院校学生管理模式往往过于单一和僵化，难以满足学生多样化的需求。通过引入创新管理机制，学校可以更加精准地把握学生的特点和需求，制订个性化的管理方案。例如，利用大数据和人工智能技术，对学生的学习、生活、心理等方面进行全面分析，从而为学生提供更加精准的学习指导和心理辅导。这不仅能够提高管理的针对性，还能增强管理的实效性，使学

生在学校的学习生活中得到更好的成长和发展。

⑤创新管理机制有助于培养学生的创新意识和实践能力。技工院校的学生管理不仅仅是对学生进行日常的管理和约束,更重要的是要激发学生的创新精神和实践能力。通过创新管理机制,学校可以为学生提供更多的实践机会和创新平台,鼓励学生积极参与各种创新活动和项目。这不仅能够培养学生的创新思维和实践能力,还能帮助学生更好地将所学知识应用到实际工作中,为未来的职业发展打下坚实的基础。

⑥创新管理机制有助于构建和谐稳定的校园环境。技工院校的学生管理工作涉及学生的日常生活、学习和人际交往等多个方面,任何一个环节出现问题都可能影响整个校园的和谐稳定。通过创新管理机制,学校可以建立起更加完善的学生管理体系,加强对学生行为的引导和规范,有效预防和化解各种矛盾和冲突。同时,创新管理机制还能促进师生之间的沟通和交流,增强校园文化的凝聚力和向心力,为构建和谐稳定的校园环境提供有力保障。

⑦创新管理机制还能够推动技工院校整体管理水平的提升。通过引入新的管理理念和方法,学校可以不断优化管理流程,提高工作效率。同时,创新管理机制还能激发学校管理人员的工作热情和创造力,推动他们不断探索新的管理方法和手段,进一步提升技工院校的整体管理水平。

综上所述,创新管理机制对技工院校学生管理的作用是多方面的。它不仅有助于提高学生管理的针对性和实效性,培养学生的创新意识和实践能力,还能构建和谐稳定的校园环境,推动学校整体管理水平的提升。因此,技工院校应该积极探索和实践创新管理机制,以适应时代发展的需求,为培养更多高素质技能人才贡献力量。

五、创新技工院校学生管理机制的基本原则

在当今日新月异的时代背景下,技工院校作为培养高技能人才的重要基地,其学生管理机制的创新显得尤为重要。一个科学、合理且富有创新性的管理机制,不仅能够提升学生的学习效率和技能水平,还能够培养学

生的创新精神和实践能力，为社会的持续发展提供有力的人才保障。因此，在创新技工院校学生管理机制时，应遵循以下基本原则。

（一）坚持以人为本的原则

学生是技工院校的主体，也是管理机制创新的出发点和落脚点。因此，在创新学生管理机制时，必须始终坚持以人为本的原则，充分尊重学生的个性差异和发展需求，关注学生的成长过程，努力构建符合学生发展特点的管理体系。同时，要关注学生的心理健康和情感需求，提供必要的心理支持和情感关怀，营造和谐、积极、向上的学习氛围。

（二）坚持公平与效率相结合的原则

公平是教育的基本价值追求，也是技工院校学生管理机制创新的重要原则。在管理机制的设计和实施过程中，应确保所有学生都能够享有平等的受教育机会和权利，不因任何因素而受到歧视或排斥。同时，也要注重效率的提升，通过优化管理流程、提高管理效能等方式，实现资源的合理配置和有效利用，确保学生管理工作的顺利进行。

（三）坚持激励与约束相结合的原则

激励和约束是技工院校学生管理机制中不可或缺的两个方面。在创新管理机制时，既要注重激发学生的内在动力和学习积极性，通过设立奖学金、举办技能竞赛等方式，给予学生充分的认可和奖励；又要建立严格的规章制度和约束机制，规范学生的行为举止，确保学校的秩序稳定和学生的健康成长。

（四）坚持灵活性与适应性相结合的原则

技工院校的学生管理工作面临着复杂多变的环境和挑战，因此在创新管理机制时，应注重灵活性和适应性的提升。管理机制应具备足够的弹性和应变能力，能够根据实际情况进行及时调整和优化，以适应不断变化的学生需求和社会环境。同时，也要注重管理机制的可持续性发展，确保其在长期运行过程中能够保持稳定性和有效性。

（五）坚持系统性与协同性相结合的原则

技工院校学生管理是一项系统工程，需要各部门、各环节的协同配合和共同参与。在创新管理机制时，应注重系统性和协同性的提升，确保各项管理措施之间能够相互衔接、相互促进，形成合力。同时，也要加强与其他部门的沟通与协作，共同推进学生管理工作的创新发展。

综上所述，创新技工院校学生管理机制的基本原则包括坚持以人为本、公平与效率相结合、激励与约束相结合、灵活性与适应性相结合，以及系统性与协同性相结合。这些原则共同构成了技工院校学生管理机制创新的基本框架和指导思想，为提升技工院校学生管理水平、培养高素质技能人才提供了有力保障。

六、创新技工院校学生管理机制的指导思想

在当今快速发展的时代背景下，技工院校作为培养高素质技能人才的摇篮，其学生管理机制的创新显得尤为重要。下面探讨创新技工院校学生管理机制的指导思想，以期为提高技工院校学生管理水平、促进学生全面发展提供理论支持和实践指导。

（一）强化德育为先，培养德才兼备的人才

德育是技工院校教育的灵魂，也是学生管理机制创新的重点。学校应加强德育教育，培养学生的道德情操、社会责任感和集体荣誉感。同时，要将德育与智育、体育、美育等有机结合，形成全面育人的良好氛围。在评价机制上，也要将德育表现纳入综合评价体系，引导学生树立正确的价值观和人生观。

（二）推动信息化发展，提升管理效率

信息化是技工院校学生管理机制创新的重要手段。学校应充分利用现代信息技术，构建学生信息管理系统，实现学生信息的快速获取、分析和利用。通过信息化手段，可以更加精准地掌握学生的学习情况、生活状态和心理需求，为个性化教育和管理提供有力支持。同时，信息化手段还可

以提高管理效率，减轻教师和管理人员的工作负担，使他们有更多时间和精力投入教育教学工作中。

（三）加强校企合作，拓宽学生实践渠道

技工院校的教育目标是培养高技能的应用型人才，因此必须注重实践教学和校企合作。学校应与企业建立紧密的合作关系，共同制订人才培养方案和教学计划，为学生提供更多的实践机会和就业渠道。通过校企合作，学生可以更加深入地了解企业的需求和文化，提高自己的职业素养和综合能力。同时，企业也可以从学校获得更多的人才支持和智力支持，实现互利共赢。

（四）注重评价反馈，持续改进管理机制

评价反馈是技工院校学生管理机制创新的重要保障。学校应建立完善的评价体系和反馈机制，定期对学生管理机制进行评估和改进。通过收集和分析学生的反馈意见和建议，可以及时发现管理机制中存在的问题和不足，为改进提供有力依据。同时，也要关注社会对学校的评价和反馈，及时调整和完善管理机制，以适应社会发展的需要。

总之，技工院校学生管理机制创新是一项长期而艰巨的任务。只有坚持正确的指导思想，不断创新和完善管理机制，才能培养出更多高素质、高技能的优秀人才，为社会的发展作出更大的贡献。

七、创新技工院校学生管理机制的具体设想

在快速发展的现代社会中，技工院校作为培养技术技能人才的重要基地，其学生管理机制的创新显得尤为重要。传统的管理模式往往注重于纪律与规范的执行，而忽视了学生个体差异与全面发展的需求。因此，以下旨在探讨技工院校学生管理机制的创新设想，以期构建一个更加符合时代要求、更加人性化的学生管理体系。

（一）建立以学生为中心的管理理念

传统的学生管理往往以学校和教师为中心，注重对学生的管理与控

制。然而，现代教育理念强调学生的主体性和个性发展。因此，技工院校应转变管理理念，将学生置于管理的核心位置，充分尊重学生的个性差异和发展需求。在管理过程中，应注重激发学生的主动性和创造性，引导他们积极参与学校的各项活动，实现自我价值。

（二）构建多元化的评价体系

传统的评价体系往往以学业成绩为唯一标准，忽视了学生在技能、创新、团队协作等方面的表现。为了更全面地评价学生的发展，技工院校应构建多元化的评价体系。这包括对学生的技能水平、创新能力、实践能力、团队协作能力等进行综合评价，以更准确地反映学生的综合素质和能力水平。同时，评价方式也应多样化，包括自我评价、同学评价、教师评价等，以更全面地了解学生的发展情况和需求。

（三）加强师生沟通与互动

有效的师生沟通与互动是提高学生管理效果的关键。技工院校应建立畅通的师生沟通渠道，鼓励学生积极表达自己的想法和需求，同时教师应及时给予反馈和指导。此外，学校还可以定期组织师生座谈会、教学观摩等活动，增进师生之间的了解与信任，为学生管理创造更加良好的环境。

（四）引入信息化管理手段

随着信息技术的不断发展，信息化管理手段在学生管理中的应用越来越广泛。技工院校可以引入学生信息管理系统、在线学习平台等工具，实现对学生信息的快速查询、统计和分析，提高管理效率。同时，利用网络平台进行在线教学、辅导和答疑，可以突破时空限制，为学生提供更加便捷的学习服务。

（五）注重学生的心理健康教育

技工院校学生在学习和生活中面临着各种压力和挑战，因此心理健康教育在学生管理中具有不可忽视的作用。学校应设立专门的心理健康教育机构，配备专业的心理咨询师，定期开展心理健康教育活动，帮助学生解决心理问题，提高心理素质。同时，教师也应关注学生的心理健康状况，及时发现并干预学生的心理问题，确保学生的健康成长。

综上所述，技工院校学生管理机制的创新是一个系统工程，需要学校、教师、学生和社会各方面的共同努力。通过以学生为中心的管理理念、多元化的评价体系、加强师生沟通与互动、引入信息化管理手段以及注重学生的心理健康教育等方面的创新实践，我们可以构建一个更加符合时代要求、更加人性化的学生管理体系，为培养高素质的技术技能人才奠定坚实的基础。

第二章　技工院校学生管理工作机制创新的思路

第一节　技工院校学生管理理念的创新

一、技工院校学生管理理念的定义与特殊性

技工院校学生管理理念是指针对技工院校学生的特点，结合技工教育的发展目标，形成的一套系统、科学、实用的学生管理方法与思路。这一理念涵盖了学生在校期间的学习、生活、实践等各个方面，旨在通过科学有效的管理，培养学生的专业技能、职业素养和综合能力，为其未来的职业发展奠定坚实的基础。

（一）学生管理理念的定义

学生管理理念是教育管理理念的重要组成部分，它强调以学生为中心，关注学生的全面发展。在技工院校中，学生管理理念更加注重培养学生的实践能力和职业素养，以适应社会对技能人才的需求。这一理念要求教育者和管理者深入了解学生的特点和需求，制定符合实际的管理措施，为学生营造良好的学习氛围和成长环境。

（二）技工院校学生管理理念的特殊性

1. 强调实践技能的培养

技工院校的教育目标是培养具有专业技能和实际操作能力的高素质技能人才。因此，在学生管理理念中，技工院校更加注重实践技能的培养。

这包括提供充足的实践机会、配备先进的实训设备、组织丰富的实践活动等，让学生在实践中学习、掌握和运用技能。

2. 注重职业素养的养成

除了专业技能，技工院校还非常重视学生的职业素养培养。这包括职业道德、职业态度、职业习惯等方面的教育。在学生管理理念中，技工院校通过课堂教育、实践活动、校园文化等多种途径，引导学生树立正确的职业观念，培养良好的职业素养，为其未来的职业发展打下坚实的基础。

3. 实行个性化管理

技工院校的学生在年龄、背景、兴趣等方面存在较大的差异。因此，在学生管理理念中，技工院校强调个性化管理。这包括根据学生的实际情况制订个性化的学习计划、提供个性化的辅导和指导、关注学生的心理健康和成长需求等。通过个性化管理，可以更好地满足学生的需求，促进其全面发展。

4. 倡导校企合作与产学研结合

技工院校的学生管理理念还体现在校企合作与产学研结合方面。通过与企业的紧密合作，技工院校能够及时了解行业发展的最新动态和企业的实际需求，从而调整和优化课程设置和教学内容。同时，学生也有机会参与到企业的实际生产项目中，通过实践锻炼提升专业技能和解决问题的能力。这种校企合作与产学研结合的方式，不仅提高了学生的就业竞争力，也增强了技工院校的社会服务能力。

综上所述，技工院校学生管理理念具有其独特性和特殊性。它强调实践技能的培养、职业素养的养成、个性化管理，以及校企合作与产学研结合等方面。这些理念不仅有助于提高学生的综合素质和就业竞争力，也为技工院校的发展提供了有力的支撑。在未来的发展中，技工院校应继续深化学生管理理念的研究和实践，以适应社会发展的需求和人才培养的新趋势。

二、技工院校学生管理理念创新的必要性

随着社会的快速发展和科技的日新月异，技工院校作为培养技术技能人才的重要基地，其学生管理理念的创新显得尤为重要。传统的学生管理模式往往注重于纪律的维护和知识的灌输，而忽视了学生个性发展、创新能力培养以及职业素养的塑造。因此，技工院校学生管理理念的创新，不仅是适应时代发展的必然要求，也是提升教育质量、培养高素质技术技能人才的关键所在。

首先，技工院校学生管理理念创新是适应社会发展的需要。当今社会，科技进步和产业升级的速度日益加快，对技术技能人才的需求也在不断变化。传统的学生管理模式往往过于僵化和保守，难以培养出具备创新能力和适应能力的技术人才。通过管理理念的创新，技工院校可以更加灵活地调整教育内容和方式，使学生更好地适应社会发展的需求，提高就业竞争力。

其次，技工院校学生管理理念创新是提升教育质量的关键。传统的管理理念往往过分强调纪律和规范，忽视了学生的主体地位和个性化发展。在新的管理理念下，技工院校应该更加注重学生的全面发展，关注学生的兴趣和特长，提供多样化的教育资源和活动平台，激发学生的学习兴趣和创造力，提升教育质量。

再次，技工院校学生管理理念创新有助于培养学生的职业素养。技工院校不仅要培养学生的专业技能，还要注重学生的职业素养教育。通过管理理念的创新，可以引导学生树立正确的职业观念，培养良好的职业道德和团队合作精神，提高学生的综合素质和就业能力。

最后，技工院校学生管理理念创新也是推动学校自身发展的重要动力。随着教育改革的不断深入，技工院校面临着前所未有的发展机遇和挑战。通过管理理念的创新，可以推动学校在教育理念、教学方法、课程设置等方面的改革和创新，提升学校的办学水平和综合实力。

综上所述，技工院校学生管理理念创新是适应社会发展、提升教育质

量、培养学生职业素养以及推动学校自身发展的重要举措。因此，技工院校应该积极探索新的管理理念和方法，不断创新和完善学生管理体系，为培养更多高素质技术技能人才作出积极贡献。

三、学生管理理念创新的内容

（一）树立民主理念

随着社会的快速发展和教育的不断改革，技工院校作为培养高素质技能人才的重要基地，其学生管理理念的创新显得尤为重要。在当前的教育背景下，树立民主理念，推进学生管理的民主化、科学化，对于提升学生的综合素质、促进学生的全面发展具有十分重要的意义。

1. 民主理念的积极意义

民主理念的核心在于尊重学生的主体地位，关注学生的个体差异，以及鼓励学生参与管理过程。在技工院校的学生管理中，树立民主理念意味着要打破传统的单向管理模式，建立起师生共同参与、双向互动的新型管理模式。

①树立民主理念有助于提升学生的自主管理能力。技工院校的学生正处于青春发育期，他们渴望独立、自主，希望得到更多的尊重和认可。通过民主管理，可以让学生参与到规章制度的制定、日常行为的监督以及班级活动的策划等各个环节中，从而培养他们的自我约束能力、组织协调能力以及团队合作精神。

②树立民主理念有助于增强学生的主人翁意识。民主管理能够让学生感受到自己是学校的一分子，是学校发展的参与者和见证者。这种归属感能够激发学生的责任感和使命感，使他们更加珍惜在校的学习时光，更加积极地投入学习和实践中。

③树立民主理念还能够促进师生之间的有效沟通。在传统的管理模式下，师生之间往往存在着一定的隔阂和误解。而民主管理则能够搭建起师生沟通的桥梁，让彼此更加了解、相互尊重。这种良好的师生关系不仅能够提高教育教学的效果，还能够为学生的心理健康和人格发展创造有利

条件。

当然，树立民主理念并不意味着放任自流、毫无约束。在推进民主管理的过程中，还需要注重培养学生的法治意识和规则意识，确保学生在享受民主权利的同时，也能够履行相应的义务和责任。

综上所述，技工院校学生管理理念的创新应树立民主理念，通过提升学生的自主管理能力、增强学生的主人翁意识以及促进师生之间的有效沟通等方式，推动学生管理的民主化、科学化进程。这将有助于培养出更多具有创新精神和实践能力的高素质技能人才，为社会的发展和进步作出积极贡献。

2. 树立民主理念的实施

随着时代的进步和教育理念的革新，技工院校在培养学生技能的同时，也越来越注重学生的全面发展。在这一背景下，学生管理理念的创新显得尤为重要。其中，树立民主理念，将学生置于主体地位，营造平等、民主的人际氛围，是技工院校学生管理工作的重要方向。

（1）将学生置于主体地位

在传统的技工院校学生管理模式中，往往以管理者为中心，学生处于被动接受的地位。然而，这种管理模式忽视了学生的主体地位和个性差异，不利于学生的全面发展。因此，我们需要转变管理理念，将学生置于主体地位，尊重学生的个性差异，关注学生的需求和发展。

将学生置于主体地位，意味着管理者需要更加关注学生的成长过程，而不仅仅是关注学生的表现结果。在日常管理中，管理者应该积极倾听学生的意见和建议，了解他们的学习、生活和心理状况，为他们提供个性化的指导和帮助。同时，管理者还应该鼓励学生积极参与学校的各项活动，培养他们的自我管理和团队协作能力，促进学生的全面发展。

（2）营造平等、民主的人际氛围

营造平等、民主的人际氛围是学生管理工作中的重要一环。只有在这样的氛围中，学生才能充分发挥自己的潜能，实现自我价值。

要营造平等、民主的人际氛围，管理者首先需要摒弃权威主义的思维方式，与学生建立平等、相互尊重的师生关系。在与学生交流时，管理者应该使用亲切、平等的语言，避免使用命令式的口吻。同时，管理者还应该尊重学生的意见和建议，鼓励学生表达自己的观点和想法，培养他们的批判性思维和创新能力。

此外，技工院校还可以通过举办各种形式的民主活动，如学生代表大会、座谈会等，来增强学生的民主意识和参与意识。这些活动可以让学生更加深入地了解学校的各项政策和规定，同时也可以让他们有机会参与到学校的决策过程中来，提高他们的责任感和归属感。

（3）遵从参与一体原则，实现共同目标

参与一体原则强调管理者与被管理者之间的紧密合作和共同努力。在技工院校学生管理工作中，这一原则的应用有助于形成强大的合力，推动学生管理工作的顺利进行。

为实现参与一体原则，技工院校应建立有效的沟通机制，确保管理者与学生之间的信息畅通。通过定期召开学生座谈会、设立意见箱等方式，收集学生对管理工作的意见和建议，及时调整管理策略，满足学生的合理需求。

同时，技工院校还应鼓励学生积极参与学校的各项管理工作。例如，可以设立学生管理岗位，让学生参与到宿舍管理、食堂监督等实际工作中来，培养他们的管理能力和责任感。此外，还可以通过开展志愿服务、社会实践等活动，让学生更好地了解社会、服务社会，增强他们的社会责任感和公民意识。

（4）保障学生民主自由的学习权利

民主理念的核心在于尊重和保护个体的权利和自由。对于技工院校的学生来说，民主自由的学习权利是他们成长成才的重要保障。

为此，技工院校应尊重学生的学习兴趣和选择权，提供多样化的课程和学习方式，满足学生的个性化需求。同时，还应建立公平、公正的评价体系，确保学生在评价过程中得到公正对待，激发他们的学习积极性和创新精神。

此外，技工院校还应加强对学生学习权利的保障和监督。对于侵犯学生学习权利的行为，应及时予以制止和纠正，确保学生的合法权益得到维护。

综上所述，树立民主理念是技工院校学生管理理念创新的重要内容。通过将学生置于主体地位、营造平等民主的人际氛围、遵从参与一体原则以及保障学生民主自由的学习权利，可以有效提升技工院校学生管理工作的质量和效果，为学生的全面发展奠定坚实基础。

（二）树立法治理念

随着社会的快速发展和技术的不断进步，技工院校作为培养技术技能人才的重要基地，其学生管理理念的创新显得尤为重要。在当前的时代背景下，树立法治理念，将法治精神融入学生管理的各个环节，不仅是技工院校学生管理现代化的必然趋势，也是培养学生法律素养、提升院校整体管理水平的关键所在。

1. 法治理念的积极意义

树立法治理念，意味着在学生管理过程中要始终坚持依法办学、依法治校的原则。技工院校应建立健全各项规章制度，确保学生管理的各项工作都有法可依、有章可循。同时，要加强对学生管理法律法规的宣传教育，使学生了解并遵守相关规定，形成尊法、学法、守法、用法的良好氛围。

在学生管理理念创新的过程中，法治理念的树立要求管理者转变传统的管理观念，由简单的命令式管理向法治化管理转变。这要求管理者具备较高的法律素养和法治意识，能够运用法律手段解决学生管理中出现的各种问题。同时，技工院校还应加强对管理者的法律培训，提升他们的法治思维和法治能力。

法治理念的树立有助于提升学生的自我管理能力和法治素养。通过参与学生管理规章制度的制定和执行，学生可以更加深入地了解法律精神和法治原则，从而在日常生活中自觉遵守法律法规，维护自身的合法权益。此外，法治理念的传播还有助于培养学生的公民意识和责任意识，使他们成为具备高度社会责任感和法治精神的合格公民。

当然，树立法治理念并不意味着完全摒弃人文关怀。在坚持法治原则的基础上，技工院校还应注重学生的个性化需求和情感关怀，努力实现法治与人文关怀的有机结合。通过建立完善的学生权益保护机制、加强心理健康教育和职业规划指导等措施，技工院校可以在保障学生合法权益的同时，促进学生的全面发展和个性成长。

树立法治理念是技工院校学生管理理念创新的重要内容。通过加强法治建设、提升管理者法律素养、加强学生法治教育等措施，技工院校可以为学生创造一个既规范有序又充满人文关怀的成长环境，培养出更多具备法治精神和技术技能的高素质人才。

2. 法治理念的实施

随着社会的不断进步和法治建设的深入，技工院校作为培养技术技能人才的重要基地，其学生管理理念的创新显得尤为重要。树立法治理念，全面准确地认识学校与学生之间的法律关系，并赋予学校"依法自主办学"的内涵，是保障学生合法权益、推动技工院校健康发展的必由之路。

（1）全面准确地认识学校与学生之间的法律关系

①宪法权关系。宪法是国家的根本大法，它赋予公民基本权利和义务。技工院校学生作为国家的公民，享有宪法规定的各项权利，如受教育权、人身自由权、财产权等。学校作为教育机构，应当尊重学生的宪法权利，确保学生在校园内的合法权益得到充分保障。同时，学生也应当履行宪法规定的义务，如遵守法律法规、维护国家统一和民族团结等。

②行政权关系。技工院校作为教育行政部门的下属单位，在行使教育管理职能时与学生之间形成行政权关系。学校依法享有对学生的管理权，如学籍管理、奖惩管理等。但这种管理权的行使必须依法进行，不能侵犯学生的合法权益。同时，学生也有权对学校的行政行为提出申诉或复议，以维护自己的合法权益。

③民事权关系。在技工院校中，学校与学生之间还存在民事权关系。例如，学校为学生提供教学设施、住宿条件等，学生则需要支付学费、住

宿费等费用。这种关系应当遵循民事法律的原则，如平等自愿、诚实信用等。学校应当为学生提供优质的服务和资源，而学生也应当按时履行缴费义务。

（2）全面准确地赋予学校"依法自主办学"的内涵，切实保障学生的合法权益

依法自主办学是技工院校发展的内在要求，也是对学生合法权益的重要保障。学校应当在法律法规的框架内，充分发挥自身的办学特色和优势，制定符合实际的管理制度和规定。同时，学校还应当尊重学生的主体地位，充分听取学生的意见和建议，确保学生的合法权益得到充分保障。

在依法自主办学的过程中，学校应当注重培养学生的法律意识和法治素养。通过开设法治教育课程、举办法治讲座等方式，引导学生树立正确的法治观念，增强法治意识。同时，学校还应当建立健全学生权益保护机制，如设立学生申诉委员会、建立学生权益保护热线等，为学生提供及时有效的法律援助和维权服务。

总之，树立法治理念、全面准确地认识学校与学生之间的法律关系、赋予学校"依法自主办学"的内涵并切实保障学生的合法权益，是技工院校学生管理理念创新的重要内容。只有这样，才能推动技工院校的健康发展，培养出更多优秀的技术技能人才。

（三）树立创新理念

技工院校作为培养高素质技术技能人才的重要基地，其学生管理理念的创新直接关系到人才培养的质量和效果。在当前社会快速发展、技术日新月异的背景下，传统的学生管理理念已难以满足新时代技工院校的发展需求。因此，树立创新理念，推动技工院校学生管理理念的革新，成为技工院校发展的重要课题。

1. 创新理念的重要性

创新是引领发展的第一动力，也是技工院校学生管理工作不断进步的源泉。树立创新理念，意味着要敢于打破传统思维的束缚，敢于尝试新的管理方法和手段，以适应时代发展的需要。创新理念不仅能够激发学生的

学习积极性和创造力，还能够提升技工院校的教学质量和社会声誉，为培养更多优秀的技术技能人才奠定坚实基础。

2. 创新理念的具体体现

（1）以学生为中心，注重个性化管理

传统的技工院校学生管理往往注重统一性和规范性，而忽视了学生的个体差异和个性化需求。创新理念要求管理者在管理中更加注重学生的个性化发展，尊重学生的选择权和自主权，提供多样化的教育资源和培养路径，以满足不同学生的成长需求。

（2）强化实践教学，注重技能培养

技工院校的核心任务是培养技术技能人才，因此学生管理也应紧紧围绕这一核心任务展开。创新理念要求管理者加强学生实践教学环节的管理，为学生提供更多的实践机会和平台，让学生在实践中掌握技能、提升能力，实现知行合一。

（3）构建多元化评价体系，注重全面发展

传统的技工院校学生评价体系往往过于单一，过分强调学业成绩而忽视了学生的综合素质和创新能力。创新理念要求管理者构建多元化的评价体系，将学生的技能水平、实践能力、创新能力、团队协作能力等纳入评价范围，以全面反映学生的综合素质和发展潜力。

3. 创新理念的实施路径

（1）加强师资培训，提升教师创新能力

教师是实施创新理念的关键力量。技工院校应加强对教师的培训和教育，提升教师的创新意识和创新能力，使教师成为创新理念的传播者和实践者。

（2）完善管理制度，保障创新实践

创新理念的实施需要完善的管理制度作为保障。技工院校应建立健全学生管理制度和评价体系，为创新实践提供制度保障和支持。

（3）加强校企合作，拓展创新空间

校企合作是技工院校学生管理创新的重要途径。通过与企业的紧密合作，技工院校可以了解企业的用人需求和技术发展趋势，为学生提供更贴近实际的学习和实践机会，拓展学生的创新空间和发展前景。

树立创新理念是推动技工院校学生管理理念革新的关键所在。通过注重个性化管理、强化实践教学、构建多元化评价体系等措施，以及加强师资培训、完善管理制度、加强校企合作等实施路径，我们可以推动技工院校学生管理工作的不断创新和发展，为培养更多优秀的技术技能人才贡献力量。

（四）树立服务理念

在技工院校的教育体系中，学生管理是一项至关重要的工作。随着时代的进步和教育理念的不断更新，传统的学生管理模式已经难以满足现代技工院校的发展需求。因此，树立服务理念，创新学生管理理念，成为技工院校提升教育质量、培养高素质技能人才的关键所在。

1. 服务理念的核心

服务理念的核心在于"以人为本"，即将学生的需求和发展作为管理工作的出发点和落脚点。技工院校的学生正处于青春期，他们有着强烈的自我意识和成长需求，同时也面临着就业压力、技能提升等多重挑战。因此，树立服务理念，就是要关心学生的成长，关注他们的需求，为他们提供全方位的支持和帮助。

2. 服务理念在学生管理中的应用

（1）建立完善的服务体系

技工院校应建立起包括心理咨询、职业规划、技能提升等多个方面的服务体系，为学生提供个性化的指导和帮助。例如，可以设立心理咨询中心，为学生提供心理健康教育和咨询服务；建立职业规划指导中心，帮助学生明确职业方向和发展路径；开设技能提升课程，提升学生的实际操作能力和职业素养。

（2）提高学生参与度

服务理念强调学生的主体地位，鼓励学生积极参与到学生管理中来。技工院校可以通过建立学生自治组织、开展学生活动等方式，强化学生的自我管理和自我服务意识。同时，也可以通过开展调研活动，了解学生对学校管理工作的意见和建议，以便更好地改进和完善管理工作。

（3）优化管理服务流程

服务理念要求技工院校在管理过程中注重效率和效果。因此，学校应优化管理服务流程，简化办事程序，提高管理效率。例如，可以通过建立信息化管理系统，实现学生信息的快速查询和更新；开设在线服务平台，方便学生随时随地进行咨询和求助。

3. 服务理念对学生发展的积极影响

树立服务理念，创新学生管理理念，对技工院校学生的成长和发展具有积极的影响。首先，它有助于提升学生的自我认知和自我管理能力，使他们能够更好地规划自己的学习和生活。其次，它有助于增强学生的归属感和责任感，使他们更加积极地参与到学校的各项活动中来。最后，它有助于培养学生的创新精神和实践能力，使他们更好地适应社会的发展和变化。

在技工院校学生管理工作中树立服务理念，是适应时代发展和教育改革的必然要求。通过建立完善的服务体系、提高学生参与度、优化管理服务流程等措施，可以为学生提供更加优质、高效的管理服务，促进他们的全面发展和成长。同时，这也需要技工院校不断探索和实践，不断完善和创新学生管理理念和方法，以适应不断变化的教育环境和学生需求。

四、技工院校学生管理理念创新的原则

技工院校作为培养技术技能人才的重要基地，其学生管理理念的创新对于提升教育质量、促进学生全面发展具有重要意义。在新时代背景下，技工院校应当积极适应社会发展需求，坚持以学生为本，不断探索和实践新的学生管理理念。以下将从五个方面探讨技工院校学生管理理念创新的原则。

（一）坚持以学生为本的原则

技工院校学生管理理念创新的首要原则是坚持以学生为本。这意味着

在教育过程中，要始终把学生的需求和发展放在首位，关注学生的个体差异和多样性，尊重学生的个性特点和兴趣爱好。同时，要关注学生的全面发展，注重培养学生的综合素质和创新能力，为学生的未来发展奠定坚实基础。

（二）注重实践与创新的原则

技工院校的教育特点决定了其学生管理理念必须注重实践与创新。在实践方面，要积极开展校企合作、工学结合等模式，让学生在实践中学习、在实践中成长。在创新方面，要鼓励学生勇于探索、敢于创新，培养学生的创新思维和实践能力，为未来的职业发展提供有力支持。

（三）强化管理与服务的原则

技工院校学生管理理念创新还需要强化管理与服务的原则。在管理方面，要建立完善的学生管理制度和体系，规范学生的行为举止，确保学生的人身安全和财产安全。在服务方面，要提供全方位的学生服务，包括学习指导、职业规划、心理辅导等，帮助学生解决学习和生活中遇到的问题，提升学生的学习体验和满意度。

（四）注重合作与共赢的原则

技工院校学生管理理念创新还需要注重合作与共赢的原则。在校际合作方面，要加强与其他技工院校的交流与合作，共享教育资源，提升教育质量。在校企合作方面，要积极与企业合作，共同开展人才培养和科研项目，实现产学研用一体化。在师生合作方面，要建立良好的师生关系，促进师生之间的互动和交流，共同推动学生管理理念的创新和发展。

（五）坚持持续改进的原则

技工院校学生管理理念创新是一个持续不断的过程，需要坚持持续改进的原则。这意味着要定期评估学生管理理念的实践效果，总结经验教训，及时调整和优化管理策略。同时，要关注社会发展趋势和行业需求变化，不断更新学生管理理念，确保其与时代发展保持同步。

总之，技工院校学生管理理念创新的原则涵盖了以学生为本、注重实践与创新、强化管理与服务、注重合作与共赢及持续改进等方面。这些原则共同构成了技工院校学生管理理念创新的基本框架和指导思想。在实际工作中，技工院校应当结合自身特点和实际情况，积极探索和实践这些原则，不断提升学生管理水平，为培养更多优秀的技术技能人才贡献力量。

五、实现技工院校学生管理理念创新的途径

（一）从理论上弄清学生管理的教育属性

从理论上弄清学生管理的教育属性是实现学生管理理念创新的起点。

技工院校学生管理具有其特殊性，它的任务是通过对学校有限的教育资源的配置，促进学生的全面发展，为社会培养更多的合格人才。其管理的对象是技工院校教育的主体——学生，其管理方式主要是通过智力活动和知识中介来进行，其工作性质具有很强的精神性。技工院校学生管理的这种特殊性决定了技工院校学生管理的性质，应主要是技工院校教育学的分支而不是一般管理工作的分支门类，它显然必须遵循技工院校教育的基本规律和原则。它不是一般意义上的行政管理工作，也不是一般意义上的服务工作，而是一种教育活动，是以一种特定的方式推动和发展全面提高学生素质这样一个根本任务。技工院校学生管理这种教育属性的定位，对学校学生管理人员管理理念的转变起着根本性的作用，有了这样一种定位，同样可以避免一些人将本来具有教育地位的技工院校学生管理工作降成普通的职业，甚至降为他们谋生的手段或谋求其他工作的一种跳板。因此，我们必须弄清学生管理工作的教育属性，重塑学校学生管理人员的教育意识，促使其对自己的角色进行准确定位，并以此作为管理理念创新的起点。

（二）努力培养专业化的学生工作管理队伍

努力培养专业化的学生工作管理队伍是实现学生管理人员管理理念创新的根本。

学生管理工作的教育属性决定了技工院校学生工作专业化的要求，从

目前我国技工院校学生工作人员的组成结构看，多数是本校各个专业的毕业生改行从事学生管理工作的，大多数没有进行过专业的训练，其专业化程度非常低，而随着学生工作的开展，对诸如心理学、教育学、行政管理学、政治学、法学、社会学等方面的专业知识要求越来越高。技工院校学生管理工作专业化既是技工院校教育内在逻辑的要求，也是知识经济时代技工院校学生管理工作的时代要求。高等学校应当开设技工院校教育行政专业，加强学生工作的相关学科建设，培养学生工作方面的专业人才，努力建设一支精干、稳定的有专业依托的专业化学生工作队伍，这是实现技工院校学生管理思想现代化之根本。

（三）规范学生管理程序，制约管理行为

技工院校学生管理理念的现代转变不能仅停留在思想观念层面，要向法律的层面转化，通过严格的法律程序来"固化"现代的学生管理理念。当前，技工院校管理者要增强法律意识和法律观念，增强依法行政的自觉性。学校规范学生管理程序时应注意以下几个问题：一是管理者要带头学习法律知识，尤其是要学习教育方面的法律法规。二是按照教育部《关于加强依法治校工作的若干意见》的要求，对技工院校的管理干部进行法律知识的培训，把是否具备较高的法律素质作为评价干部的重要内容。三是按照党的十六大精神的要求，加快技工院校的民主政治建设，促进技工院校进一步深化内部管理体制改革，健全民主决策、民主管理、民主监督机制，使管理者的管理行为受到规范的管理程序的制约。

六、技工院校学生管理理念创新中应注意的问题

树立"以人为本"的管理思想，树立学生管理工作人本价值观，尊重人的本质的主体性、能动性和多样性，是做好技工院校学生管理工作的首要前提，也是学生管理工作从传统走向现代的创新之路。

（一）强调人的主体性

马克思一再说"人始终是主体"①。马克思主义"人的主体性"原理告诉我们，人的主体性是人作为活动主体的质的规定性，是在认识和改造外部世界和人自身并创造自己历史的活动过程中所表现出来的能动性、创造性和自主性。② 在学生管理工作中，技工院校学生既是管理的客体，又是管理的主体。一方面，技工院校学生管理归根到底是对技工院校学生的管理，从管理的决策、组织实施到目标的实现，都要依靠技工院校学生，离开技工院校学生，管理工作就毫无意义；另一方面，技工院校学生还需要管理者的教育引导，是被管理者，从这一层面来说，技工院校学生又是管理的客体。两者应是辩证的统一。所以，在管理工作中应该确立"以技工院校学生为中心"的思想，开展的一切管理活动都是为了服务于技工院校学生。要尊重技工院校学生的人格特点，最大限度地发挥学生的主动性与创造性，唤起他们的主体意识，使之能够以主体的姿态积极参与管理活动，主动接受管理和自我管理。

（二）注重人的主观特性

人是有思想感情的，人的认识过程是一个复杂的系统，理性的思维过程是建立在情感、欲望等主观特性基础上的，它必须以人的基本要求、积极情感和意欲作为动力，正所谓"理乃情之所系"。人的非理性本能要求、情感经常处于被压抑的状态，就不会有真正的理性之光。心理学研究表明，人与人之间的信息交流与传递，必须具有一定的心理基础，如果在信任的心理基础上进行交流，教育者发出的思想信息和目标要求往往会被受教育者顺畅地接受，并能产生积极的行为效应。技工院校学生管理工作主要是由技工院校学生管理者和技工院校学生组成，他们纯粹是由"人—人"构成的管理系统，如果在管理中不充分渗透"人性"，重视师生的情

---

① 张立：《马克思的人学思想对思想政治教育的启示》，《南京政治学院学报》2001年第6期。

② 张立：《马克思的人学思想对思想政治教育的启示》，《南京政治学院学报》2001年第6期。

感交流，就难以调动技工院校学生的积极性和主动性，为此，要以情感因素作为制度的润滑剂，去克服管理制度的冷漠及无情，以便加强管理的效度。所谓情感管理是指"在管理过程中尊重人的个性特点、考虑人的情感因素，强调师生之间进行双向情感交流，尊重人的情感，反对和防止任何损伤和践踏学生情感的管理行为"。其关键在于"以情感人"。这就要求管理者在按章办事的同时，真心实意地为学生服务，急学生之所急，想学生之所想，对学生投入情感，同时也注意把握学生的情感反应，通过情感沟通，了解学生的实际情况和出现的问题，并给予指引和教育，以达到有效管理的目的。

（三）尊重人的个体多样化

人的个性是客观存在的，由于人性是历史的，也是具体的，而不是抽象的、超历史的，因此人都具有个体差异，表现出各种不同、多姿多彩的个性。作为管理对象的人，具有不同的社会属性和时间、空间属性。由于学习动机、兴趣、价值观等的影响和支配以及原有的知识经验、情感意志等因素的制约，在接受教育管理中，个体的思想行为必然带有鲜明的个性色彩，对同一问题具有不同的看法和态度。这就要求管理者在做学生管理工作的时候，要全面准确地把握不同的管理对象所具有的共同特征和个性差异，针对不同对象的思想实际，制订不同的计划，提出不同层次的要求，并且运用不同的方法，有的放矢地解决不同管理对象的各种思想矛盾和思想问题，而不能先入为主、千人一法。技工院校学生由于家庭条件、社会经历、个性特点、气质能力和兴趣爱好的不同，思想活动的内容和特点也就千差万别、错综复杂。因此，在教育管理过程中，必须尊重学生的个性发展，因人而异，因材施教，把学生管理工作做得有差异性和针对性。

第二节　技工院校学生管理制度的创新

一、技工院校学生管理制度的定义与特殊性

在探讨技工院校学生管理制度时，我们首先需要理解其定义，进而分析其特殊性。这不仅有助于我们深入理解技工院校的教育环境，更能为优化学生管理提供有力的理论支持。

（一）学生管理制度的定义

学生管理制度，顾名思义，是指学校为了维护教学秩序、保障学生权益、提升教育质量而制定的一系列规则、政策和措施。这些制度包括但不限于学生行为规范、学籍管理、奖惩制度、心理健康教育、就业指导等。学生管理制度的目标在于创造一个良好的学习环境，促进学生的全面发展，同时保障学校的正常运行。

（二）技工院校学生管理制度的特殊性

技工院校作为专门培养技能型人才的教育机构，其学生管理制度相较于其他类型院校，具有一些独有的特征。

1. 技能导向的管理要求

技工院校的教育目标在于培养学生的专业技能和实际操作能力。因此，其学生管理制度也更加注重对技能学习的管理和评价。比如，技工院校通常会制定严格的实训课程安排和考核制度，以确保学生能够掌握扎实的专业技能。

2. 实践与理论的结合

技工院校的学生不仅需要掌握理论知识，更需要具备实际操作的能力。因此，其学生管理制度在注重理论教学的同时，也强调实践教学的重要性。比如，技工院校会安排大量的实习和实训课程，让学生在实践中学习和提升技能。

3. 职业素养的培育

除了专业技能的学习，技工院校还非常重视学生职业素养的培育。因此，其学生管理制度中往往包含了对职业道德、职业态度、职业行为等方面的规范和要求。这些规定旨在引导学生树立正确的职业观念，培养良好的职业习惯。

4. 个性化管理与关怀

技工院校的学生往往具有不同的学习背景和技能水平，因此其学生管理制度更加需要注重个性化管理和关怀。比如，技工院校会根据学生的实际情况制订个性化的教学计划，提供个性化的学习辅导和心理咨询等服务。

综上所述，技工院校学生管理制度在定义上与其他类型院校相似，但在实际操作中却具有独有的特征和要求。这些特征和要求既体现了技工院校的教育特色，也反映了其对培养高素质技能型人才的重视和追求。

二、技工院校学生管理制度创新的必要性

新时期，技工院校学生管理制度创新是教育改革发展、技工院校管理体制完善、学生全面发展等多方面的必然要求。

（一）学生管理制度创新是保障教育教学改革推进的关键

从根本上讲，教育教学改革或者说人才高质量培养，必须高度重视学生管理制度的设计与实施，这包含学生的知识技能的高效培养与思想行为的全面有效管理两个方面。培养高素质技能型人才和立德树人是技工院校教育教学两大目标任务，一系列的教育教学改革其落脚点全在学生的管理上。以深化信息化教学改革为例，线上教学已经成为技工院校教育的重要内容与手段，学生学习和生活与网络信息的联系更加紧密。因此，加强对学生的网络管理与监控，引导学生充分利用网络更好、更便捷地学习专业知识，加强自我管控、自我约束，自觉抵制网络不良信息侵染，防止网络诈骗，远离网络游戏，是信息化教学改革真正有效、健康实施的前提条件和基础。正确利用网络进行学生的教育管理跟不上，制度设计不健全，信

息化教学将会流于形式，深化信息化教学改革的效果也将大打折扣。

（二）学生管理制度创新是促进学生全面发展的关键

技工院校学生管理制度是针对学生学习、生活、行为以及思想道德进行全面规范的综合教育及监督体系。其中包括学生日常行为规范管理、学习成绩管理、思想政治教育管理、职业教育管理、个性发展教育管理等。因此，有效的学生管理对技工院校学生的成人成才及全面发展具有举足轻重的作用。从学校管理系统层面上看，学生管理制度不仅仅是一种工具，更是校园文化的凝聚点，是良好校风、学风形成的核心。完善而高效的学生管理制度，会促使学生形成遵规守纪、言行得体的良好习惯，在潜移默化之中使学生成为品行高尚、理想远大、追求卓越的社会主义事业的建设者和接班人。创新学生管理制度，解决学生管理与教育教学改革不适应、不同步、不紧密的问题和矛盾，是提高学生管理能力和效率的有效途径。从检验人才培养质量的层面上看，学生管理制度是学生内化的文化素养，是促进学生人格健全发展的关键。如严格而健全的学生宿舍管理制度，可形成强大的环境育人和文化育人的合力。在一个人际关系和谐、室内环境优雅、卫生条件整洁的宜居宿舍内，学生的精神状态、学习的积极性、劳动意识、人与人之间的沟通交流等方面一定会呈现出与其他宿舍不一样的令人欣喜的状态。

（三）学生管理制度创新是保护学生创造性的关键

就管理制度的性质而言，学生管理制度与其他制度一样，具有一定的强制性、权威性和排他性。但是，制定学生管理制度的出发点和落脚点是培养学生、教育学生、规范学生，而并非限制、约束学生个性自由与充分发展。恰好相反，学生管理制度就是要给学生个性的自由与充分发展创造更大的空间，提供更多的平台，让学生的梦想有天空、追求有方向。"心有多大舞台就有多大"。这句话体现在学生管理制度创新上，就是要求在制度设计上，必须更多地关注学生个性自由与健康充分地发展，要有效地保护学生的创新性和创造性。制度是刚性的，是不可触犯的"权威"，但它更是包容的，是一条"柔软的绳索"。约束是为了更大的自由，管理是为了更好地发展。在现代思想多元化、行为个性化的社会背景下，乏力的说教与生硬的呵斥已不适应学生管理的实际。创新学生管理制度，就是面对活生生的生命个体，以人为本，顺应时代变化，尊重个性发展，让管理人性化，让制度有"温度"，这是学生管理制度创新的必由之路。

三、技工院校学生管理制度创新的原则

技工院校作为培养技术技能人才的重要基地，其学生管理制度的创新对于提高教育质量、促进学生全面发展具有重要意义。在技工院校学生管理制度创新的过程中，需要遵循以下原则，以确保制度的有效性和适应性。

（一）以人为本原则

学生管理制度的核心是服务学生，因此创新管理制度必须始终坚持以人为本的原则。这意味着在制度设计上要充分考虑学生的需求、兴趣和发展特点，关注学生的全面发展，尊重学生的个性差异，为学生提供多样化的学习和发展机会。同时，要注重培养学生的创新精神和实践能力，激发学生的学习兴趣和动力，帮助学生实现自我价值。

（二）公平公正原则

公平公正是学生管理制度创新的基本要求。在制度实施过程中，要确保所有学生享有平等的权利和机会，不受任何歧视和偏见。要建立公开透明的制度运行机制，确保制度的公正性和可信度。同时，要加强对学生的权益保护，及时处理学生的投诉和申诉，维护学生的合法权益。

（三）灵活性与适应性原则

技工院校学生管理制度创新需要具备一定的灵活性和适应性，以应对不断变化的教育环境和学生需求。在制度设计上，要考虑到不同专业、不同年级学生的差异性和特殊性，制定有针对性的管理措施。同时，要根据学生的反馈和实际效果，不断调整和优化制度，确保制度的有效性和适

应性。

（四） 系统性与协同性原则

技工院校学生管理制度创新是一个系统工程，需要各方面协同配合，形成合力。在制度设计上，要注重制度的系统性和完整性，确保各项制度之间的衔接和配合。同时，要加强学校各部门之间的沟通与协作，形成共同推进学生管理制度创新的良好氛围。此外，还要积极与校外企业、行业等合作，引入社会资源，共同推进学生实践能力和职业素养的培养。

（五） 持续改进原则

技工院校学生管理制度创新是一个持续不断的过程，需要不断改进和完善。在制度实施过程中，要定期对制度进行评估和反思，发现问题和不足，及时进行调整和改进。同时，要关注教育领域的最新动态和趋势，及时将新的理念和方法融入学生管理制度中，不断提升制度的创新性和先进性。

综上所述，技工院校学生管理制度创新需要遵循以人为本、公平公正、灵活性与适应性、系统性与协同性、持续改进等原则。这些原则共同构成了技工院校学生管理制度创新的基本框架和指导思想，有助于推动技工院校教育质量的提升和学生全面发展的实现。

四、技工院校学生管理制度创新路径探索

技工院校学生管理有其基本的性质，即"独特性的管理背景，任务性的管理内容，职业性的管理本质"。技工院校学生管理制度创新必须紧扣管理的基本性质，围绕教学这个中心，以学生为主体，从目标设定、制度优化、措施保障三方面锐意改革，大胆创新。其中目标设定是创新的依据，制度优化是创新的内容，措施保障是创新的延伸。

（一） 目标设定

1. 制度的合理化目标

技工院校学生管理制度要与教学、学生实际情况和学校教育环境以及

国家相关政策相匹配，制定的制度必须是合理的、科学的、全面的。

2. 制度的人性化目标

技工院校学生管理要面向学生，更新学生管理的理念，要爱护学生、理解学生、包容学生、引导学生，尊重学生的个性发展，树立主动为学生服务的思想，将人性与制度的规范性有机结合。

3. 制度的一体化目标

学生管理是技工院校的重点工作，是全校整体管理工作中的一个重要的组成部分，涉及学校的方方面面，可谓"牵一发而动全身"。基于此，在学生管理制度的创新中，要树立大局意识，对当代技工院校学生实际情况有正确认识与了解。明确学生学习情况、生活情况、思维方式等，在此基础上，融入学校的办学理念、教育理念、管理理念，对学生管理制度进行一体化改革与创新，这样才能促使学生管理制度在技工院校学生管理中将自身作用与优势发挥出来，实现学生更好的发展。

（二）制度优化

1. 制度体系的优化

技工院校学生管理制度的创新，首先要认真地梳理、优化管理制度体系，构建起符合时代要求，与校情、教情、学情相匹配的管理制度构架，做好顶层设计。同时，注重体系构建的灵活性、包容性、动态性与自主性，充分发挥二级单位的管理积极性与创造性，发挥学生干部参与管理的自治性与自觉性，让管理无处不在、无人不晓。要调动一切因素，将党团组织、行政处室、教学机构等整合为学生管理的有机组成部分，将思想教育、心理教育、国防军事教育等方面的内容有效纳入管理制度体系之中，真正构建起"三全育人"管理制度体系。

2. 制度内容的优化

学生管理制度内容的优化是制度创新的具体内容，也是创新的重点。制度创新关键在制度内容上的优化与完善，做到有规可依、有制可循，并具有针对性和可操作性。

制度内容的优化一是要突出职业性，这与技工院校学生管理职业性的本质是分不开的。技工院校学生面临着未来职业发展的实际问题，因而技工院校以就业为切入点，全面实施管理工作，在解决学生就业问题的同时还需为社会提供高素质与强技能的人才。这就要求在制度内容的优化过程中，应将现代企业先进的管理理念、企业文化与人文素养、职业道德的养成等内容融入相关的制度之中，使学生在校管理与企业管理有效对接。二是要突出文化性。正如上文所言，制度其实就是学生内化于心的文化和精神，是文化育人的重要组成部分。制度不是冰冷的说教与惩戒，而是有温度、有深度的文化涵养与浸润。因此，制度内容的优化更大程度上是校园文化的展示，它一方面在纠偏与斧正过程中让学生感受到文化的洗礼与熏陶，另一方面在文化的潜移默化作用下让学生体会到管理的权威与严肃。制度创新的文化性可以很好地促进学生的情感认同、价值认同和行为认同。

3. 管理手段的优化

在进一步完善传统学生管理手段的同时，充分运用信息化技术管理学生思想动态、行为举止、学习生活状况等，是管理手段优化的重要途径。制度的关键在于执行，手段的优化其实就是使制度执行更精准、更便捷、更有效。学校应加强数字化校园的建设，将管理逐步向数字化方向发展，充分发挥网络的便捷与高效，让管理者足不出户便能全面准确地掌握学生的信息与动态。在具体实施时，可以运用微信群、论坛、微课堂等方式加强教师和学生之间的沟通与交流，在网络中及时了解学生给出的生活和学习反馈，更好地了解学生的想法。例如，由学工部牵头，信息服务中心具体负责，从宣传教育、专题培训、系统管理等方面，加强对学生的日常动态考核，收集、汇总学生重要时间节点的生活方式、学习情况、出行动态等信息，建立问题风险处置预案机制。

4. 评价体系的优化

管理评价是学生管理工作的"最后一公里"，是检验学生管理成败的关键环节。但在传统的学生管理制度中管理评价往往被弱化或忽略，有的评价考核体系，在考核对象上偏重于辅导员或班主任，在考核内容上过分强调规范性和统一性，而忽视了管理上的差异性和多样性，搞"一刀切"，极大挫伤了管理者的积极性。

因此，评价体系的优化一是要注重评价的适应性。与普通院校教育相比，技工院校教育有其特殊性，主要体现在技工院校教育着力于培养政治合格、品德高尚、专业过硬、全面发展、身心健康、奋发向上的高素质技能型人才。因此，要时时掌握人才需求方向，适时调整学生管理评价体系，使之与社会、时代对人才的需求相适应。新时代、新形势都要求技工院校优化过去传统的学生管理评价体系，以建立反映培养目标、符合社会需求、科学有效的评价体系。二是要注重评价的全面性。技工院校教育不仅要传授学生完善的专业知识，更要培养他们与岗位需求相适应，服务区域经济社会发展的综合能力。所以，将社会对职业人才综合素质的要求纳入学生管理评价体系之中，作为学生素质教育和发展的方向，将有利于学生的全面发展，有利于解决技工院校学生就业难以及地方经济发展的问题。

（三）措施保障

技工院校学生管理制度的创新是一项系统而庞大的工程，不能一蹴而就，必须有坚实的措施保障予以支持。一是要学校高度重视。学校必须高度重视学生管理制度的创新工作，应组织专班全面研究，认真梳理现存制度的制定情况、执行现状、存在的问题和弊端等，采取先易后难的方式，拟订出任务清单和进度表，明确创新思路，逐步完成整个学生管理制度的体系建设。二是要有一支过硬的管理队伍支撑。懂管理、会管理的高素质管理队伍是制度创新落地落实的核心保障，再先进的制度如果没有好的执行者与践行者，也只能是一纸空文。随着时代的发展，管理的要求也越来越高，加强学生管理队伍建设，才能为现代技工院校教育的学生管理提供人才和执行保障。此外，必要的资金、政策和资源支持也是不可缺少的制度创新保障。

综上所述，技工院校学生管理制度的创新，是时代进步的历史要求，是现代职业教育发展的必然趋势，更是促进学生全面发展，提升适应时代、服务区域经济社会发展综合素质的题中之义。同时，学生管理制度的创新是一项长期系统的工作，应坚持发展的观点，秉持全面、人性、文化的管理理念，不断探索，努力实践，善于总结，勠力前行，为培养高素质的社会主义事业的劳动者和接班人贡献力量。

第三节　技工院校学生管理手段的创新

一、技工院校学生管理手段的定义与特殊性

在技工院校中，学生管理是一项至关重要的工作。它不仅关系到学生的个人成长与发展，还直接影响院校的教学质量和社会声誉。那么，什么是学生管理手段呢？它又有哪些特殊性呢？下面将对这些问题进行探讨。

（一）学生管理手段的定义

学生管理手段是指技工院校为了维护正常的教学秩序，促进学生的全面发展，采用的一系列管理和教育措施。这些手段包括但不限于：思想政治教育手段、激励管理手段、网络教育手段、自我管理手段、目标管理手段等。通过这些手段，院校可以有效地引导学生形成正确的价值观和行为习惯，提升他们的综合素质和职业能力。

（二）技工院校学生管理手段的特殊性

1. 强调实践性与职业性

技工院校的教育目标在于培养具备专业技能和实践能力的职业人才。因此，在学生管理方面，技工院校更加注重实践性和职业性的培养。例如，院校会组织各类实践活动和实习机会，让学生在实践中学习技能、增长经验；同时，也会加强与企业的合作，为学生提供更多的就业指导和职业规划服务。

2. 注重学生个体差异与因材施教

技工院校的学生在兴趣爱好、学习能力、职业规划等方面存在较大的

个体差异。因此，在学生管理手段上，院校更加需要注重因材施教，根据学生的实际情况和需求制订个性化的教育方案。例如，对于学习能力较弱的学生，院校可以提供更多的辅导和支持；对于职业规划不明确的学生，院校可以提供专业的职业咨询和指导。

3. 强化管理与教育的结合

技工院校的学生管理手段不仅强调管理职能的发挥，更注重管理与教育的有机结合。院校在维护教学秩序的同时，也要注重对学生的思想引导、心理辅导和人文关怀。通过管理手段与教育手段的结合，院校可以更好地促进学生的全面发展，提高他们的社会责任感和职业素养。

4. 灵活应对市场变化与行业需求

技工院校的教育紧密关联着市场需求和行业发展。因此，在学生管理手段上，院校需要灵活应对市场变化和行业需求的变化。例如，随着新兴产业的兴起和技术更新换代，院校需要及时调整专业设置和课程内容，以适应市场需求的变化；同时，也要加强对学生创新意识和创业能力的培养，为他们未来的发展提供更多可能性。

综上所述，技工院校学生管理手段具有其独特的内涵和特性。在实践中，院校需要不断探索和创新学生管理手段，以适应时代发展的需要和学生成长的需求。通过科学有效的学生管理手段的实施，可以培养出更多具备专业技能和职业素养的优秀人才，为社会的繁荣和发展作出积极贡献。

二、技工院校学生管理手段创新的必要性

随着社会的快速发展和科技的日新月异，技工院校作为培养技术技能人才的重要基地，其学生管理手段的创新显得尤为必要。传统的学生管理模式已经难以满足现代技工院校的教育需求和学生的个性化发展，因此探索和实施新的管理手段，对于提升技工院校的教育质量、促进学生的全面发展具有深远的意义。

首先，技工院校学生管理手段创新是适应时代发展的需要。在当今信息化、网络化的时代背景下，学生的学习方式、生活方式和价值观念都在

发生深刻的变化。传统的以行政命令和规章制度为主的管理模式已经难以适应这些变化，需要引入更多现代化的管理手段和技术，如大数据、人工智能等，以实现对学生行为、学习状态、心理需求的精准把握和有效干预。

其次，技工院校学生管理手段创新是提升教育质量的必然要求。技工院校的教育目标是培养具有创新精神和实践能力的高素质技术技能人才。这需要管理者在学生管理中注重激发学生的主动性、创造性和实践性，通过创新管理手段，如实施项目化教学、开展校企合作等，为学生提供更多的实践机会和创新平台，从而提升学生的综合素质和就业竞争力。

再次，技工院校学生管理手段创新也是促进学生个性化发展的有效途径。每个学生都是独一无二的个体，他们有着不同的兴趣、特长和发展需求。传统的学生管理模式往往忽视了这种差异性，导致学生的个性无法得到充分的发展和展现。通过创新管理手段，如实施个性化教学计划、建立导师制度等，可以更好地满足学生的个性化需求，帮助他们实现自我价值的最大化。

最后，技工院校学生管理手段创新也是提升学校整体竞争力的关键所在。在激烈的教育竞争中，技工院校要想脱颖而出，就必须在管理手段上不断创新，形成自己的特色和优势。通过创新管理手段，可以提高学校的教育教学质量、增强学校的品牌影响力、吸引更多的优秀学生和教师资源，从而进一步提升学校的整体竞争力。

综上所述，技工院校学生管理手段创新的必要性不言而喻。技工院校需要不断探索和实践新的管理手段和技术，以适应时代的发展需求、提升教育质量、促进学生的个性化发展以及提升学校的整体竞争力。只有这样，技工院校才能培养出更多适应社会需求的高素质技术技能人才，为我国的现代化建设贡献更多的力量。

三、技工院校学生管理手段创新原则

在快速发展的当今社会，技工院校作为培养高技能人才的摇篮，其学生管理手段的创新显得尤为重要。传统的管理模式已无法满足当代技工院校学生的成长需求，因此其需要积极探索学生管理手段的创新原则，以适应时代发展的步伐。

（一）坚持以人为本的原则

学生管理的核心是人，即学生。因此，在管理手段的创新中，必须坚持以人为本的原则。这意味着管理者需要充分尊重学生的个体差异，关注他们的成长需求，为他们提供个性化的教育服务。同时，也要注重培养学生的自主管理能力，激发他们的内在动力，使他们能够积极参与到管理活动中来。

（二）坚持与时俱进的原则

随着社会的不断进步和科技的快速发展，技工院校学生管理手段也需要与时俱进。管理者要紧跟时代的步伐，及时了解和掌握最新的管理理念和方法，将其融入学生管理工作中。同时，也要善于利用现代科技手段，如大数据、人工智能等，进而提高管理效率和质量。

（三）坚持公平公正的原则

公平公正是学生管理工作的基本要求。在创新管理手段时，必须确保各项管理措施的公平性和公正性，避免出现任何形式的歧视和偏见。同时，也要建立健全的监督机制，确保管理措施的落实和执行过程中不出现偏差。

（四）坚持系统协调的原则

学生管理工作是一个系统工程，需要各个环节之间的协调配合。在创新管理手段时，要注重系统性和整体性，确保各项管理措施之间的衔接和协调。同时，也要加强与学校其他部门的沟通与合作，形成合力，共同推动学生管理工作的顺利开展。

（五）坚持实践探索的原则

创新是一个不断探索和实践的过程。在技工院校学生管理手段的创新中，要勇于尝试新的方法和思路，通过实践来检验其可行性和有效性。同时，也要善于总结和反思实践经验，不断完善和优化管理手段。

综上所述，技工院校学生管理手段的创新原则包括坚持以人为本、与时俱进、公平公正、系统协调和实践探索等方面。这些原则相互关联、相互促进，共同构成了技工院校学生管理手段创新的指导思想。通过遵循这些原则，可以不断提升学生管理工作的水平和质量，为培养更多高素质的技能型人才奠定坚实的基础。

四、技工院校学生管理手段创新路径

（一）学生思想政治教育手段的创新

随着社会的快速发展和教育的不断进步，技工院校在培养技能型人才的同时，也面临着学生管理手段的创新挑战。特别是在学生思想政治教育方面，传统的教育方式已经难以适应新时代学生的需求和特点。因此，技工院校需要积极探索学生管理手段的创新，特别是在学生思想政治教育方面，实现观念创新、内容创新、机制创新和载体创新，以更好地促进学生的全面发展。

1. 观念创新：树立以学生为本的教育理念

传统的思想政治教育往往注重灌输和说教，忽视了学生的主体性和主动性。因此，技工院校需要树立以学生为本的教育理念，注重培养学生的自主意识和创新能力。在教育过程中，要尊重学生的个性差异，关注学生的全面发展，以学生的需求为导向，构建符合学生特点的思想政治教育体系。

2. 内容创新：丰富和拓展思想政治教育的内涵

技工院校思想政治教育的内容应该与时俱进，紧密结合时代特点和行业需求。除了传统的爱国主义、集体主义、社会主义等教育内容外，还应该加强职业道德、工匠精神、创新创业等方面的教育。同时，要注重将理论与实践相结合，通过案例分析、实地考察等方式，让学生在实践中深化对理论知识的理解和应用。

3. 机制创新：构建多元化、立体化的教育机制

技工院校应该构建多元化、立体化的思想政治教育机制，包括课堂教学、校园文化活动、社会实践等多种形式。通过课堂教学传授理论知识，通过校园文化活动培养学生的文化素养和团队精神，通过社会实践增强学生的社会责任感和实践能力。同时，要注重各种教育形式之间的衔接和配合，形成协同效应，提高教育效果。

4. 载体创新：利用现代信息技术提升教育效果

随着现代信息技术的发展，技工院校应该充分利用各种新媒体平台和技术手段，创新思想政治教育的载体和方式。例如，可以利用网络平台开展在线课程、微课等形式的思想政治教育，打破时间和空间的限制，让学生随时随地接受教育。同时，可以利用社交媒体、短视频等新媒体形式，增强教育的互动性和趣味性，提高学生的参与度和学习效果。

总之，技工院校学生管理手段的创新是提高学生思想政治教育效果的重要途径。通过观念创新、内容创新、机制创新和载体创新等多方面的探索与实践，技工院校可以构建更加符合学生特点和时代需求的思想政治教育体系，为学生的全面发展奠定坚实的基础。在未来的发展中，技工院校应该继续深化对学生管理手段的研究和实践，不断创新和完善教育方式和方法，为培养更多高素质技能型人才作出更大的贡献。

（二）技工院校学生管理激励手段的创新

1. 理性教育与情感感化相结合

理性教育与情感感化相结合，是技工院校学生管理激励手段创新的首要内容。理性教育能够帮助学生建立正确的世界观、人生观和价值观，而情感感化则能深入学生的内心世界，激发他们的学习热情和动力。在实际操作中，教师可以通过讲述真实的案例、分享个人的经验等方式，将理性教育与情感感化融为一体，使学生在接受教育的同时，也能感受到教师的关心和支持。

2. 帮助学生确立合理的目标

帮助学生确立合理的目标，是激励管理的重要手段之一。每个学生都

有自己的兴趣和特长，也有自己的职业规划和发展方向。教师应该根据学生的实际情况，帮助他们制订切实可行的学习目标和职业规划。这不仅可以使学生有明确的学习方向，还能激发他们的学习动力和自信心。同时，教师还可以通过定期的检查和反馈，确保学生能够按照目标有计划地进行学习和实践。

3. 加强与学生的沟通

加强与学生的沟通，是技工院校学生管理激励手段创新的关键环节。有效地沟通能够消除师生之间的隔阂和误解，增进彼此的理解和信任。教师可以通过个别谈话、集体讨论、问卷调查等方式，及时了解学生的想法和需求，为他们提供有针对性的指导和帮助。同时，教师还应该注重与学生的互动和反馈，鼓励学生积极参与班级和院校的各项活动，培养他们的团队协作精神和创新能力。

4. 引导学生适当参与管理

引导学生适当参与管理，也是技工院校学生管理激励手段创新的一个重要方面。学生参与管理不仅可以增强他们的主人翁意识，还能培养他们的自我约束和自我管理能力。院校可以通过设立学生自治组织、开展学生代表大会等方式，为学生提供参与管理的机会和平台。同时，教师还应该加强对学生的引导和监督，确保学生能够按照规定的程序和要求进行管理工作。

5. 培养学生的竞争意识

在技工院校中，培养学生的竞争意识是激发学生内在动力、促进学生全面发展的重要途径。为了培养学生的竞争意识，我们可以采取以下措施。

首先，营造积极的竞争氛围。学校可以通过举办各类技能竞赛、创新创业大赛等活动，为学生提供展示自我、挑战自我的平台。同时，加强校园文化建设，倡导积极向上的价值观，让学生在良好的氛围中感受到竞争的乐趣。

其次，注重竞争过程中的指导与帮助。教师应关注学生在竞争中的表现，及时给予指导和建议，帮助学生发现自己的不足并加以改进。同时，鼓励学生之间相互学习、共同进步，形成良性竞争的局面。

6. 进行适当的奖励

适当的奖励是激励学生积极参与学习、提高技能水平的有效手段。在技工院校学生管理中，可以采取以下奖励措施。

首先，设立奖学金和助学金制度。根据学生的学习成绩、技能表现等方面设立不同层次的奖学金和助学金，以物质奖励的形式激励学生努力学习、提升技能。

其次，举办表彰大会。定期举办表彰大会，对在学习、技能竞赛、社会实践等方面表现突出的学生进行表彰和奖励，树立榜样力量，激发更多学生的积极性和进取心。

7. 给予足够的爱心

在技工院校学生管理中，给予足够的爱心是构建和谐的师生关系、促进学生身心健康发展的重要保障。为了实现这一目标，我们可以采取以下措施。

首先，关注学生的情感需求。教师应关心学生的生活、学习和情感状况，积极与学生沟通交流，了解他们的需求和困惑，并及时地给予关心和支持。

其次，提供个性化的关怀。每个学生都是独特的个体，他们有着不同的兴趣、特长和需求。因此，教师应根据学生的实际情况提供个性化的关怀和指导，帮助他们实现自我价值。

最后，加强心理健康教育。技工院校学生面临着学业、就业等多方面的压力，容易产生心理问题。因此，学校应加强心理健康教育，提供心理咨询服务，帮助学生缓解压力、调整心态。

技工院校学生管理激励手段的创新是一个系统工程，需要院校、教师和学生的共同努力。通过理性教育与情感感化相结合、帮助学生确立合理的目标、加强与学生的沟通以及引导学生适当参与管理等方式，可以有效地激发学生的学习热情和动力，促进他们的全面发展和成长。同时，这也将为技工院校的教育事业注入新的活力和动力，推动其不断向前发展。

（三）技工院校学生管理网络教育手段的创新

随着科技的迅猛发展，互联网已深入社会各个角落，对于技工院校来说，如何利用网络平台有效地管理学生，提升学生的综合素质，成为一项亟待解决的问题。下面将围绕技工院校学生管理网络教育手段的创新，从积极加强引导，构筑网络教育阵地；迅速建立网络思想政治教育机制；强化网络法治教育3个方面进行探讨。

1. 积极加强引导，构筑网络教育阵地

技工院校应积极引导学生正确使用网络，构筑健康的网络教育阵地。首先，学校可以建立官方网络平台，如官方网站、微信公众号等，定期发布学校新闻、教育政策、学习资源等，为学生提供便捷的信息获取渠道。同时，学校还可以通过网络平台开展线上活动，如线上讲座、网络竞赛等，丰富学生的学习生活，增强学生的参与感。

此外，学校还可以鼓励学生自发组织网络学习小组，利用网络平台进行学术交流、经验分享等。这不仅能够提高学生的学习效率，还能培养学生的团队协作能力，增强学生的自主学习意识。

2. 迅速建立网络思想政治教育机制

网络思想政治教育是技工院校学生管理的重要组成部分。学校应迅速建立网络思想政治教育机制，通过网络平台对学生进行思想政治教育。具体而言，学校可以开设网络思政课程，利用视频、音频等多媒体形式，将思政内容与现实生活相结合，使教育内容更加生动有趣。

同时，学校还应建立网络思政辅导队伍，为学生提供个性化的思政教育服务。这支队伍可以由思政课教师、辅导员等人员组成，他们可以通过网络平台与学生进行互动交流，解答学生的疑惑，引导学生树立正确的世界观、人生观和价值观。

3. 强化网络法治教育

网络法治教育是技工院校学生管理网络教育手段创新的重要一环。学校应加强对学生的网络法治教育，引导学生自觉遵守网络法律法规，树立正确的网络道德观念。

首先，学校可以在思政课程中融入网络法治教育内容，让学生了解网络空间的法律边界和道德规范。其次，学校可以开展网络法治宣传周等活动，通过讲座、展览等形式，向学生普及网络法律法规，增强学生的法治意识。此外，学校还可以建立网络违法举报机制，鼓励学生积极举报网络违法行为，共同维护网络空间的秩序和安全。

总之，技工院校学生管理网络教育手段的创新是一项长期而艰巨的任务。学校应积极加强引导，构筑网络教育阵地；迅速建立网络思想政治教育机制；强化网络法治教育。只有这样，才能有效地利用网络平台提升学生的综合素质，培养出更多优秀的技术技能人才。

（四）技工院校学生自我管理手段创新

技工院校作为培养高技能人才的重要基地，肩负着为社会输送优秀技术工人的重任。在学生管理过程中，创新自我管理手段显得尤为重要，这不仅能提升学生的自我管理能力，还能有效促进学校整体管理水平的提升。下面将从4个方面探讨技工院校学生自我管理手段的创新。

1. 指导学生明确方向，帮助制订计划

技工院校学生正处于人生观、价值观形成的关键时期，自我管理能力的培养对于他们的成长至关重要。因此，学校应当积极引导学生明确自我发展方向，帮助他们制订个人成长计划和目标。同时，学校还应完善相关管理制度，为学生提供清晰的行为规范，使他们在制度的约束下逐步形成良好的自我管理习惯。

在指导学生制订计划的过程中，学校应注重培养学生的主动性和创造性。例如，可以组织学生进行个人发展规划的制订比赛，让学生根据自己的兴趣和特长制订符合自身发展的计划，并通过评比激励更多的学生参与到自我管理的实践中来。

2. 培养一支热心工作、善于负责的学生干部队伍

学生干部是技工院校学生自我管理的重要力量。学校应注重选拔和培养一支热心工作、善于负责的学生干部队伍。通过举办学生干部培训班、

开展经验交流活动等方式，提升学生干部的组织协调能力和自我管理能力。同时，学校还应建立健全学生干部考核机制，对表现优秀的学生干部给予表彰和奖励，激发他们的工作热情和责任心。

学生干部在学生自我管理中的作用不仅体现在日常管理和服务中，还应积极参与到学校组织的各类活动中。通过组织策划活动，学生干部能够锻炼自己的组织能力和领导能力，同时也能带动更多学生参与到自我管理实践中来。

3. 协调处理好学生自我管理中的各种关系

技工院校学生自我管理涉及学生与学生、学生与教师、学生与学校等多个方面的关系。在自我管理过程中，难免会出现各种矛盾和冲突。因此，学校应注重协调处理好这些关系，为学生自我管理营造良好的氛围。

具体来说，学校可以建立有效的沟通机制，鼓励学生之间、师生之间开展积极的交流和互动。同时，学校还应加强对学生的心理健康教育，帮助他们正确看待和处理各种矛盾和冲突。此外，学校应加强对学生自我管理的监督和指导，确保学生自我管理活动能够有序、有效地开展。

4. 善于总结，加强学生自我管理活动开展后的认识

技工院校学生自我管理手段的创新是一个不断实践、不断总结的过程。学校应善于总结学生自我管理活动的经验和教训，及时发现问题并寻求解决方案。通过总结反思，学校可以不断完善学生自我管理手段，提升学生自我管理效果。

在总结过程中，学校可以组织学生进行自我管理的经验分享会，让学生互相学习、互相借鉴；同时，学校还可以邀请专家学者对学生自我管理进行点评和指导，为学校的学生自我管理手段创新提供有力的支持。

总之，技工院校学生自我管理手段的创新是一项长期而艰巨的任务。学校应不断探索和实践新的学生自我管理手段，提升学生的自我管理能力，为社会培养更多优秀的技术工人。

（五）技工院校学生目标管理手段创新

教育目的的实现，必须以一定的科学管理为保证，而科学有效的管理

必须立足于调动每一个被管理者的积极性。实践证明，技工院校引入目标管理是新时期学生管理工作迈上新台阶的有力手段。

在学生管理实践中应用目标管理，可分为 3 个阶段来开展，即目标的制订阶段、实现目标过程中的管理阶段和目标成果的评价阶段。

1. 目标的制订阶段

明确的目标是一切意志活动的起点和动力来源。学生目标管理可分为组织目标管理和个人目标管理。所谓组织目标是技工院校教育的总目标以及技工院校各专业的培养目标，它包括德、智、体等方面的具体要求，也是确定学生教育和管理工作总目标的基本的依据。同时由于每个学生的生活和经历各不相同，形成了个人独特的需要和认知事物的方式，这称为学生的个人目标。在学生管理的实践中，管理者所要做的就是按照组织目标的要求和原则，结合学生个体情况，设置好每一个学生的个人目标，通过立志达标的方法，实现组织目标与学生个人目标的有机结合。在制订学生个人目标的过程中，学生管理者应从学生的家庭环境、年龄特征入手，结合学生自身的实际条件和他们的性格特征、志向、价值观等个体差异，采取协商的方法，帮助学生制订具体切实可行的个人奋斗目标。为此，学生管理者要注意把握五项原则。

一是方向性和层次性。学生的个人目标既要与组织目标方向保持一致，又要与学校、系部以及学生某一阶段的具体任务和要求相一致，同时还要体现先易后难、先低后高、循序渐进的层次性。

二是可行性。确定的目标应切合实际，相对合理，既不能超越客观条件设置过高的目标，也不能目标太低，易于实现。

三是阶段性和连贯性。要做到近期目标为长期目标服务，学期目标间要相互衔接、互为服务，保持连贯性。

四是认同性和参与性。制订的目标应具体，文字表达要准确且数量适中。另一方面，要注意将目标量化，便于考核。

五是动态性。目标管理过程是一个动态的过程，要随时根据情况的变化适时地作出反应，要使学生方向明确，使其感到目标近期可行、远期可望。

2. 实现目标过程中的管理阶段

制订目标是为了实现目标，目标能否实现，实现程度如何，关键取决于目标的实施阶段所进行的管理。首先，学生管理者要加强对学生目标的研究和组织领导工作。一方面，通过调查研究，分析与掌握每一个学生的现状，对照目标，找出学生的现实状况与目标要求的差距，并根据差距找出致使两者产生差距的问题所在，分析影响学生目标实现的主要原因，并针对问题制订实现目标的对策措施，从而为学生制订个人目标指明方向；另一方面，要建立高效的班级管理系统，使班级两委会和各小组上下左右关系明确、职责分明，既各司其职，又积极配合，互不推诿。同时给学生干部一定范围的管理权限，让他们有充分的自主权来围绕既定目标进行工作，放手放权让他们实行自我管理。其次，要加强咨询指导，对目标实施过程中出现的问题，要出主意、想办法，帮助和指导学生及时有效地解决问题。最后，要抓好信息反馈工作，掌握目标实施进度，及时纠正偏差，保证目标的实现。

3. 目标成果的评价阶段

当目标实施活动结束时，必须建立考评组织，制定考评标准，按照定量的目标值，对每一个学生实际取得的成果进行检查、作出评价，并将评定结果与学生个人利益挂钩。按照目标成果和奖罚方案，对每个目标责任者实行奖励或处罚，同时把评定结果反馈给每一个学生，以使他们及时主动地总结经验教训。

学生的目标成果评价一般放在下学期的开学初。上学期的工作结束后，要求学生利用假期写出工作总结，根据预定的定量指标和目标完成情况，对照检查并进行自我评定。自评后，组织其他同学相互评定，最后由学生管理者综合评估。在这个过程中，学生管理者要对目标评定工作进行指导和监督，通过个别了解、书面调查或召开一定范围的座谈会等形式，掌握评定工作的情况，实事求是地评价学生个人成果，做到客观、公正、准确。对目标完成较好的同学要给予一定的鼓励和奖励，对目标完成较差的同学要批评指正，并帮助其找出原因，提出下一步的目标要求。

目标成果考评工作的结束，标志着目标管理一个周期的结束。但是目标管理是一个周而复始、螺旋上升的过程，对每一个学生的目标管理，每学期都会有新的内容。因此，每学期都要制订一个具体目标，而且应把上学期管理工作中总结出来的经验与教训进行系统整理，并运用到下学期中去，以便不断提高目标管理的质量。

综上所述，技工院校的中心任务是培养高质量的学生，而高质量的学生来自学校高质量的教育与管理。因此，改革传统的学生教育管理模式，实现学生管理创新是极为重要的。技工院校学生管理的创新是自身工作取得不断进步发展的内在要求。面对新的挑战，要解决新出现的问题和情况，就必须有新的思路和新的举措，要敢于大胆创新。技工院校学生管理的活力就在于创新，加强和改进技工院校学生管理的过程本身就是一个不断创新的过程。

第四节　技工院校学生管理模式的创新

随着社会的快速发展和技术的不断进步，技工院校作为培养技术技能人才的重要基地，其学生管理模式也面临着新的挑战与机遇。传统的学生管理模式已不能完全适应现代技工院校的发展需求，因此创新技工院校学生管理模式显得尤为重要。

一、学生管理模式的定义

学生管理模式是指学校在教育教学过程中，为了实现教育目标，针对学生的特点和需求，所采取的一系列有组织、有计划的管理方法和手段。它涉及学生的日常生活、学习、心理、行为等多个方面，旨在营造一个良好的学习环境，促进学生的全面发展。

二、技工院校学生管理模式的特殊性

技工院校的学生管理模式相较于普通院校，有其独特的性质和特点。这主要体现在以下三个方面。

（一）技能培养导向性

技工院校的教育目标是培养具备实际操作技能的技术工人和技能人才，因此学生管理模式应更加注重技能培养和实践操作。这要求学校在学生管理中，不仅要关注学生的学习成绩，更要注重学生的实践能力和技能水平，通过校企合作、工学结合等方式，为学生提供更多的实践机会。

（二）职业素养塑造性

技工院校的学生不仅需要掌握专业技能，还需要具备良好的职业素养。学生管理模式应致力于培养学生的职业道德、团队协作精神和创新意识等，使其在未来的工作中能够迅速适应岗位需求，成为企业的中坚力量。

（三）个体差异关注性

技工院校的学生在年龄、性格、兴趣爱好等方面存在较大的个体差异。因此，学生管理模式应更加注重个体差异，采用因材施教的方法，为每个学生提供个性化的教育和管理服务。这要求学校在学生管理中，要充分了解每个学生的特点和需求，制订有针对性的管理方案。

三、技工院校学生管理模式创新的必要性

传统的学生管理模式往往注重于纪律的维护和知识的灌输，而忽略了学生的个性化需求和创新能力的培养。因此，技工院校学生管理模式的创新显得尤为必要。

（一）适应社会发展需求

在信息化、全球化的时代背景下，社会对技术技能人才的需求日益多样化。技工院校的学生不仅要掌握扎实的专业技能，还要具备良好的创新

能力、团队协作精神和跨文化交流能力。传统的学生管理模式往往难以适应这种多元化的需求，因此需要创新管理模式，更加注重学生综合素质的培养和提升。

（二）提升学生学习动力

传统的学生管理模式往往强调纪律和服从，忽视了增强学生的学习动力和兴趣。在创新管理模式下，技工院校可以引入更多的激励机制和个性化教学方法，激发学生的学习兴趣和积极性。同时，通过构建良好的师生关系和学习氛围，可以帮助学生更好地认识自己、发掘潜力，实现自我价值。

（三）促进学生全面发展

技工院校的学生正处于身心发展的关键时期，除了专业技能的学习外，还需要注重德育、体育、美育等方面的培养。创新管理模式可以促进学生的全面发展，通过开展丰富多彩的校园文化活动、社会实践和志愿服务等活动，提升学生的综合素质和社会责任感。

（四）提高学校管理效率

传统的学生管理模式往往存在信息不畅、管理手段单一等问题，导致管理效率低下。通过创新管理模式，引入现代化的信息技术和管理手段，可以实现学生信息的快速传递和处理，提高管理效率和精准度。同时，管理者也可以更好地了解学生的学习和生活状况，为学生提供更加个性化的服务。

综上所述，技工院校学生管理模式的创新是适应社会发展需求、提升学生学习动力、促进学生全面发展以及提高学校管理效率的必然要求。未来，技工院校应该积极探索适合自身特点和学生需求的管理模式，为培养更多高素质的技术技能人才作出贡献。

四、技工院校学生管理模式创新的原则

技工院校作为培养高技能人才的摇篮，其学生管理模式的创新至关重要。随着时代的变迁和社会的进步，传统的学生管理模式已逐渐显现出局限性，无法满足新时代技工院校的发展需求。因此，探索并实践学生管理模式的创新，对于技工院校来说，既是一种挑战，也是一种机遇。

在技工院校学生管理模式创新的过程中，应坚持以下原则。

（一）以人为本，尊重学生主体地位

学生是技工院校的主体，也是学生管理工作的核心。在创新管理模式时，必须始终坚持以人为本的理念，充分尊重学生的个体差异和主体地位。这意味着管理者要深入了解学生的需求、兴趣和特点，因材施教，提供个性化的管理服务。同时，要鼓励学生积极参与管理过程，发挥他们的主动性和创造性，形成师生共同参与的良性互动。

（二）依法治校，构建规范化管理体系

依法治校是现代技工院校管理的基本准则。在学生管理模式创新中，应建立完善的规章制度，确保管理工作的规范化、制度化和科学化。通过制定明确的管理规定和操作流程，使管理者和学生都能够明确自己的权利和义务，形成有序的管理秩序。同时，要加强对学生行为的监督和约束，对违反校规校纪的行为进行严肃处理，维护校园的和谐稳定。

（三）因材施教，实施差异化教育策略

技工院校的学生来自不同的背景，具有不同的学习基础和技能水平。因此，在学生管理模式创新中，应因材施教，实施差异化教育策略。根据学生的实际情况和发展需求，制订个性化的培养方案和教学计划，提供多样化的学习资源和实践机会。同时，要注重培养学生的职业素养和综合能力，使他们能够更好地适应社会和市场的需求。

（四）校企合作，拓宽人才培养途径

技工院校的学生管理模式创新应紧密结合企业的实际需求，加强校企合作。通过与企业的紧密合作，了解行业发展趋势和人才需求，及时调整专业设置和课程安排，使教学工作更加贴近实际。同时，可以邀请企业参与学生的实习实训和就业指导工作，为学生提供更多的实践机会和就业资源。此外，还可以通过校企合作开展产学研合作项目，共同推动技术创新和人才培养。

（五）持续改进，不断优化管理模式

技工院校学生管理模式的创新是一个持续的过程，需要不断总结经验、发现问题并进行改进。管理者应保持敏锐的洞察力和开放的心态，及时关注学生的学习动态和市场变化，调整管理策略和方法。同时，要建立健全的反馈机制，鼓励学生和管理人员提出意见和建议，共同推动管理模式的优化升级。

综上所述，技工院校学生管理模式创新的原则包括以人为本、依法治校、因材施教、校企合作及持续改进。这些原则相互关联、相互补充，共同构成了技工院校学生管理模式创新的框架。通过遵循这些原则，技工院校可以构建更加科学、高效、人性化的学生管理体系，为培养高素质技能人才提供有力保障。

五、技工院校学生管理模式创新路径

实现从传统管理模式或从控制型管理模式向以人为本管理模式的转换都需要做好一系列的工作，最重要的一点是要把握好工作中心，即紧紧地围绕充分引导、帮助、服务于技工院校学生个体自我教育、自我管理、发掘潜能，把技工院校学生培养成既符合自身发展需要又符合社会需求的创新人才而开展工作。要做到学校和学生的目标明确、一致，在具体的转换过程中，应注意以下六个方面。

（一）坚持"以社会为本"和"以人为本"相结合

目前，在我国的技工院校教育中，普遍存在这样一种认识：过分强调技工院校学生作为个体的社会性，片面要求学生一切服从社会的需要，而不管这种社会需要是否符合历史的发展规律，压抑技工院校学生作为个体的"人"的需要。技工院校教育是一种非义务教育，国家出钱培养一个技工院校学生就要求技工院校培养出来的人才能更好地为国家建设服务。因

此，在遵守国家总的教育方针的基础上，在具体的培养方式上应该有各自的特色，在教育、教学、管理过程中坚持"以社会为本"和"以人为本"相结合的原则，充分发挥人的能动性，确定以学生为中心的管理策略，把管理视为一种完全服务于人的手段，这是"以人为本"与"以物为本"管理的根本区别。这就要求技工院校管理要特别重视研究管理对象，了解管理对象，树立科学的人才质量观，建立新型的师生关系，将教师和学生置于"人与人"的生活关系上面，建立师生平等的人际情感关系，从而实现师生之间教育与自我教育、促进与共融关系的发展，使学生按照自己的目的和意愿去充分展现个性魅力和创造力；完善现行的学生评价标准，用发展的眼光看待不同学生之间的差异性，用科学的激励、奖励机制促进学生的个性发展。

(二) 坚持法治管理和民主管理相结合

技工院校学生管理的对象是学生，技工院校的一切工作都是以学生为中心来展开的。学生既是管理的客体，同时也是管理的主体，因为学生管理不但是对人的管理，更重要的是对人的培养。尽管在技工院校学生管理中逐步确立一系列科学的管理制度、实行量化管理、奖惩分明既是必要的，也是客观要求，但是这种管理要符合技工院校学生身心发展特点，符合教育规律和德、智、体等方面培养目标的要求，符合时代的发展要求。技工院校学生管理的一个重要方面就是要培养学生自我控制、自我管理的能力，充分调动学生自我管理的内在积极性。从技工院校学生的心理特征看，他们处于心理自我发现期，这一时期他们产生了认识和支配自我、支配环境的强烈意识，他们的思想和行为表现为明显区别于中学生的相对独立倾向，希望自己的意志和人格受到外界更多的尊重。他们对学校制定的规章制度、纪律会思考其合理性，一般不希望被动地处于服从和遵守的地位，而是要求参与管理。通过民主选举班干部，班干部实行定期聘任制，成立学生宿舍管理委员会、学生伙食管理委员会、卫生管理委员会、治安保卫管理委员会、纪律管理委员会等学生自治性机构，让学生自己处理或协助学校处理问题，维持校园秩序，同时为学校管理献计献策。

（三）坚持学业管理和事务管理相结合

对于学生管理部门和教师来讲，其工作目标就是把学生培养成为社会所需要的人才，因此在管理过程中必须有所为、有所不为。具体来说，在学生的日常事务管理中，其应该尽量放权，让学生去管理自己，如班干部的选拔、日常考勤、卫生检查、学生公寓的管理、第二课堂活动的开展、奖学金的评定等都可以放手让学生去做，有关部门只要从宏观上去把握。而对学生的学业管理方面则要花大力气，帮助学生顺利完成学业，如在学籍管理过程中不能仅仅满足于登记学生成绩、组织相关考试、教学等，而应该仔细分析每一个学生的实际情况，帮助学生做好学业设计，并监督学生付诸实施。

（四）坚持管理和服务相结合

社会在发展、时代在进步，技工院校在学生管理上应转变方式，要变"管理学生"为"服务学生"，在生活上、学习上、心理上等方面多关心学生、了解学生的需要，增强学生的主体意识，成立学生心理咨询中心、文化活动中心、毕业就业指导中心、勤工俭学服务中心、学生社团联合会等，将学校行政的部分职能转交给学生。

（五）坚持教育和引导相结合

在处理好教育与服务的关系的同时，还要协调好教育与引导的关系，提倡以人为本的管理思想。这并不是要放松对学生的管理，而是在更高的层面上发展学生的个人潜能。技工院校学生正处在心理发展、世界观逐步完善的过程之中，需要在世界观、人生观、学业设计、日常行为规范等方面加强管理，在管理过程中管理者要转变角色，不能总是居高临下，而应该针对学生的不同情况区别对待。尤其是在当今知识大爆炸的时代，新的思想、观念、生活方式、价值取向及新的知识不断涌现，每个教师的知识总是有限的，面对学生关注的热点问题，如果管理者和教师无法解释，也不要刻意去回避，而应该和学生一起探讨、交流，将学生的思想、行为向积极方面引导，从而对学生进行潜移默化的影响。

（六）坚持全才教育和个性教育相结合

技工院校教育的目标是培养全面发展的社会主义建设者和接班人，这里的"全面发展"是指学生品质、学习、身体三个主要方面必须协调发展，以"三个面向"为主线，培养"四有"新人。也就是说，技工院校在育人方向上要严，但是在具体的育人方式上要给学生一个宽松的发展空间。我们不能要求学生按照一个模式发展，因此在教育管理过程中，只有坚持全才教育与个性教育相结合，才能满足学生作为个体的需要。

六、技工院校学生管理模式创新路径的实施保障

（一）建立以技能培养为核心的学生管理体系

学校应建立以技能培养为核心的学生管理体系，将技能培养贯穿于学生管理的全过程。通过科学的课程设置和教学方法，加强实践教学环节，提高学生的技能水平。同时，学校还应与企业建立紧密的合作关系，共同制定人才培养标准，实现学校教育与企业需求的无缝对接。

（二）强化职业素养教育和实践活动

学校应强化对学生的职业素养教育和实践活动，通过开设职业素养课程、组织职业技能竞赛等方式，培养学生的职业道德、团队协作精神和创新意识。此外，学校还可以与企业合作开展实习实训活动，让学生在实践中锻炼技能、提升素养。

（三）实施个性化管理和服务

学校应充分了解每个学生的特点和需求，实施个性化的管理和服务。例如，针对不同学生的学习能力和兴趣爱好，制订不同的学习计划和教育方案；针对学生的心理健康问题，提供专业的心理咨询和辅导服务；针对学生的生活需求，提供完善的后勤保障等。

综上所述，技工院校学生管理模式的创新是一个系统工程，需要学校从多个方面进行综合考虑和实施。只有不断创新和完善学生管理模式，才能更好地适应社会的发展需求，培养出更多优秀的技术技能人才。

第三章　技工院校学生安全管理机制创新

第一节　技工院校学生安全管理的主要目的和特点

技工院校作为培养技能型人才的摇篮，其教育环境的安全稳定至关重要。技工院校学生安全管理，是指学校为确保学生在校期间的人身安全、财产安全及心理安全，通过制定一系列规章制度、开展安全教育活动、实施安全监管措施等方式，营造安全、和谐、稳定的校园环境，保障学生顺利完成学业。

一、技工院校学生安全管理的定义

技工院校学生安全管理的定义涵盖了多个方面。其一，它涉及学生的人身安全，包括预防校园内的意外伤害、打击校园欺凌、防范校园暴力等；其二，它也关注学生的财产安全，通过加强校园安保、规范学生物品管理等方式，避免学生财产受到损失；其三，学生安全管理还包括心理健康安全，关注学生的心理变化，提供必要的心理辅导，帮助学生解决心理问题，防止心理问题的发生和恶化。

二、技工院校学生安全管理的目的

技工院校作为培养专业技能人才的重要基地，肩负着为社会输送高素质技术工人的使命。在这样的教育环境中，学生安全管理显得尤为重要。以下旨在探讨技工院校学生安全管理的目的，以期提升校园安全水平，确保学生能够在安全、和谐的环境中学习成长。

　　首先，技工院校学生安全管理的核心目的是保障学生的人身安全。在校园生活中，学生可能面临多种安全隐患，如交通事故、火灾、意外伤害等。通过制定严格的安全管理制度和措施，技工院校可以有效预防和应对这些潜在风险，确保学生的人身安全不受侵害。此外，院校还应加强安全教育，增强学生的安全意识，使他们能够自觉遵守安全规定，主动防范安全风险。

　　其次，技工院校学生安全管理有助于维护校园秩序和稳定。校园是学生学习、生活的重要场所，一个秩序井然、和谐稳定的校园环境对于学生的成长成才至关重要。通过安全管理，院校可以规范学生的行为举止，减少违纪违法行为的发生，维护校园秩序。同时，安全管理还能有效预防和化解校园矛盾纠纷，避免矛盾激化引发安全问题，确保校园的和谐稳定。

　　再次，技工院校学生安全管理有助于提升学生的综合素质。在安全管理的过程中，院校会注重培养学生的安全意识、自我保护能力和团队协作精神。这些能力和素质对于学生未来的职业发展和社会生活具有重要意义。通过参与安全管理活动，学生可以锻炼自己的组织协调能力、沟通能力和解决问题的能力，提升自己的综合素质。

　　最后，技工院校学生安全管理也是提升院校社会声誉和竞争力的重要途径。一个安全管理得当、校园安全稳定的技工院校，能够吸引更多的优秀学生和家长关注，提高院校的知名度和美誉度。同时，良好的安全管理水平也是衡量院校综合实力和办学水平的重要指标之一，有助于提升院校在招生、就业等方面的竞争力。

　　综上所述，技工院校学生安全管理的目的在于保障学生人身安全、维护校园秩序和稳定、提升学生综合素质，以及提升院校社会声誉和竞争力。为了实现这些目的，技工院校需要不断完善安全管理制度和措施，加强安全教育宣传，增强学生的安全意识和自我保护能力。同时，院校还应积极与相关部门合作，共同构建安全、和谐、稳定的校园环境，为学生的成长成才提供有力保障。

三、技工院校学生安全管理的特点

在技工院校的教育体系中，学生安全管理是一项至关重要的工作，它关系到学生的生命财产安全，也影响着学校的教育质量和声誉。下面将从五个方面分析技工院校学生安全管理的特点。

（一）预防性管理为主导

技工院校学生安全管理以预防为主，通过制定和完善安全管理制度、开展安全教育和培训、加强校园巡查等方式，提前发现并消除安全隐患。学校会定期组织学生进行安全演练，提高学生的应急反应能力，确保其在突发事件发生时能够迅速有效地应对。

（二）针对性管理显著

技工院校的学生群体具有一定的特殊性，他们通常年龄较小，缺乏社会经验，且多数时间在校园内度过。因此，学生安全管理需要针对学生的特点进行。例如，针对学生的日常生活习惯，加强宿舍管理，确保用电安全和卫生环境；针对学生的实习实训环节，加强实习单位的安全监管，保障学生的实习安全。

（三）多方参与协同管理

技工院校学生安全管理需要学校、家庭、社会等多方共同参与。学校作为安全管理的主要责任方，需要建立健全安全管理机制，加强与学生家长和实习单位的沟通与合作。家长需要关注孩子的安全状况，配合学校做好安全教育工作。社会则需要为技工院校学生提供安全稳定的实习环境和就业机会，共同保障学生的安全。

（四）动态化管理应对变化

技工院校学生安全管理是一个动态的过程，需要随着学生年龄、校园环境、社会形势等因素的变化而不断调整和完善。学校需要密切关注安全管理的最新动态，及时更新安全管理制度和措施，确保安全管理工作的有效性和针对性。同时，学校还需要加强与相关部门的沟通协调，共同应对突发事件和安全隐患。

（五）法治化管理确保权益

技工院校学生安全管理必须遵循法律法规，确保学生的合法权益得到保障。学校需要建立健全安全管理的法律法规体系，规范安全管理行为，防止因管理不当而侵犯学生的权益。同时，学校还需要加强对学生权益的保护，对侵犯学生权益的行为进行严肃处理，维护学生的合法权益。

综上所述，技工院校学生安全管理具有预防性管理为主导、针对性管理显著、多方参与协同管理、动态化管理应对变化及法治化管理确保权益等特点。这些特点使得技工院校在保障学生安全方面能够形成有效的管理体系和机制，为学生的健康成长和全面发展提供有力保障。

第二节 技工院校学生安全管理的主要任务与内容

技工院校学生安全管理工作不仅关系到学生的生命安全和身心健康，也直接影响学校的教学秩序和社会声誉。因此，明确技工院校学生安全管理的主要任务与内容，对于确保学生安全、维护校园稳定具有重要意义。

一、技工院校学生安全管理的主要任务

技工院校作为培养技能型人才的摇篮，肩负着为社会输送合格技术工人的重要使命。在这个过程中，学生安全管理无疑是院校管理的重要组成部分。为了营造一个安全、和谐、有序的学习环境，技工院校必须采取切实有效的措施，确保学生的身心健康和生命安全。下面将从建立健全安全管理制度、加强安全教育培训，以及落实安全责任与监督三个方面，探讨技工院校学生安全管理的任务。

（一）建立健全安全管理制度

建立健全安全管理制度是技工院校学生安全管理的基础。院校应制定详细的安全管理规章制度，明确各项安全工作的具体要求和操作流程。这

些制度应包括学生日常行为规范、安全用电规定、消防安全制度、实验室安全操作规程等，确保学生在校园内的各项活动都有章可循。

同时，院校还应建立安全管理机构，明确各部门的安全管理职责，形成齐抓共管的良好局面。此外，院校还应定期对安全管理制度进行审查和更新，以适应不断变化的安全形势和法规要求。

（二）加强安全教育培训

安全教育培训是增强学生安全意识和防范能力的重要途径。技工院校应定期开展形式多样的安全教育活动，如安全知识讲座、应急演练、安全主题班会等，让学生在参与中学习并掌握安全知识。

此外，院校还应针对不同年级、不同专业的学生，开展有针对性的安全教育。例如，对于新生，可以开展入学安全教育，帮助他们尽快适应校园生活；对于实验室操作较多的专业学生，可以加强实验室安全操作规程的培训，增强他们的实验安全意识。

（三）落实安全责任与监督

落实安全责任与监督是确保学生安全管理措施得到有效执行的关键。技工院校应明确各级领导、教师和学生的安全责任，形成责任体系。院校领导要高度重视学生安全管理工作，定期召开安全工作会议，研究解决存在的安全问题；教师要认真履行安全教育职责，关注学生的安全状况，及时发现和纠正不安全行为；学生则要自觉遵守安全规章制度，增强自我保护意识。

同时，院校还应建立安全监督机制，加强对安全管理工作的检查和考核。可以设立安全检查小组，定期对校园内的安全设施、安全制度执行情况进行检查，发现问题及时整改。此外，院校还应鼓励学生参与安全管理监督，设立学生安全监督员，让学生成为安全管理的重要力量。

总之，技工院校学生安全管理是一项长期而艰巨的任务。院校应建立健全安全管理制度，加强安全教育培训，落实安全责任与监督，形成全方位、多层次的安全管理体系。只有这样，才能确保学生在一个安全、和谐、有序的环境中健康成长，为社会的繁荣和发展贡献自己的力量。

二、技工院校学生安全管理的主要内容

（一）人身安全管理

加强对学生的日常管理和关注，防止学生受到意外伤害（防溺水、防中毒、防性侵、防校园暴力欺凌）。例如，加强校园巡逻，及时发现并处理安全隐患；加强对学生宿舍、食堂等场所的安全管理，确保学生的生活环境安全卫生。

（二）心理健康管理

关注学生的心理健康状况，建立心理健康档案，定期开展心理健康教育和辅导活动。对于存在心理问题的学生，及时给予关爱和帮助，防止发生极端事件。

（三）网络安全管理

加强对学生上网行为的管理和引导，防止学生沉迷网络或受到网络不良信息的侵害。同时，加强网络安全教育，增强学生的网络安全意识和防护能力。

（四）突发事件应急管理

制订完善的突发事件应急预案，明确应急处理程序和责任人。加强应急演练和培训，提高学校管理人员和教职工的应急处理能力。在突发事件发生时，能够迅速启动应急预案，有效应对并控制事态发展。

（五）校园安全管理

校园安全是学生安全管理的基础。技工院校应建立健全校园安全管理制度，明确校园安全管理的职责和权限，确保各项安全措施得到有效执行。同时，加强校园巡逻和监控，及时发现和处理安全隐患，确保校园环境的安全稳定。此外，技工院校还应加强学生安全教育和宣传，增强学生的安全意识和自我保护能力。

（六）食品卫生安全管理

食品卫生安全是学生日常生活中不可忽视的重要环节。技工院校应建立严格的食品卫生安全管理制度，对食品采购、加工、储存等环节进行严格的监督和管理。同时，加强食品从业人员的培训和管理，确保他们具备相应的食品卫生知识和技能。此外，技工院校还应建立食品留样制度，对食品进行定期检测，确保食品的质量和安全。

（七）交通安全管理

交通安全是学生出行过程中必须关注的重要问题。技工院校应加强对学生的交通安全教育，增强学生的交通安全意识和遵守交通规则的自觉性。同时，建立健全校园交通管理制度，规范校园内的交通秩序，确保学生的出行安全。此外，技工院校还应加强与当地交通管理部门的沟通和合作，共同维护校园周边的交通安全。

（八）消防安全管理

消防安全是学生安全管理中不可或缺的一环。技工院校应建立健全消防安全管理制度，加强消防设施的维护和保养，确保消防设施的完好有效。同时，加强学生的消防安全教育，增强学生的消防安全意识和自救能力。此外，技工院校还应定期组织消防演练和应急疏散演练，提高学生的应急反应能力和自救互救能力。

综上所述，技工院校学生安全管理是一项系统工程，需要学校、家庭和社会共同努力。通过加强校园安全管理、食品卫生安全管理、交通安全管理和消防安全管理等方面的措施，可以增强学生的安全意识和自我保护能力，保障学生的生命安全和身体健康。同时，技工院校还应不断创新安全管理理念和方法，提升安全管理水平，为培养更多的优秀技术人才创造更加安全、稳定、和谐的校园环境。

第三节 技工院校学生日常教育与安全管理协同运行机制创新

在技工院校的教育管理工作中，学生的日常教育与安全管理是密不可分的两个部分。它们相互关联、相互促进，共同构成了技工院校学生管理的完整体系。近年来，随着教育改革的不断深入和技工院校规模的不断扩大，如何创新学生日常教育与安全管理的协同运行机制，提高管理效能，已成为技工院校面临的重要课题。

一、技工院校学生日常教育与安全管理协同运行机制的定义

技工院校学生日常教育与安全管理协同运行机制，是指在日常教育过程中，通过有效的组织和协调，实现教育与安全管理的深度融合和相互促进。这种机制旨在通过科学的方法和手段，确保学生在接受专业技能培训的同时，也能得到全面、系统的安全教育，从而增强学生的综合素质和安全意识，为未来的职业发展奠定坚实的基础。

在日常教育中，技工院校应注重培养学生的职业道德、职业素养和职业技能，同时也要加强安全教育的普及和宣传，使学生充分认识到安全的重要性。安全管理方面，则需要制定完善的安全规章制度，加强校园安全巡查和隐患排查，确保学生在一个安全、稳定的环境中学习和生活。

二、构建技工院校学生日常教育与安全管理协同运行机制的必要性

(一) 提高学生综合素质的必然要求

技工院校是培养高素质技能人才的重要基地。在日常教育中，不仅要注重学生的专业技能培训，还要关注学生的全面发展。通过构建协同运行机制，可以将安全教育融入日常教育的各个环节，使学生在掌握专业技能的同时，也能增强安全意识和自我保护能力，从而提高学生的综合素质。

（二）保障学生身心健康的需要

安全是学生学习和生活的基本保障。技工院校学生正处于青春期，身心发展迅速，但也容易受到各种安全风险的威胁。通过构建协同运行机制，可以加强校园安全管理，预防和减少安全事故的发生，保障学生的身心健康和生命安全。

（三）提升技工院校管理水平的重要途径

构建协同运行机制是技工院校提升管理水平的重要途径。通过整合教育资源和管理资源，优化管理流程，可以提高管理效率和质量。同时，协同运行机制还可以促进学校各部门之间的沟通和协作，形成合力，共同推动技工院校的发展。

综上所述，构建技工院校学生日常教育与安全管理协同运行机制对于提高学生的综合素质、保障学生身心健康以及提升技工院校管理水平具有重要意义。因此，技工院校应积极探索和实践协同运行机制的创新模式和方法，为学生的全面发展和学校的长远发展提供有力保障。

三、构建技工院校学生日常教育与安全管理协同运行机制的原则

在技工院校的教育管理中，学生的日常教育与安全管理是密不可分的。构建二者的协同运行机制，不仅有助于提升学生的综合素质，还能够确保学生在校期间的安全稳定。为此，技工院校需要遵循以下原则来构建这一协同运行机制。

（一）以学生为中心、全面发展为导向

技工院校的学生日常教育与安全管理应始终以学生为中心，关注学生的全面发展。在日常教育中，要注重培养学生的职业素养、技能水平及社会责任感；在安全管理中，要关注学生的身心健康，营造安全、和谐的学习环境。通过两者的协同运行，促进学生的全面成长。

（二）教育与安全相互渗透、相辅相成

日常教育与安全管理不是孤立的两个体系，而是相互渗透、相辅相成

的。在教育过程中，要融入安全教育的内容，使学生养成良好的安全意识和行为习惯；在安全管理中，也要注重通过教育手段来提升学生的自我保护能力。这种相互渗透、相辅相成的关系，有助于形成教育与安全管理的合力。

（三）预防为主，防治结合

在构建协同运行机制时，应坚持预防为主、防治结合的原则。通过加强日常教育和安全管理，提前预防和化解各种安全隐患；同时，也要建立健全的安全事故应对机制，一旦发生安全事故，能够迅速、有效地进行处理，减少损失。

（四）制度保障，责任落实

为确保协同运行机制的有效实施，需要建立完善的制度保障体系，明确各方职责和权利。同时，还要加强责任落实，确保每一项工作都有人负责、有人监督。通过制度保障和责任落实，推动日常教育与安全管理的深度融合和协同发展。

（五）持续改进，不断创新

技工院校的教育环境和安全形势是不断变化的，因此构建协同运行机制也需要持续改进和创新。要根据实际情况调整教育内容和安全管理措施，不断探索新的教育模式和管理方法。同时，还要加强与其他院校的交流与合作，借鉴先进经验，推动技工院校学生日常教育与安全管理水平的不断提升。

综上所述，构建技工院校学生日常教育与安全管理协同运行机制需要遵循以学生为中心、教育与安全相互渗透、预防为主、制度保障以及持续改进等原则。通过这些原则的贯彻实施，可以推动技工院校教育管理工作的创新发展，为学生的全面成长提供有力保障。

四、构建技工院校学生日常教育与安全管理协同运行机制的策略

在技工院校的日常运营中，学生教育与安全管理工作密不可分。这两

方面工作的有效协同，对于提升学生整体素质、维护校园稳定、促进学生全面发展具有重要意义。因此，构建技工院校学生日常教育与安全管理协同运行机制，成为当前技工院校管理工作的重要课题。

（一）明确协同运行机制的目标与原则

构建协同运行机制的首要任务是明确目标与原则。目标应围绕提升学生的综合素质和保障校园安全稳定展开，确保学生在良好的教育环境中健康成长。原则方面，应坚持教育与管理相结合、预防与处置相结合、责任与权益相结合，确保机制运行的科学性和有效性。

（二）加强日常教育与安全管理的沟通与协作

实现协同运行的关键在于加强日常教育与安全管理之间的沟通与协作。一方面，教育部门应定期与安全管理部门进行信息交流，共同分析学生思想动态和行为特点，制定针对性的教育和管理措施。另一方面，安全管理部门应积极参与教育活动，通过举办安全知识讲座、组织应急演练等方式，增强学生的安全意识和自我保护能力。

（三）完善制度建设，确保协同运行机制有章可循

制度建设是保障协同运行机制有效运行的基础。技工院校应完善学生日常教育与安全管理的相关规章制度，明确各部门职责和工作流程。同时，建立监督检查机制，定期对机制运行情况进行评估和总结，及时发现问题并加以改进。

（四）强化师资队伍建设，提升协同运行水平

师资队伍是构建协同运行机制的重要力量。技工院校应加强对教育和管理人员的培训和教育，提高他们的专业素养和协同能力。同时，建立激励机制，鼓励教师和管理人员积极参与协同工作，发挥各自的优势和特长。

（五）注重家庭教育与社会支持的融入

学生的成长不仅受到学校的影响，还受到家庭和社会的深刻影响。因此，在构建协同运行机制时，技工院校应注重与家庭和社会的沟通与合

作。通过定期与家长沟通、开展社会实践活动等方式，引导学生树立正确的价值观和人生观，增强他们的社会责任感和公民意识。

（六）利用信息化手段提升协同运行效率

在信息化时代，技工院校可以充分利用现代信息技术手段，提升日常教育与安全管理协同运行的效率。例如，建立学生信息管理系统，实现学生信息的快速共享和查询；利用网络平台开展在线教育活动，扩大教育覆盖面；通过大数据分析技术，对学生行为和思想动态进行实时监测和预警等。

综上所述，构建技工院校学生日常教育与安全管理协同运行机制是一项系统工程，需要明确目标与原则、加强沟通与协作、完善制度建设、强化师资队伍建设、注重家庭教育与社会支持的融入，以及利用信息化手段提升效率等多方面的努力。只有这样，才能确保技工院校学生日常教育与安全管理工作的高效协同运行，为学生的全面发展和校园的和谐稳定提供有力保障。

第四章　技工院校学生事务管理机制创新

第一节　技工院校学生事务管理机制的内涵与功能

一、技工院校学生事务管理机制的定义

技工院校学生事务管理机制，是指学校为保障学生权益、促进学生全面发展而建立的一系列管理制度、程序和方法。这些制度、程序和方法旨在规范学生行为，提高学生素质，推动学生个体与学校的共同发展。

二、技工院校学生事务管理机制的内涵

技工院校学生事务管理机制作为整个教育管理体系中的关键一环，其内涵丰富且深远。它不仅涉及学生的日常生活、学习、实践等多个方面，还直接关系到学生的全面发展、学校的稳定运营及社会的和谐进步。因此，深入理解和把握技工院校学生事务管理机制的内涵，对于提升技工院校的教育质量、培养高素质技能人才具有重要意义。

首先，技工院校学生事务管理机制的核心在于以人为本。这意味着在管理过程中，要始终以学生为中心，关注学生的需求、兴趣和特点，尊重学生的个性差异，为学生提供全方位、个性化的服务。这种服务理念要求管理者不仅要有高度的责任感和使命感，还要具备丰富的教育心理学、社会学等跨学科知识，以便更好地理解和满足学生的需求。

其次，技工院校学生事务管理机制包含一系列的管理制度和方法。这些制度和方法旨在规范学生的行为、保障学生的权益、促进学生的全面发

展。例如，学生日常行为规范制度可以帮助学生养成良好的行为习惯，提升自我管理能力；学生奖励与惩罚制度则可以激发学生的积极性和进取心，形成积极向上的学习氛围；学生心理健康教育制度则有助于促进学生的心理健康，预防和解决心理问题。

再次，技工院校学生事务管理机制还强调协调与沟通。学校各部门之间、教师与学生之间、学生与学生之间都需要保持良好的沟通和协作关系，以便共同应对各种挑战和问题。通过定期的座谈会、问卷调查、线上交流等方式，可以及时了解学生的意见和建议，为管理决策提供有力支持。

最后，技工院校学生事务管理机制还注重创新与发展。随着社会的不断进步和教育的不断发展，学生事务管理也面临着新的挑战和机遇。因此，管理者需要不断更新观念，探索新的管理模式和方法，以适应时代的需求和学生的发展。例如，可以利用大数据、人工智能等现代信息技术手段，提升管理的效率和精准度；可以借鉴其他高校或行业的先进经验，不断完善和优化管理机制。

综上所述，技工院校学生事务管理机制的内涵丰富而深刻，它涉及管理理念、制度方法、协调沟通以及创新发展等多个方面。只有全面把握这些内涵，才能更好地推动技工院校学生事务管理工作的开展，为培养高素质技能人才提供有力保障。

三、技工院校学生事务管理机制的功能

（一）导向功能

技工院校作为培养技能型人才的摇篮，其学生事务管理机制在学生的成长成才过程中发挥着至关重要的作用。其中，导向功能作为学生事务管理机制的核心功能之一，更是对学生的全面发展具有深远的影响。

导向功能主要体现在对学生发展方向的引导和对学生行为的规范上。

首先，技工院校的学生事务管理机制通过设定明确的教育目标和发展方向，引导学生树立正确的职业观念和价值观。这包括对学生职业规划的

引导，帮助他们了解不同行业的特点和发展前景，从而选择适合自己的职业方向。同时，通过举办各种技能竞赛、实践活动等，激发学生的学习兴趣和热情，提高他们的专业技能和综合素质。

其次，导向功能还体现在对学生行为的规范和约束上。技工院校的学生事务管理机制通过制定一系列的规章制度和行为准则，规范学生的日常行为和学习习惯。这有助于培养学生的自律意识和责任意识，使他们在学习和生活中能够自觉遵守纪律、尊重他人、诚实守信。同时，对于违反规章制度的行为，学生事务管理机制也会给予相应的教育和处罚，以维护学校的正常秩序和良好的学风。

最后，导向功能还体现在对学生心理健康的关注和引导上。技工院校的学生事务管理机制通过开设心理健康课程、建立心理咨询中心等途径，关注学生的心理健康状况，及时发现和解决学生的心理问题。通过提供心理支持和引导，帮助学生建立积极的心态和健康的情感，提高他们的抗压能力和适应能力。

综上所述，技工院校学生事务管理机制的导向功能在学生的成长成才过程中发挥着不可替代的作用。通过对学生发展方向的引导、行为规范的约束以及心理健康的关注，学生事务管理机制有助于培养学生的职业素养、综合素质和心理健康，为他们的未来发展奠定坚实的基础。因此，技工院校应进一步完善和优化学生事务管理机制，充分发挥其导向功能，为学生的全面发展创造更加良好的环境和条件。

（二）规范功能

在技工院校学生事务管理机制中，规范功能占据着核心地位，对于确保学校教育的有序进行、提高学生管理效率、促进学生全面发展具有重要意义。

1. 规范功能的内涵

规范功能是指技工院校学生事务管理机制通过制定和执行一系列规章制度、管理办法和操作流程，对学生行为、学习、生活等方面进行引导和约束，以实现学生管理的规范化、标准化和科学化。这一功能旨在确保学生在校期间能够遵守学校规定，维护校园秩序，为自身的成长与发展营造良好的环境。

2. 规范功能的体现

（1）制定和完善规章制度

技工院校通过制定包括学籍管理、奖助学金评定、违纪处理等在内的各项规章制度，为学生管理提供了明确的法律依据和操作标准。这些规章制度不仅规范了学生的行为，也为学生事务管理人员提供了工作指导，确保了管理工作的规范性和有效性。

（2）建立科学的管理流程

技工院校学生事务管理机制注重流程化管理，通过优化管理流程、简化办事程序、提高办事效率，为学生提供了更加便捷、高效的服务。同时，流程化管理也有助于减少管理漏洞和人为因素干扰，确保管理工作的公正性和透明度。

（3）强化监督与考核

技工院校通过建立健全的监督与考核机制，对学生事务管理工作进行定期检查和评估，及时发现问题并进行整改。同时，监督与考核机制也有助于激发管理人员的积极性和责任心，推动学生事务管理工作的持续改进和创新。

3. 规范功能的意义

（1）维护校园秩序

规范功能的有效发挥能够确保学生在校园内遵守各项规定，维护校园秩序的稳定和谐。这有助于营造一个良好的学习和生活环境，为学生的学习和成长提供有力保障。

（2）提高学生管理效率

通过制定科学的规章制度和管理流程，技工院校可以更加高效地进行学生管理工作。这不仅提高了工作效率，也降低了管理成本，为学生事务管理人员提供了更加便捷的工作方式。

（3）促进学生全面发展

规范功能不仅关注学生的行为规范，还注重学生的全面发展。通过引导学生积极参与各类活动、培养良好的学习习惯和生活习惯，技工院校可以帮助学生实现个人素质的全面提升。

技工院校学生事务管理机制的规范功能在维护校园秩序、提高学生管理效率、促进学生全面发展等方面发挥着重要作用。因此，技工院校应继续加强和完善学生事务管理机制的建设，不断提升规范功能的发挥水平，为培养更多高技能人才贡献力量。

（三）服务功能

在学生培养过程中，学生事务管理机制发挥着至关重要的作用，其中服务功能尤为凸显。以下旨在探讨技工院校学生事务管理机制的服务功能及其重要性。

1. 学生事务管理机制的服务功能

（1）提供全方位的信息服务

学生事务管理部门为学生提供各类信息服务，包括课程安排、考试通知、政策解读等。通过及时、准确的传递信息，帮助学生更好地了解学校规章制度和各项政策，以便合理安排学习和生活。

（2）搭建沟通与协调平台

学生事务管理机制在学生、教师、学校之间搭建起沟通与协调的桥梁。通过组织各类座谈会、听证会等活动，收集学生意见和建议，为学校的决策提供依据。同时，积极协调各方资源，解决学生在学习和生活中遇到的问题，保障他们的合法权益。

（3）提供个性化的支持服务

针对不同学生的特点和需求，学生事务管理机制提供个性化的支持服务。例如，为学业困难的学生提供辅导和帮扶，为存在心理健康问题的学生提供心理咨询和疏导，为就业困难的学生提供就业指导和推荐等。这些服务旨在帮助学生解决实际问题，提高综合素质，为未来的职业生涯奠定坚实的基础。

2. 服务功能的重要性

（1）有利于提升学生满意度

通过提供优质的服务，学生事务管理机制能够让学生感受到学校的关心和支持，从而提升他们的满意度和归属感。一个满意的学生群体更有可能积极参与学校的各项活动，形成良好的学习氛围和校园文化。

（2）有助于提高教育质量

学生事务管理机制的服务功能有助于提高教育质量。通过提供个性化的支持服务，帮助学生解决学习和生活中的困难，使他们能够更专注于学业，提高学习效果。同时，学生事务管理还能够收集学生的反馈意见，为教学改进提供有力支持。

（3）有益于提升学校的社会声誉

优质的学生事务管理机制能够提升学校的社会声誉和形象。当学校能够为学生提供全方位、高效的服务时，社会各界会更加认可学校的办学实力和教学质量，从而吸引更多的优秀学生和家长选择该校。

技工院校学生事务管理机制的服务功能在培养学生、提高教育质量、提升学校社会声誉等方面具有重要意义。因此，学校应高度重视学生事务管理工作，不断完善其服务功能，为学生提供更加优质、高效的服务。同时，学生也应积极参与学生事务管理活动，共同营造和谐、稳定的校园环境。

第二节　技工院校学生事务管理机制的特点

一、整体性

在技工院校学生事务管理机制的众多特点中，整体性无疑是最为显著和核心的一个。整体性意味着技工院校在学生事务管理上，将各个环节、各个方面视为一个有机整体，通过统一规划、协调配合，实现学生全面发展的目标。

首先，技工院校学生事务管理机制的整体性体现在其管理目标的统一上。无论是学籍管理、课程安排、实践教学，还是心理健康教育、职业规划指导等，都是为了培养学生的专业技能、提升学生的综合素质、增强学生的社会适应能力。这些管理目标相互关联、相互促进，共同构成了技工院校学生事务管理的整体框架。

其次，整体性还体现在技工院校学生事务管理机制的组织架构上。学校通常设有专门的学生事务管理部门，负责统筹协调各项学生事务。这些部门之间保持着密切的合作与沟通，确保各项工作的顺利推进。同时，学校还注重发挥各部门的专业优势，形成合力，共同推动学生事务管理的发展。

最后，技工院校学生事务管理机制的整体性还体现在其管理手段和方法上。学校注重运用信息化手段，建立学生信息管理系统，实现对学生信息的全面、准确掌握。同时，学校还注重发挥学生自我管理的作用，鼓励学生参与学生事务管理，提高学生的自主性和责任感。

技工院校学生事务管理机制的整体性不仅有助于提升管理效率和质量，更有利于促进学生的全面发展。通过整体性管理，学校能够更好地整合资源、优化流程、提升服务水平，为学生提供更加优质的教育环境和发展空间。同时，整体性管理也有助于培养学生的团队精神和协作能力，为未来的职业生涯奠定坚实的基础。

综上所述，技工院校学生事务管理机制的整体性是其重要特点之一。学校通过统一规划、协调配合、发挥专业优势等方式，实现学生事务管理的整体优化和提升。这种整体性管理不仅有助于提升学校的管理水平和服务质量，更有利于促进学生的全面发展和未来的职业成功。因此，技工院校应继续加强对学生事务管理机制的整体性建设，不断完善和优化管理机制，为培养更多优秀的专业技能人才作出贡献。

二、系统性

技工院校学生事务管理机制不仅关系到学生的日常学习与生活，更直接影响学生未来的职业发展与技能提升。在众多的管理特点中，系统性无疑是技工院校学生事务管理机制最为显著的特征之一。下面将详细探讨技工院校学生事务管理机制的系统性特点，并深入分析其对学生成长与发展的积极作用。

（一）系统性概述

技工院校学生事务管理机制的系统性，主要体现在其管理体系的完整性和协调性上。这一机制通常涵盖了学籍管理、日常行为规范、心理健康教育、职业生涯规划等多个方面，形成了一个相互关联、相互促进的有机整体。在这个体系中，各个环节紧密相连，共同构成了学生事务管理的完整链条。

（二）系统性的具体表现

1. 层次分明的组织结构

技工院校学生事务管理通常设有专门的学生工作部门，下设多个职能科室，如学籍管理科、心理咨询中心、就业指导中心等。这些科室在各自的职责范围内开展工作，同时又相互协作，共同服务于学生的全面发展。

2. 规范化的管理流程

学生事务管理机制的系统性还体现在其管理流程的规范化上。从新生入学到毕业离校，每一个阶段都有明确的管理规定和操作流程，确保学生事务管理的有序进行。

3. 整合优化的资源配置

技工院校注重整合校内外资源，为学生提供多样化的教育服务。学校通过与企业合作、开展社会实践等方式，将社会资源引入学生事务管理，丰富了学生的实践经验和职业技能。

（三）系统性的优势分析

1. 提高管理效率

系统性的学生事务管理机制使得各项管理工作能够有条不紊地进行，避免了因管理混乱而导致的资源浪费和效率低下。

2. 促进学生全面发展

系统性的管理机制能够覆盖学生成长的各个方面，有助于学生的全面发展。通过心理健康教育、职业生涯规划等环节的有机结合，学校能够更好地关注学生的个性化需求，为学生提供更加精准的教育服务。

3. 增强学校的整体竞争力

一个具有系统性特点的学生事务管理机制，能够提升技工院校的整体形象和声誉，吸引更多的优秀学生报考。同时，这也能够为学校与企业的合作奠定坚实的基础，推动学校的持续发展。

技工院校学生事务管理机制的系统性特点，是其管理工作高效、有序进行的重要保障。通过构建层次分明的组织结构、规范化的管理流程，以及整合优化的资源配置，学校能够为学生提供更加全面、个性化的教育服务，促进学生的全面发展。未来，随着技工教育的不断发展和完善，学生事务管理机制的系统性特点将发挥更加重要的作用，为培养更多高技能人才贡献力量。

三、协调性

在技工院校的教育体系中，学生事务管理是一项至关重要的工作。它涉及学生的日常生活、学习进展、心理健康、职业规划等多个方面，需要学校各个部门、教师、辅导员等各方密切协作，形成有效的管理机制。其中，协调性作为技工院校学生事务管理机制的一个显著特点，对于保障学生全面发展、提升教育质量具有重要意义。

技工院校学生事务管理机制的协调性体现在多个层面。

首先，在组织结构上，技工院校通常设立专门的学生事务管理部门，负责统筹协调各项学生工作。这些部门与教务处、招生就业处、心理健康中心等相关部门保持密切联系，共同制定和执行学生事务管理规定，确保各项工作的顺利进行。

其次，在工作内容上，技工院校学生事务管理机制注重各部门之间的协作与配合。例如，在学习指导方面，学生事务管理部门与教务处共同制订教学计划、监督教学质量，确保学生能够获得良好的学习效果；在职业规划方面，学生事务管理部门与招生就业处合作，为学生提供就业指导、实习机会等，帮助学生顺利实现就业目标。

最后，技工院校学生事务管理机制的协调性还体现在对学生个体差异的关注上。每个学生都是独一无二的个体，具有不同的学习需求、兴趣爱好和职业规划。学生事务管理部门通过与辅导员、教师等人员的密切合作，深入了解每个学生的情况，提供个性化的指导和支持，帮助学生充分发展潜力、实现自我价值。

为了进一步提升技工院校学生事务管理机制的协调性，可以采取以下措施：一是加强部门之间的沟通与协作，建立定期会议制度，及时分享信息、交流经验、解决问题；二是加强人员培训，提高辅导员、教师等人员的专业素养和管理能力，使他们能够更好地履行职责、服务学生；三是引入现代管理理念和信息技术手段，如建立学生信息管理系统、利用大数据分析学生需求等，提高学生管理效率和质量。

综上所述，技工院校学生事务管理机制的协调性是其重要特点之一。通过加强部门之间的协作与配合、关注学生个体差异、采取有效措施提升管理质量等方式，可以进一步发挥协调性的优势，为技工院校学生的全面发展提供有力保障。

四、层次性

（一）管理体系的层次性

技工院校学生事务管理机制的层次性首先体现在管理体系的构建上。从校级到院系级，再到班级，每一层级都有明确的管理职责和权限划分。校级管理层负责制定总体政策、规划和监督学生事务的开展；院系级管理层则根据校级政策，结合本院系特点，制定具体的实施细则；班级管理层则负责落实各项管理措施，确保学生事务的顺利进行。这种层次分明的管理体系有助于确保学生事务管理的有序性和高效性。

（二）管理内容的层次性

技工院校学生事务管理机制的层次性还体现在管理内容的划分上。不同层级的管理部门负责不同的管理内容，形成了从宏观到微观的层次结构。校级管理层主要负责制定学生事务的总体规划和政策，如学生思想政治教育、心理健康教育、就业指导等；院系级管理层则根据本院系的专业特点和学生需求，制订具体的管理措施和活动方案；班级管理层则负责具体实施各项管理措施，如学生日常行为管理、班级文化建设等。这种具有层次性的管理内容划分有助于确保学生事务管理的全面性和针对性。

（三）管理方法的层次性

技工院校学生事务管理机制的层次性还体现在管理方法的运用上。不同层级的管理部门在管理方法上有所侧重，形成了多样化的管理手段。校级管理层注重宏观指导和政策引领，通过制定规章制度、开展主题教育等方式引导学生树立正确的价值观和人生观；院系级管理层则注重专业性和实践性，通过开展专业讲座、实习实训等活动提升学生的专业素养和实践能力；班级管理层则注重日常管理和服务，通过班会、个别谈心等方式关注学生的个体差异和成长需求。这种层次性的管理方法运用有助于增强学生事务管理的针对性和实效性。

（四）管理效果的层次性

技工院校学生事务管理机制的层次性最终体现在管理效果的实现上。由于不同层级的管理部门在管理体系、管理内容和管理方法上存在差异，因此其管理效果也呈现出层次性的特点。校级管理层的管理效果主要体现在学生整体素质和校园文化的提升上；院系级管理层的管理效果则主要体现在学生专业素养和实践能力的提升上；班级管理层的管理效果则主要体现在学生日常行为规范和班级凝聚力的增强上。这种层次性的管理效果有助于全面反映技工院校学生事务管理的成果和价值。

综上所述，技工院校学生事务管理机制的层次性特点体现在管理体系、管理内容、管理方法和管理效果等多个方面。这种层次性的管理机制有助于确保学生事务管理的有序性、全面性和高效性，为培养高技能人才提供有力保障。

五、动态性

在技工院校学生事务管理机制的众多特点中，动态性尤为显著，它反映了技工院校学生事务管理机制的灵活性、适应性和创新性。

首先，动态性体现在技工院校学生事务管理机制对外部环境变化的敏锐感知和快速响应上。随着社会的快速发展和技术的不断进步，技工院校所面临的教育环境、学生需求以及就业形势都在不断变化。因此，学生事务管理机制需要不断调整和优化，以适应这些变化。例如，技工院校需要密切关注行业发展趋势，及时调整专业设置和课程设置，以满足社会对人才的需求；同时，还需要根据学生的兴趣和特点，提供个性化的教育服务，帮助他们实现全面发展。

其次，动态性还体现在技工院校学生事务管理机制内部的自我调节和完善上。一个健全的学生事务管理机制应该具备自我反馈和持续改进的能力。通过收集和分析学生的反馈意见、教学评估结果及就业情况等信息，技工院校可以及时发现管理机制中存在的问题和不足，并采取相应的措施进行改进。这种自我调节和完善的过程，使得技工院校的学生事务管理机制能够不断适应新的形势和要求，保持其活力和竞争力。

最后，动态性还要求技工院校学生事务管理机制不断创新和发展。创新是推动技工院校学生事务管理机制不断完善的重要动力。技工院校需要积极探索新的管理模式和方法，引入先进的管理理念和技术手段，以提高管理效率和水平。同时，还需要注重培养学生的创新意识和创新能力，为他们未来的职业发展打下坚实的基础。

总之，技工院校学生事务管理机制的动态性是其重要的特点之一。它要求技工院校在不断变化的环境中保持敏锐感知和快速响应能力，同时注重内部的自我调节和完善，以及创新和发展。只有这样，技工院校才能培养出更多优秀的高技能人才，为社会的发展和进步作出更大的贡献。

六、开放性

随着时代的进步和教育改革的不断深入，技工院校学生事务管理机制正面临着前所未有的挑战与机遇。在这样的背景下，开放性作为技工院校学生事务管理机制的重要特点，逐渐凸显出其独特的价值和意义。

开放性意味着技工院校学生事务管理不再局限于传统的、封闭的模式，而是积极拥抱变化，与时俱进。这种开放性体现在多个方面。

首先，管理理念的开放。技工院校开始认识到，学生事务管理不仅仅是简单的规章制度的执行，更是对学生全面发展、个性成长的关注和引导。因此，管理理念从传统的"管理"向"服务"转变，更加注重学生的需求和体验。

其次，管理手段的开放。技工院校积极引入现代信息技术，如大数据、人工智能等，构建智慧化的学生事务管理平台。这些技术的应用不仅提高了管理效率，也使得管理更加精准、个性化。例如，通过数据分析，可以更加准确地了解学生的学习、生活状况，从而为他们提供更加贴心的服务。

再次，管理内容的开放。技工院校学生事务管理不再局限于日常的行政管理，而是向更加广阔的领域延伸。比如，心理健康教育、职业规划指导、创新创业支持等都成为学生事务管理的重要内容。这些内容的开放，使得学生能够更加全面地发展自己的能力和素质。

最后，管理主体的开放。技工院校鼓励学生、家长、社会等多方参与学生事务管理，形成多元化的管理主体。这种开放性的管理主体结构，使得管理更加民主、透明，也更容易得到各方的理解和支持。

开放性作为技工院校学生事务管理机制的重要特点，不仅有助于提升管理效率和质量，更有助于促进学生的全面发展和个性成长。然而，开放性也带来了一定的挑战，如如何平衡管理与服务的关系、如何确保信息安全等。因此，技工院校需要在实践中不断探索和完善学生事务管理机制，以更好地适应时代的发展和学生的需求。

七、规范性

技工院校作为培养专业技能人才的重要基地，其学生事务管理机制的规范性显得尤为重要。规范性不仅是确保学生事务管理机制有序、高效运行的基础，也是保障学生权益、促进学生全面发展的重要保障。下面将从技工院校学生事务管理机制的规范性特点入手，探讨其对学生成长和学校发展的积极作用。

（一）制度建设的完善性

技工院校学生事务管理机制的规范性首先体现在制度建设的完善性上。学校通过制定一系列规章制度，明确了学生事务管理的职责、权限和程序，为学生事务管理工作的开展提供了明确的指导和依据。这些制度包括但不限于学生日常管理、奖惩制度、心理辅导、就业指导等方面，涵盖了学生在校期间的各个方面，确保了学生事务管理的全面性和系统性。

（二）流程管理的标准化

技工院校学生事务管理机制的规范性还体现在流程管理的标准化上。学校通过制定标准化的管理流程，确保了学生事务管理各个环节的衔接和协调。无论是学生入学、在校学习还是毕业离校，都有一套完整的流程需要遵循。这些流程包括学生信息录入、成绩管理、学籍变动、奖惩处理等方面，通过标准化的操作，提高了管理效率，减少了人为因素的干扰，确保了学生事务管理的公正性和准确性。

（三）人员管理的专业化

技工院校学生事务管理机制的规范性还体现在人员管理的专业化上。学校通过选拔和培养具备专业知识和技能的管理人员，确保了学生事务管理工作的专业性和高效性。这些管理人员不仅具备丰富的管理经验和较强的组织协调能力，还具备扎实的专业知识和技能，能够为学生提供有针对性的指导和服务。同时，学校还注重对管理人员的培训和考核，不断提升他们的专业素养和管理水平。

（四）信息化管理的普及化

随着信息技术的不断发展，技工院校学生事务管理机制的规范性也体现在信息化管理的普及化上。学校通过建立完善的学生信息管理系统，实现了对学生信息的集中存储、查询和共享，提高了管理效率。同时，学校还利用信息化手段开展学生事务管理工作，如在线选课、成绩查询、心理咨询预约等，为学生提供了更加便捷的服务。信息化管理的普及化不仅提高了学生事务管理的效率和准确性，也为学生提供了更加个性化的服务体验。

（五）监督机制的健全性

技工院校学生事务管理机制的规范性还体现在监督机制的健全性上。学校通过设立专门的监督机构或委员会，对学生事务管理工作进行监督和评估，确保管理工作的规范性和有效性。这些监督机构或委员会定期对学生事务管理工作进行检查和评估，发现问题及时提出整改意见并督促落实。同时，学校还鼓励学生参与学生事务管理的监督和评价工作，通过学生的反馈和建议不断完善学生事务管理机制。

综上所述，技工院校学生事务管理机制的规范性是确保学生事务管理工作有序、高效运行的重要保障。通过完善制度建设、流程管理标准化、人员管理专业化、信息化管理普及化，以及健全监督机制等方面的努力，可以不断提升技工院校学生事务管理机制的规范性水平，为学生成长和学校发展创造更加良好的环境。

八、服务性

服务性不仅体现在学生事务管理的各个环节，更是贯穿于技工院校教育教学的全过程，为学生的全面发展提供了坚实的保障。

（一）服务性在技工院校学生事务管理机制中的体现

1. 以学生为中心的管理理念

技工院校学生事务管理机制始终坚持以学生为中心的管理理念，关注学生的全面发展。在管理工作中，注重听取学生的意见和建议，充分尊重学生的主体地位，确保学生的权益得到充分保障。

2. 全方位的服务体系

技工院校学生事务管理机制构建了全方位的服务体系，包括学业指导、职业规划、心理咨询、生活服务等各个方面。这些服务旨在帮助学生解决在学习、生活、就业等方面遇到的问题，促进学生的健康成长。

3. 个性化的服务策略

针对不同学生的特点和需求，技工院校学生事务管理机制制定了个性化的服务策略。例如，针对学习成绩较差的学生，提供个性化的辅导和帮助；针对职业规划不明确的学生，提供职业指导和咨询服务。这些个性化的服务策略有助于更好地满足学生的需求，提高管理效果。

（二）服务性在技工院校学生事务管理机制中的意义

1. 提升学生的满意度和归属感

通过提供全方位、个性化的服务，技工院校学生事务管理机制能够增强学生的满意度和归属感。学生感受到学校的关心和支持，会更加珍惜在学校的时光，更加积极地参与到学习和生活中去。

2. 促进学生的全面发展

服务性的学生事务管理机制有助于促进学生的全面发展。通过提供专业的学业指导、职业规划、心理咨询等服务，帮助学生提高技能水平、增强综合素质、明确职业方向，为未来的就业和人生发展奠定坚实的基础。

3. 提升技工院校的社会声誉和影响力

技工院校学生事务管理机制的服务性特点，不仅能够提升学生在校期间的满意度和归属感，还能够增强社会对技工院校的认可度和信任度。优质的服务能够吸引更多的优秀学生报考技工院校，进一步提升技工院校的社会声誉和影响力。

技工院校学生事务管理机制的服务性特点，是其区别于其他类型院校的重要特征之一。在未来的发展中，技工院校应继续坚持服务性理念，不断完善学生事务管理机制，提供更加优质、高效的服务，为学生的全面发展和社会进步作出更大的贡献。同时，技工院校还应积极探索创新服务方式和方法，不断适应时代发展和学生需求的变化，推动学生事务管理工作不断迈上新的台阶。

技工院校学生事务管理机制的特点相互补充、相互促进，共同构成了技工院校学生事务管理的特色和优势。在未来的发展中，技工院校应继续加强对学生事务管理机制的研究和实践，不断提升管理水平和服务质量，为培养更多优秀的技术技能人才贡献力量。

第三节　技工院校学生事务管理协同运行机制

一、技工院校学生事务管理协同运行机制概述

（一）技工院校学生事务管理协同运行机制的内涵

笔者将本节中的学生事务管理定义为：技工院校特定人员与机构以"政治教育"为核心，有计划、有组织地提高学生"德智体美"素质，指导学生正确行为，培养学生健全人格的教育、管理和服务工作。具体内容包括：思政教育、课外实践活动、奖惩资助、就业指导、校园文化建设、团学组织建设等。不难看出，学生事务管理是所有与学生相关事务的集合。作为一个庞大的组织系统，学生事务管理应该具有相应的运行机制。结合文中对"机制"的阐述，笔者将学生事务管理协同运行机制定义为：在学生事务管理组织中，基于共同的目标指引和合理的动力驱动，所有利益相关者在一定的权力分配及参与体系内，以合法、合理的政策法律等条件为保障，以现代网络信息技术为重要手段，实现学生事务管理优质、高效的协同创新模式。

（二）技工院校学生事务管理协同运行机制的构成要素及体系

通过对学生事务管理协同运行机制定义的分析，我们将该机制分解为以下要素。

1. 共同的愿景激励

首先，要在构建学生事务管理协同运行机制或者说在学生事务管理中实现"协同治理"的重要性上达成一致。学生事务管理从业人员要充分认识到"治理"的理念已经深入社会各个领域的方方面面，已经成为现代公共组织中弥补原有管理模式缺陷、维护组织稳定、提高管理效率、培养创新能力、增强互信合作的重要途径。其次，要充分认识到该机制构建的价值。学生事务管理是学校管理的重要组成部分，在学生事务管理领域实现协同治理是推动技工院校治理发展的重要力量。另外，以协同治理理论指导学生事务管理实践，是践行以人为本理念的重要体现。在这个过程中，学生的利益和诉求有了更科学的实现渠道，学生的民主意识、治理意识得到提高，更符合技工院校培养人、塑造人、发展人的目标。同时，学生治理意识和治理能力的提高必将促进社会治理的发展，对实现国家治理能力现代化的总目标也有重要的推动作用。

2. 多元的主体参与

技工院校学生事务管理协同运行机制的参与主体一般包括四个层次。第一层次包括行政管理人员、辅导员、班主任。第二层次包括学生、学生自治组织。第三层次包括政府、社会合作单位及个人。第四层次包括学生家长、公众、媒体等。同时，基于利益相关者理论，在学生事务管理中要重视利益相关者参与共同治理，强化外部利益相关者的监督，平衡内部利益相关者的权力。

3. 科学的权力体系

在本节中，我们认为权力体系的科学意味着在学生事务管理中，权力分配科学，管理幅度科学。在学生事务管理工作过程中，各利益相关主体参与的权力以制度化形式得到确定，参与的组织形式得到认可。要改善原有学生事务管理中单一的行政权力运行体系和条块结合的业务开展模式，合理优化原有权力结构。对学生事务管理利益相关者依法成立的组织要予以认可和支持，充分发挥其在学生事务管理协同治理中的作用。

4. 发达的信息技术

以互联网为基础的现代信息技术是推动社会发展的重要力量，通过改变信息传输模式，社会的沟通方式和办公形式等发生了深刻的变革。在学生事务管理中，信息技术成为提高工作效率，促进利益相关主体沟通的重要途径。成熟的信息技术保障体现在拥有高素质的信息技术工作人员、一体化的信息技术理念、安全有效的硬件平台。在实际工作中，能有效避免信息技术在应用于学生事务管理时形式、内容"两张皮"的简单堆砌现象，有效避免"信息孤岛"现象，避免"重建设不重维护"等安全隐患。让信息技术成为利益主体之间、业务部门之间、校内校外之间的信息互联共享平台。

5. 有效的法治保障

法治是社会运行的基石，无法治则无民主。在学生事务管理过程中，协同运行机制构建很重要的条件就是法制的健全、规章的完善。要实现有效的法治保障，要确保三个"统一"。第一，要实现"立法数量"和"立法质量"的统一。由于国家层面教育法规大多为原则性立法，缺乏具体的指导细则，因此需要地方主管部门和技工院校主动担当起完善政策体系的重任。但在政策制定过程中，要坚决避免未经充分调研"随性立法"，"下位法"与"上位法"冲突，政出多门导致部门规章之间"打架"的不良现象。第二，要实现"实质正义"与"程序正义"的统一，避免只重执法结果，不重执法过程的现象，要让政策执行过程受到各利益相关者的监督。第三，要实现"严格执法"与"科学执法"的统一。要对法条背后的法治精神进行探究，不能仅仅将法律、规章作为管理学生的工具。在政策执行过程中如果不讲艺术，不立足实际，易造成其他利益相关者的抵触，将政策制定者推到对立面，不利于后期工作的开展。

通过对技工院校学生事务管理含义的界定，对构成要素的解读，有助于构建起一个理想的技工院校学生事务管理协同运行机制。

二、构建技工院校学生事务管理协同运行机制的有效途径

（一）建立多元参与格局，提升学生事务管理民主水平

治理理论以多元参与为显著特征，即公共管理不再以政府为单一中心，无论是机构还是个人均可以不同方式参与社会管理。我们构建的学生事务管理协同运行机制中，不同的利益相关者群体在学生事务中角色不一：学校代表的教育从业者是政策制定者；学生既是被管理的对象，也是政策执行的监督者和参与者；教育主管部门、合作单位、学生家长及媒体承担学生事务管理的指导、监督和促进角色。虽然各自角色不同，但是彼此依赖，需要相互合作。

1. 增强多元参与意识

由于特定的历史原因和社会环境，技工院校中"官本位"思想仍然普遍存在，这也是技工院校学生事务管理协同运行机制面临的重要挑战。因此，必须从观念上破除这种思想上的桎梏。对于参与技工院校治理与学生事务管理，各利益相关者需要认清本质，才能真正参与。从技工院校学生事务管理第一层次利益相关者来看，技工院校教育从业人员尤其是技工院校管理人员要树立服务意识，摒弃"主人思维"。在实践中，强调技工院校要坚持党委领导下的校长负责制，如此才能保证正确的办学方向，技工院校教育的质量才能得到提高。同时，作为管理者，应该逐渐淡化自己的"掌控"意识，不断强化"统筹"观念，并致力于利益相关者的协调，实现资源整合与流程优化，实现学生事务管理的协同治理。要尊重其他利益相关者参与学生事务管理的权力和热情，明确"多元参与"的目的是通过民主参与的形式达到有效和科学的技工院校治理。在这个过程中，要充分地尊重学生的个人价值，要充分听取学生的意见和要求，必须用一体化思维考虑学生与学校的发展，重视其主体地位和主体作用的发挥。要发扬民主，调动学生参与到规章制度的制定和实施过程中来。要及时回应家长、媒体、合作对象等其他利益相关者对学生事务管理的关切，主动接受其他利益相关者的工作监督，以开放、务实的态度做好与所有利益相关者的沟

通合作，共同实现学生事务管理的协同参与。从技工院校学生事务管理第二层次利益相关者来看，学生和学生自治组织要切实发挥参与校园治理功能，从根本上树立"权利"意识，充分发挥作用。具体来说，学生要注重诉求的表达方式，注重监督权利的行使。学生组织要正确行使民主权利，大力弘扬民主参与氛围，主动与学校管理人员建立合理、合法的利益表达和沟通反馈机制，做好"上情下达"和"下情上传"工作。从第三层次利益相关者来看，教育主管部门要大力推动技工院校去行政化改革，为技工院校学生事务管理协同参与营造良好的制度环境。要主动参与、指导、监督技工院校学生事务管理改革工作，不断推动民主水平的提高。学生家长、企业、媒体以及其他技工院校学生事务管理利益相关者要主动参与，充分动员各类社会资源，为学生事务管理实现"善治"作出贡献。

2. 提升多元参与能力

对于学校领导而言，科学决策必须得到重视。从决策的公正性和科学性出发，立足利益相关者意见，自觉接受他们的监督。为此，首先要坚持民主管理，将民主原则、民主程序作为目标。其次要坚持透明管理，切实做到信息公开，使其他利益相关者了解决策的背景、实施过程及工作愿景。最后要适度放权，激发其他利益相关参与决策和管理的热情。

对于学生和学生组织而言，由于当前学生自治组织发育缓慢，且名义上"自治"，实际上受到学校行政单位的直接领导，甚至主要学生干部由行政单位直接任命，不能充分地表达学生的诉求，发挥学生参与的重要作用。因此必须从两个方面克服困难。首先是国家层面，要加强立法，从顶层设计确定权责范围，保证学生的有效参与。其次要大力培育学生会等自治组织，保障学生自治权。作为一个群众组织，学生会同时接受党组织领导和共青团组织指导，实行自我管理、教育、服务。对于此类组织，应当减少行政干预，减少学生自治组织中的层级观念，提高学生会在学生中的威望和影响力，切实增强学生的参与意识和参与能力。

（二）完善协同共治机制，促进学生事务管理分工协作

实现技工院校学生事务管理协同运行，必须有良好的实现路径，否则

就是纸上谈兵，形同虚设。结合当前面临的问题以及技工院校学生事务管理协同运行机制的应然状态，笔者认为可以通过"学生事务管理专业化"和"扁平化管理体制改革"，构建权力结构明晰、部门分工合理、决策渠道广泛、权力监督有效的协同治理体系。

1. 学生事务管理专业化

追本溯源，学生事务管理一直是作为技工院校政治工作来开展的，但从本节中给出的定义来看，政治工作只能是其中一部分，不能概括所有。例如，学籍管理与学业指导、健康安全教育与秩序维护、课外实践活动、奖惩资助、就业指导、校园文化建设、团学组织建设等行政性事务。从工作性质来看，政治工作完全不同于行政工作。政治工作强调的是思想认同，主张核心归属。行政工作强调效益和服务，主张管理本位。在学生事务管理工作中，既要加强对学生的思政教育，又要根据学生发展需求，帮助其发展人格，克服生活与学习中的困难。需要注意的是，过度强调政治教育，会使学生个性发展不能得到有效满足；同时，只着眼于满足学生需求，过度强调服务，忽视了政治教育的重要性，技工院校教育的社会功能又会弱化。

因此，无论是想在思政教育上有所突破，还是在管理服务上有所建树，将学生事务管理与思想政治教育工作进行分离显得尤为迫切。通过借鉴美国的经验，我们可以在内部管理体系上独立设置学生事务管理部门，并在学校党政领导中设置负责学生事务管理的专员，提升技工院校校级领导层面对学生事务管理的重视。同时学生事务管理从业人员的遴选、聘任、晋升要有严格的资格准入制度，尤其是要提高对管理学、心理学等学科背景人才的重视。同时，设置系统的学科培养体系，促进技工院校学生事务管理的职业化发展。国家要积极鼓励技工院校设立相关学科，培养专门人才。另外，要着眼于当前学生事务管理从业者，要切实为这个群体提供多种多样，涉及学生事务管理工作方方面面的职业培训。

2. 扁平化管理改革

当前学生事务管理运行机制呈现出"党政共管、条块结合、纵横交错"的特点，注重"垂直领导"和"横向分工"，组织管理结构总体较为统一。按照专业化的建设构想，就是要改变原有"学校—学院—学生"管理体制，将所有学生事务管理工作进行重新模块化构建。克服原有院系学生事务管理从业人员在行政管理中接受院（系）领导，在业务上接受学校主管单位领导造成效率低下的弊端。同时，权责的重构能有效克服横向分工中各自为政的弊端和无法在学生事务管理系统内部形成合力的问题。在此构想下，可以将学生事务管理分为以下两个模块：学生思政教育中心和综合服务中心。

思政教育中心仍然实行"学校—学院—学生"三级管理体制，全面、独立负责学生思政教育。中心下设思政教研室、学生党团工作室、第二课堂指导工作室三个部门。思政教研室主要负责对技工院校学生开展思想品德、政治素养、心理健康等方面的系统的理论教育。学生党团工作室负责培养学生干部骨干力量，发展党员和团员。第二课堂指导工作室致力于指导各级学生自治组织开展校园文化活动、社会实践活动、科技创新活动、创新创业活动等。

学生事务综合服务中心直接实行"学校—学生"二级管理体制，将学生日常事务从思想政治教育中剥离，提高学生事务管理的民主与科学水平。通过部门整合后的学生事务综合服务中心下设学籍管理办公室、物业管理办公室、学生资助管理办公室、学生就业指导办公室，以及学生综合管理办公室五部门。学籍管理办公室职能为：学籍注册、学籍管理、学生选课等。物业管理办公室职能为：学生公寓管理、学生公寓文化建设。学生资助管理办公室职能为：宣传奖助政策、开展奖助工作，如奖助学金、助学贷款、保险理赔、贫困认定、助学代偿等。学生就业指导办公室职能为：毕业生就业工作开展、学生就业指导与职业生涯规划教育、毕业生派遣等工作。学生综合管理办公室则负责协调综合服务中心相关部门的工作，受理学生投诉，开展违纪学生处理与受奖学生表彰，学生缴费、退费，各类证明的开具等工作。

在此管理模式下，将辅导员从事务性工作中解放出来，促进辅导员职业化、专业化发展，做好思政教育工作。通过"学校—学院—学生"三级思政教育网络，能更好地使得思政教育深入专业、班级、学生，让思政教育落地生根。通过加强思想政治教育，确保各类课程与思想政治理论课同向同行，形成协同效应，提高实效。

学生事务综合服务中心，又称学生事务一站式服务中心，发源于美国。其设立之初是为了解决学生事务管理相关部门各自独立，学生办理相关业务时间成本高的问题，致力于建立一个可以部门协同、集中办公的场所。接着，着眼于学生需要，各主管部门重新划分职权，重新设计工作项目，重新规划服务流程。借助高速发展的信息技术，以信息集成、自助服务为主要特点的集约化服务中心日益发挥重要功能。学生事务一站式服务中心实现了"从行政管理改革到学生服务集成""以学生为中心的客户关系管理""专业化的跨职能团队建设""网络技术运用的整体战略"。学生事务综合服务中心的建设是学生事务管理协同运行的重要步骤，尤其是部门协同的重要手段。当前国内技工院校学生服务中心的窗口工作人员设置主要有以下几种：一是教师派驻模式。其特点是工作人员由各部门抽调，共同为学生服务。二是教师派驻与学生派驻相结合模式。其特点是工作人员既包含各部门抽调的教师，也包含勤工助学的学生。由学生对学生进行培训，进行全天候的服务。三是全部为学生派驻服务。其特点是全部由学生在一线窗口提供服务。经过多年时间，学生一站式服务"721"模式初具雏形：七成业务依靠信息技术实现自助服务；二成的业务依靠服务中心的业务骨干来实现；一成的特殊业务由相关部门教师协助处理。基于"721"模式和现代网络信息技术的发展，笔者建议采取"前台学生，后台教师"的模式，既能节约成本，又能为学生提供锻炼实践平台。

学生事务综合服务中心建设是一个动态的过程。其前提是相关业务部门实现新的"中心转变"和"职能与服务划分"。"中心转变"指的是由最初的部门职权为中心到以满足学生发展需求为中心。从部门职能出发的"两个转变"是指：从以部门机构设置和职能为中心转变为以学生需求为中心；从以部门职能结构决定服务输出内容到以学生角度出发设计新的工作流程。学生事务综合服务中心建设不能一蹴而就，应该分为场地集合、业务集合、线上线下集合。场地集合是中心建设的基础，是一种形式上的整合，所有的业务集中在同一个区域，避免了学生的奔波劳苦。业务集合是中心建设的实质，是一种内容上的整合，所有的业务放在一个大的学生工作事务管理体系内进行重新划分，将条状工作集群化。如此一来，无缝衔接的业务服务更加符合学生的发展需要。线上线下集合就是实现实体化的工作场所服务与网络化业务服务紧密融合。线上线下的有机结合，使得学生事务管理服务不再拘于时空限制，学生可以及时获得相关的服务。

（三）推进信息技术升级，提升学生事务管理落实效率

以互联网为代表的信息技术发展是推动社会治理发展和技工院校教育变革的重要力量，信息技术的发展也对技工院校学生事务管理提出了新要求。面对"无人不网、无时不网、无处不网"的新形势，在学生事务管理领域加强网络信息化建设显得尤为重要，是学生事务管理提质增效的重要渠道。同时，要尽快破解信息技术应用理念落实、信息技术管理人才较少、信息平台建设缺乏统筹等难题。技工院校学生管理工作信息化应遵循以下原则：以顶层设计为统筹，实施统一的规划、投入和建设标准，遵循系统的顶层设计原则，兼顾整合性、系统性、综合性因素，推进主要学生事务流程信息化，全面考虑学生需求特点。

1. 强化信息网络管理意识

第一，要强化信息覆盖意识。技工院校要充分认识到信息网络技术建设对学生事务管理的重要意义，主动契合最新教育规划纲要所提出的任务要求。以资源利用、技术创新、管理改革为突破口，实现网络管理的高效率。充分利用资源，创设网络教育条件。第二，要更新信息网络管理意识。既要兼顾当前工作需要，更要兼顾长远发展，改变以往"重形式、轻实质""重输出、轻输入"的现象，充分考虑数据类型、数据结构、数据应用环境等因素，提高信息系统的兼容性、开放性、多功能性，将学生事务信息管理网络建设成一个互动、共享的平台。第三，要增强信息网络技术的使用意识。要基于工作网络流程再造和管理数据标准化建设学生事务

信息化系统，而非将原有的管理与服务项目简单地移植进网络，单纯地改变管理与服务的输送渠道。目前，许多技工院校普遍存在只重视单向的信息发布，轻视信息反馈的情况。技工院校要主动着眼于新需求，适应新环境，开发新功能，向学生提供更完善和更优质的服务。第四，要强化网络信息安全意识。在安全漏洞频出、黑客攻击频发的情况下，系统安全是第一要务。要及时更新硬件设备，不断升级防火墙，不间断进行风险入侵检查。第五，权限设置也是不可忽略的环节，要遵循严格的等级要求限制，做到"职能"与"权限"相匹配，尤其是要避免"低职高配"、系统管理权限滥用的情形。第六，为了保障运行安全，人员培训也是必要措施。同时，应结合规章制度制定，严防学校内部人员的职务犯罪行为，确保相关工作人员在主观上有信息安全意识。

2. 充实信息网络管理队伍

首先，要加强人才引进。充分的人才储备是信息网络建设的重要保障。其次，要加强对信息网络管理队伍的培训，不断提高其网络技术水平以及新形势下学生管理工作的开拓和创新精神。又要使其熟悉技工院校学生事务管理工作，不断提高从业人员使命感。最后，要加强队伍职业化建设。职业化有规范的准入资格机制、专业的培训机制和明确的量化考核指标，要求从业人员长期甚至终身从事专业领域工作。如此一来，职业化的发展既能满足自我发展需要又能实现个人价值。这样既保证了从业人员的专业性，又保证了从业人员的稳定性。同时，注重专业化要求，入职后的学习培训也非常重要，从业人员必须参加任职后的量化考核与系统培训以及资质评定，所有考评合格方能从业。

3. 加强信息平台建设统筹

基于学生事务管理信息平台建设涉及面广，对"人、财、物"投入要求较高的现实，在建设过程中应该注重全面统筹，避免重复建设及无效投入，注重投入产出比。努力克服基础设施不足、技术能力欠缺、信息传达滞后等现有突出矛盾。要做好顶层设计，实现部门统筹。尽快完成不同数据平台的资源整合，规范数据接入与交换，提高数据获取的便捷性，如将学籍管理系统、物业管理系统、学生资助管理系统、学生就业信息系统、学生基础信息系统进行对接。避免因为信息系统的独立和信息的垄断造成"信息孤岛"。尤其是当前面向学生的学生事务综合服务中心一站式服务机构的设立，信息平台的统筹建设意义更加重大，实现了部门整合、资源整合、信息整合、服务整合的有效统一。

4. 提高信息服务推荐能力

推荐系统是基于信息分析技术，在技术后台主动向用户提供高精度、高匹配、高时效的信息，及时接收用户反馈，不断修正推荐结果的应用技术。其显著特点为：它能因人而异、因事而异，个性化地提供信息服务。它甚至能主动预测并搜集用户的兴趣信息，提前对信息进行整理，满足客户需求，时刻体现出主动、高效、灵活特征。基于信息服务推荐技术的主动性、高效性、灵活性，相关从业人员要增强主动意识、服务意识，从战略角度以发展思维思考问题，满足不同学生的个性化需求，主动提供高质量的信息服务。在这个语境下，学生的信息获取内容将会以信息获取偏好的形式呈现出来，学生事务管理从业人员可以根据数据分析，提前获取学生的信息需求，可以有针对性地为学生推荐信息内容，方便学生及时、有效获取信息。同时，基于信息服务推荐理念，信息互动机制将日益成熟，从而有效提高学生事务管理的效率。

（四）加强制度规章建设，提高学生事务管理法治水平

随着法治化的不断进行，技工院校治理法治化改革成为当务之急。本节中，我们对学生事务管理协同运行机制构建面临的问题进行了详细的分析，对解决措施进行了阐述。无论是多元参与格局的形成还是协同共治机制的建立，抑或信息技术的建设都需要法律规章建设的保障。在多元参与格局形成过程中，各方利益相关者的权力边界和利益范围急需法律规章的确认，明确利益相关者的权力边界，使多元参与具有可操作性。尤其是学生作为学生事务管理的重要主体，如何参与、权益如何保障必须有明确的规则保护。另外，校外利益相关者参与学生事务管理的通道和边界也必须有法律规章的明确才能迈出关键的一步。在协同共治机制的建设过程中，

尤其是在学生综合服务中心的建设过程中，如何理顺原有的权力和利益关系，实现部门的有机整合和工作的有效开展也必须通过学校明确的制度规章来实现。在信息技术应用过程中，如何面对来自方方面面的威胁，如何保护学生事务管理相关信息的安全，如何处理在信息技术应用过程中产生的风险都需要有明确的法律保障。因此，法规体系的构建与治理水平的提升，既是根本保障，也是根本要求。在这个过程中，要充分体现法治精神，尤其要避免上位法和下位法冲突，以及程序正义被忽视的情形。要充分考虑法制规章的可行性，要充分明确各权利主体的法律救济途径。

1. 以学生利益为核心，规范"立法"

从宏观上讲，技工院校学生事务管理是通过宪法和行政法规等法律来确认和保障的，它强调法律面前一律平等，法律面前无特权。在本节中，我们不仅从国家层面探讨宏观的立法行为，也从技工院校在行政规章制定角度来探讨。从法理上讲，"法无禁止即可为"，法律认可权利主体在不违背法律法规的前提下进行自主的行为选择，取得权利并承担义务。从学校角度来看，只要学生履行了教育契约义务，就应该享受学校选择、课程选择、教师选择和教育方式选择等选择权。各利益相关者了解法律，研究案例判决，对各方预见行为法律后果具有重要意义，有利于帮助各方作出理性选择，充分体现法律"定纷止争"的作用。规范技工院校"立法"质量，笔者认为应该从以下几个方面着手。

（1）秉承"以生为本"

技工院校学生事务管理根本上是一门关于人的工作和学问。因此，技工院校学生事务管理必须尊重人权。中国的教育理念中，道德教化是一贯的。

但是教育权力不应该仅受制于道德标准，还应该基于法律的规范。在依法治国与依法治校的大环境下，技工院校与技工院校学生首先是一种法律关系存在，而不能仅从"管理者"与"被管理者"的角度去认知。因此，技工院校"立法"过程中，必须着眼于学生的合法权益，将尊重学生的合法权益作为技工院校的首要义务。在行使学生事务管理权的过程中，不应从管理便宜出发，仅考虑如何"处置"学生，而应该充分考虑权力的行使是否合法，是否侵犯学生的权利，以平等的法律主体视角来对待学生。因此，技工院校建章立制过程中，必须明确学生的主体地位，建立以学生为核心的制度规章体系。

（2）着眼"量质双优"

当前，学生事务管理"良法"体系基本完善，促进了学生事务管理的法治化水平提高。但是相关法律仍然存在不完善或者缺位的情况。技工院校学生事务管理的"立法"，首先要解决当前法律体系内容过于笼统和泛化的倾向，在"立法"数量上进行细化和增加，使得学生事务管理法治化更具可操作性。除了宏观层面的教育基本法外，应该制定完备的规章制度来规范学生的管理工作。其次，要避免出现法律空白现象。基于法律法规公开、公平的要求，要实现学生管理规章制度广覆盖，关于学生管理的各个方面都有清晰明确的规章制度，要具体到方方面面。拿宿舍管理制度来说，就应该有关于电器使用、留宿客人、室内吸烟、寝室清洁卫生等涉及寝室生活方方面面的规章制度。此外，这些规章制度也要经常根据实际情况有针对性地进行调整和修改，使得技工院校的学生管理法规内容翔实、条理清楚，具有很强的操作性。

（3）坚持"合法合规"

首先，学校在学生管理条例的制定中要加强调研，重视各方利益相关者的参与，充分考虑各方利益诉求，避免"立法"单纯为管理之便。其次，由于一些技工院校规范体系不统一，同一事项不同部门有不同规定，从自身管理需要出发制发文件，缺乏严格的调研、论证和意见征求等民主程序与环节，这些规章制度一经推出便容易引发不良社会反响，执行起来也比较困难。因此，有必要让作为被管理者的学生成为这些规章的辅助制定者，这是提高管理效率和规范认可度的一种有效途径，也是以人为本的具体表现。值得肯定的是，一些技工院校已经意识到这一问题并且付诸实践。最后，技工院校在制定规章制度时，要避免下位规章制度与上位法相冲突的现象。法律至上是法治的基本理念之一。在某些校领导看来，从学校大局出发制定规章并坚决落实就实现了"依法治校"，完成了制度约束，很少反思检查自身规章的"合法性"，且不曾意识到执行"违法"的规章制度越彻底，其最终造成的危害也越大。因此，技工院校应主动审查已经存在的学生事务管理相关规定是否有与法律及上级主管单位制定的行政法规不一致的地方，主动对其进行修改，对不适应技工院校教育发展趋势的教育法律法规、规章制度、管理办法进行调整，增强制度体系的针对性、时效性。在制定新的学生事务管理相关制度时，要保证制度体系的内在一致性，即下位的规章制度要与上位的法律法规相一致，而不得与法律法规相冲突，规章制度之间也要协调一致而不可发生冲突，要具有规范性。制度体系必须是明确、清晰、规范的，避免模糊不清和模棱两可。

2. 以程序正义为途径，规范"执法"

从学理上讲，在具体的管理行为中，程序正义是法治化的重要前提。重视程序，可以促使行政行为的作出慎之又慎，也可以有效防止权力滥用，保护行政行为相对人的权益。程序法治在技工院校学生事务管理中，有如下要求。

①送达与告知——事前程序。技工院校应充分尊重学生的知情权，及时做好相关决定的送达与告知。

②说明理由——事中程序。技工院校在行使行政权力时，必须向当事者说明。既确保了"先取证、后裁决"，又能达到双方信息平等，避免学生硬性被动接受。

③听证制度。

④权力救济制度——事后程序。技工院校在管理中如出现学生违规情形，处理中要充分保障学生的合法权益，在合理程度上为其提供充分的救济途径，如尊重其陈述权、申辩权，以及行政复议、上诉权力等。

虽然我们强调，严格依照有关规定开展各项学生事务工作是实现法治化的重要基础。学校规章制度有明确规定时，也要依照明确规定来开展管理工作。但在执行过程中，学校要着眼于公平、合理原则，科学选择适用制度。例如，在处理违纪学生时，应该重视"罚过相当"，让规则惩戒的幅度和学生行为的过失程度相适应。另外，在制度和规章没有明确时，更应合理使用自由裁量权力，要让立法原意和立法原则得到充分体现。要努力保护学生权益，创造宽松的成才环境，作出尽可能有利于学生发展的决策。当然，学生个体的特殊性并不能成为阻碍规章制度执行的理由，学生管理规章制度的严肃性和执行性始终不容破坏。

3. 以权利救济为手段，保障权益

"无救济则无权利"，在权利和自由受到侵犯时，如果无法获得法律救济，则法律上的权利和自由都是一纸空文。对技工院校学生来说，在权利受到损害时，应该获得法律救济。从当前既有的法律、规章来看，学生有三种权利救济渠道。第一，申诉权。这是学生在校内对校方管理侵害个人利益时最主要的维权途径。学生有权通过申诉委员会进行申辩，学校需要在规定时间内作出裁决。但是，当前部分技工院校的申诉制度不完善，申诉机构形同虚设，对学生的申诉反应迟滞，不能很好地维护学生的合法权益。第二，复议权。复议权是指学生认为技工院校行政行为失当，自己受到不公正待遇，依法向教育行政部门提出行政复议。第三，行政诉讼。是指学生通过司法审判得到权利救济的渠道。由于当前很多案件受理范围存在争议，且诉讼周期长，诉讼成本高，使得行政诉讼成为学生实现权利救济的不得不选的最后的选项。

结合当前我国技工院校学生事务管理中学生权利救济现状，可以从以下几个方面改善当前学生权利救济状况。

（1）建立科学、高效的校内仲裁体系

成立由学生事务管理相关主管部门领导、法律事务专家、教师代表、学生代表组成的仲裁委员会，经过系统的相关业务培训后共同受理、解决学生事务管理过程中产生的争端。同时，要建立校内仲裁快速反应机制，要在事实清楚、依据准确的基础上及时做出仲裁回应。另外，在仲裁工作开展过程中，可以建立听证制度，给予学生充分表达诉求的场所，让涉事双方公开辩论，为最终的仲裁结果提供有效的支撑。也有技工院校对学生实施纪律处分时会举办听证会，以保障学生陈述、申辩权利。听证制度的建立，除了给予学生正常的利益诉求表达渠道，更能有效提升学校的公信力和学生对学校的认同感。

（2）建立便捷的争端处理法律机制

从国家层面来看，有必要将教育行政案件作为行政诉讼类案件处理。同时要简化诉讼程序，充分考虑各方利益主体的经济和时间成本。从学校层面来看，要建立专业的法律咨询机构，为学生申诉、诉讼提供专业的法律咨询，帮助其选择最有利的权利救济手段。在人员构成上，如果经费允许，可以聘请专业的法律咨询机构和法律咨询人员。若经费有限，可以充分挖掘技工院校本身的资源，如特聘学校法学专业教授和高水平研究生担任咨询员。同时，面对快速增加的诉讼案件，学校要成立相应的法务机构，充分应对，掌握主动。既能维护学校和利益相关者的权益，也能有效推进依法治校进程。

（3）培育法治文化，培养法治思维

全体学生事务管理利益相关者要充分树立法治意识、养成法治思维。首先，把在全体师生中普法和守法作为一项基础性工作来开展，深入开展法治宣传教育，引导师生人人学法、人人懂法、人人用法，把各项教育法律法规、学校管理办法和规章制度列为党校、团校的必修课。加大法治宣传教育的载体和平台的建设力度，构建全体师生法治教育的长效机制。构建网络法治教育平台，扩大法治文化在互联网场域的覆盖面、影响力；通过报告会、座谈会、漫画、小品等形式传播自觉学法、守法、用法的好榜样和事例，用文化的力量培育和构筑校园法治环境。

第五章　技工院校学生班级自主管理机制创新

第一节　技工院校开展学生班级自主管理的理论基础

一、技工院校开展学生班级自主管理的需求

（一）国家对职业教育人才的需求呼唤技工院校学生班级自主管理深度改革

2018 年，国务院印发《关于推行终身职业技能培训制度的意见》，强调加强职业素质培育，深化人力资源供给侧结构性改革，推行终身职业技能培训制度，努力培养造就规模宏大的高技能人才队伍和数以亿计的高素质劳动者。《中国教育现代化 2035》指出，培养德智体美劳全面发展的社会主义建设者和接班人，加快推进教育现代化、建设教育强国、办好人民满意的教育。习近平总书记在全国职业教育工作会议上强调，"要树立正确人才观，培育和践行社会主义核心价值观着力提高人才培养质量，弘扬劳动光荣、技能宝贵、创造伟大的时代风尚，营造人人皆可成才、人人尽展其才的良好环境，努力培养数以亿计的高素质劳动者和技术技能人才"。习近平总书记提出的"高素质"和"人尽其才"，既强调了人才培养的个性，更要求了职教人才培养的水平。

职业教育作为技能人才供应链的作用凸显，已成为"中国制造"向

"中国智造"转变的重要推动力量。国家和社会发展需要更多素质扎实、水平高超的技术技能人才，作为职业院校重要组成部分的技工院校应紧贴职业教育发展趋势，深化各项改革，提高人才培养规格，要想达到这一目标，提高学生技能水平和综合素质至关重要，把班级交给学生自己去管理，有利于提高学生的自主性、主动性、创造性，是职业教育人才培养的重要路径。切实提高学生班级自主管理质量，在学生班级自主管理的过程中，提高学生的协调能力、交往能力、学习能力和其他社会需要的素质。社会和时代的需求要求我们必须尊重和激发学生自主管理的积极性，改进技能人才培养方式，打造新时期高端技能人才供应链。

（二）技工院校教育教学质量全面提升的关键举措之一是学生班级自主管理

学生是学校生存之基，是教育教学的核心因素，是学校教育开展的最终目的。现代教育以学生的全面发展和进步为目标，立足学生的根本需求，突出学生在教学中的主体地位。技工院校是职业院校中的一类特殊学校，它的生源对象一般是初中未升入高中的学生，他们文化课基础差、底子薄，整体年龄不大，可以说是学困生的集合，对于这类学生的管理不同于初高中，管理难度上也要比其他类型的学校大。要想获得教育教学质量的提升，必须首先做好班级管理工作，只有把班级管理得井井有条，才能为技工院校的高质量发展提供根本保证。

在此种形势下，广大职业院校开始重视学生自主管理能力的培养，特别是以班级为基础形成的自主管理能力。许多学校以提高学生班级自主管理能力为出发点和切入点，通过学生对班级事务自我管理的锻炼，全面提高学生在组织、交往、自律、纪律等方面的管理能力，并把这种能力延伸到未来的工作岗位，成为自律自强、能够独当一面的适应社会经济发展需求的高素质技能人才。

（三）技工院校学生班级自主管理问题亟待深入研究

大部分技工院校对科研重视程度不够，虽重视学生班级自主管理工作但相关研究开展较少，教师开展相关研究的积极性不高。鲜见学术期刊特别是著名期刊上发表有关技工院校的文章，技工院校方面的课题受制于水平不高、申报较少等因素而较难获得批复。技工院校已有研究存在总结性不强、创新性较低等问题，因此技工院校学生班级自主管理研究价值尚待发掘，整体研究既需要量的扩展，也需要质的提高。

二、学生班级自主管理概述

（一）自主管理的概念

自主管理早期的概念源于国外心理学研究领域，社会心理学家班杜拉（Bandura）认为人具有主观能动性，在面对外部环境刺激时，个体不是被动地进行反应，而是通过对自我心理与行为的观察、评估与反馈（强化与惩罚）来实现目标，并在这个过程中获得自我效能感。后来研究者对自我管理的概念进行进一步界定，认为自我管理是指个体运用认知和行为操作对自我的情绪、想法、行动等心理活动进行目标控制与调节的过程。而国内的学者则认为自我管理是个体主动调整自我的内部活动与外部行为，控制不良冲动，克服劣势环境，主动获得发展，进而产生良好适应的心理品质。在心理学领域，自主管理的概念与"自我管理"或者"自我监控"相近，自主管理，也称自我管理、自我控制。而自我管理实际上是指个体主动设置目标，并在行动中根据目标调整自我行为，克服困难，最后实现目标的过程。

教育学上的自主管理就是学生具有自我意识，发展自我管理能力，并落实到自主行动的过程。英国教育家斯宾塞（Spencer）指出："记住你的教育目的应该是培养一个能够自治的人，而不是一个要别人来管的人。"同时，教育学研究者将自主管理的概念进行了层级界定，即在学校管理层面，自主管理是指政府部门授权给学校，以学校作为办学主体，学校内部事务由全体成员管理，并达到经济社会发展要求的管理活动。学校自主管理强调学校的自主发展、师生的自主管理能力的提高。学校与学生家长、教职工与校长的权力分配是一个"民主"与"效率"的价值平衡问题；在学生班级自主管理层面，自主管理是在管理过程中由学生自己做主，学生对自身和外界环境的认识、支配过程，学生能够自我管理。学者贺乐凡等提出了"学生自强意识管理"的概念，他们认为自我管理是根据社会的需求正确认识自己，并确立自己努力的目标和方向。由此可见，自主管理是以人为本，重视人的要素潜能发展，需要内在性约束与激励机制，进而激发个体的效能感、责任感和幸福感，它具有激励、聚合、调适三大功能，注重发挥人的能动性，在教育教学管理过程中更能体现民主化、人性化、科学化、制度化。

（二）班级管理

班级管理是一个系统性工程，是班主任以班级为主要空间按照一定的制度和方法对学生开展各种活动的总称。班级管理过程中，班主任需要不断组织、协调与班级管理有关的事务，目的是创造良好环境促进学生发展。班级管理涉及的内容广泛，包括班级组织文化建设、班级纪律管理、班级组织建设、班级活动的组织、班级学习管理等。学生是影响班级管理的重要因素，也是班级管理的目标。良好的班级管理可以帮助学生提升学习的质量和效率，可以营造良好的班风，提高学生综合能力等。班级管理模式很多，主要有日常管理、平行管理、目标管理、民主管理等。

（三）学生班级自主管理

学生班级自主管理，是指学生在班主任或其他教育管理者的指导下，以班级为单位开展的一系列自我设定目标、自我组织、自我控制从而实现管理目标的过程，在这个过程中，学生成为班级管理的主体，在独立自主参与班级管理建设的同时，在人际交往、沟通协调、团结协作、履职尽职等方面的意识和能力获得充分的发展。学生班级自主管理既是一种班级管理模式，也是一种学生管理模式，既有利于班级管理的有序推进，也有利于班级学生的健康成长。它是以学生为本的思想在班级管理中的运用和发展，它强调尊重学生、理解学生，调动他们的积极性，挖掘其潜能，在参与管理班级这个"小集体"的过程中汲取社会经验、增长管理经验、提高综合素质。

李伟胜对班级管理的内容做了总结，根据不同思路，班级管理的内容有多种划分的方法，例如：根据目标可分为人际目标管理、工作目标管理、财务目标管理、信息目标管理等方面，根据教育内容可分为德育、智育、体育、美育、劳动教育等。[①] 笔者在他人研究的基础上，对学生班级自主管理的内容进行了四个模块的划分：班级活动、班级组织、班级管理文化建设、班级纪律，对每个模块划分为三个维度：认知、态度意愿、现状。班级活动主要指班级内部经常开展的一些活动，如班会的召开、校外实践活动等。班级组织指的是以班委为核心的班级管理组织，是学生发挥自主管理作用的重要依靠。班级管理文化建设指以班级管理制度、班风塑造为主要内容的班级管理软件。班级纪律指的是对班级日常纪律的自我管理。为此，在四大模块三个维度的框架下，开展技工院校学生班级自主管理的调查分析，发现存在的问题并提出具体的解决方案。

三、技工院校学生班级自主管理制度

在技工院校的教育体系中，班级作为最基本的组织单位，其管理模式的创新与实践对于提升学生的综合素质、培养学生的自主学习能力以及促进学生的全面发展具有重要意义。近年来，技工院校在班级管理方面进行了诸多有益的尝试，其中走班制、选课制、书院制、合作制、班长全面负责制以及学生成长小组制等自主管理制度备受关注。下面将对这六种制度进行详细介绍，并探讨其在技工院校学生班级管理中的应用与效果。

（一）走班制：灵活多样的学习模式

走班制是一种以学生自主选择课程和教师为核心的管理制度。在技工院校中，走班制使得学生可以根据自己的兴趣、能力和职业规划，选择适合自己的课程和教师。这种制度不仅提高了学生的学习兴趣和积极性，还有助于培养学生的自主学习能力和跨学科的综合素养。同时，走班制也促

---

① 李伟胜：《试析教育管理学视角的班级研究》，《上海教育科研》2006 年第 10 期。

进了教师之间的竞争与合作，推动了教学质量的提升。

（二）选课制：个性化发展的保障

选课制是与走班制相辅相成的另一种自主管理制度。在选课制下，学生可以根据自己的兴趣和需求，在规定的课程范围内自主选择课程。这有助于满足学生的个性化发展需求，培养学生的创新精神和实践能力。同时，选课制也要求学校提供丰富多样的课程资源，以满足不同学生的需求。

（三）书院制：营造浓厚的学术氛围

书院制是一种将学习与生活融为一体的管理制度。在技工院校中，书院制通过设立书院、配备导师、开展学术活动等方式，为学生营造浓厚的学术氛围和和谐的生活环境。书院制有助于培养学生的团队合作精神和创新能力，提升学生的综合素质和人文素养。

（四）合作制：强化团队协作与实践能力

合作制是一种强调团队协作和实践能力的管理制度。在技工院校中，合作制可以应用于学生之间的项目合作、技能竞赛及社会实践等方面。通过合作制，学生可以学会与他人协作、沟通和分享，培养团队精神和实践能力。同时，合作制也有助于提高学生的问题解决能力和创新思维。

（五）班长全面负责制：提升班级凝聚力与管理效率

班长全面负责制是一种将班级管理权力下放给班长的制度。在这种制度下，班长需要全面负责班级的日常管理、活动策划及沟通协调等工作。这有助于培养学生的责任感和领导能力，提升班级的凝聚力和向心力。同时，班长全面负责制也要求班长具备较高的组织能力和协调能力，以应对各种突发情况和挑战。

（六）学生成长小组制：关注个体发展与心理健康

学生成长小组制是一种关注学生个体发展和心理健康的管理制度。在技工院校中，学生成长小组可以围绕学生的学业、职业规划和心理健康等方面开展工作。通过定期开展小组讨论、心理辅导和职业规划指导等活动，学生可以更好地了解自己的优势和不足，明确自己的发展方向和目标。同时，学生成长小组制也有助于营造积极向上的班级氛围，促进学生的全面发展和健康成长。

综上所述，技工院校学生班级自主管理制度的探索与实践是一项具有重要意义的工作。通过实施走班制、选课制、书院制、合作制、班长全面负责制及学生成长小组制等制度，可以提升学生的综合素质、培养学生的自主学习能力以及促进学生的全面发展。然而，这些制度的实施也需要结合技工院校的实际情况进行具体分析和调整，以确保其有效性和可行性。

四、技工院校学生班级自主管理的保障机制

为了确保学生班级自主管理的有效实施，必须建立一套完善的保障机制。以下将从策划指导机制、贯彻执行机制、监督调控机制和反馈激励机制四个方面进行阐述。

（一）策划指导机制

策划指导机制是技工院校学生班级自主管理保障机制的重要组成部分。首先，学校应设立专门的指导团队，由经验丰富的教师和辅导员组成，为学生提供具体的策划指导。其次，指导团队应定期召开班级自主管理策划会议，针对班级实际情况，制订切实可行的管理计划和目标。同时，学校还应提供必要的培训资源，帮助学生提升自主管理能力。

（二）贯彻执行机制

贯彻执行机制是确保学生班级自主管理计划得以落实的关键。首先，班级应设立班委会或自主管理小组，负责具体执行管理计划。其次，班级成员应明确各自职责，积极参与班级自主管理活动。此外，学校应建立有效的沟通渠道，及时了解学生班级自主管理的执行情况，并提供必要的支持和帮助。

（三）监督调控机制

监督调控机制对于保障学生班级自主管理的顺利进行具有重要意义。

学校应设立监督机构，定期对学生班级自主管理情况进行检查和评估。监督机构应关注学生班级自主管理的执行情况、效果及存在的问题，并提出改进意见和建议。同时，班级自身也应建立自我监督机制，通过班会、民主评议等方式，对班级自主管理进行自查自纠。

（四）反馈激励机制

反馈激励机制有助于激发学生的自主管理积极性，提升班级自主管理的效果。学校应建立完善的反馈机制，及时将学生班级自主管理的评价结果反馈给班级成员，帮助他们了解自身的优点和不足。同时，学校还应设立奖励制度，对在学生班级自主管理中表现突出的个人和集体进行表彰和奖励，以激发更多的学生积极参与班级自主管理。此外，班级内部也应建立相应的激励机制，鼓励班级成员相互学习、共同进步。例如，可以设立"班级自主管理之星""优秀班委"等荣誉称号，对在学生班级自主管理中表现优秀的同学进行表彰。这种正向激励有助于形成班级内部积极向上的氛围，推动学生班级自主管理的不断深入。

综上所述，技工院校学生班级自主管理的保障机制包括策划指导机制、贯彻执行机制、监督调控机制和反馈激励机制。这四个方面相互关联、相互补充，共同构成了技工院校学生班级自主管理的完整体系。通过建立健全的保障机制，可以有效提升学生的自主管理能力，推动技工院校教育教学的持续改进和发展。

五、学生班级自主管理的方法

班级自主管理能力的培养对于提升学生的综合素质、增强团队协作能力具有重要意义。下面将探讨技工院校学生班级自主管理的有效方法，包括开展班级点评活动、明确角色定位、合理分配任务及利用数字信息技术进行微教育等方面。

（一）开展班级点评活动

班级点评活动是一种有效的自主管理方式，能够让学生更加了解自己的优缺点，从而进行自我调整和提升。在班级点评活动中，班主任或班委可以定期组织学生进行自我评价和互评，针对学习、纪律、卫生等方面进行评价。同时，还可以邀请教师或辅导员参与点评，提供专业的建议和指导。通过班级点评活动，学生可以更加明确自己的发展方向，提高自我管理能力。

（二）明确角色定位

在学生班级自主管理中，每个学生的角色定位至关重要。班主任应根据学生的性格、特长和兴趣等因素，为每个学生分配合适的角色和任务。例如，组织能力强的学生可以担任班长或团支书，负责统筹班级事务；善于沟通的学生可以担任班级联络员，负责与其他班级或学校部门的沟通联系。通过明确的角色定位，可以充分发挥每个学生的优势，提高班级整体的管理水平。

（三）合理分配任务

任务分配是学生班级自主管理的关键环节。班主任应根据班级的实际情况和任务的难易程度，合理地将任务分配给每个学生或小组。在任务分配过程中，应注重培养学生的团队协作精神和责任感。同时，班主任还应定期检查任务完成情况，对未完成或完成质量不高的任务进行督促和指导。通过合理的任务分配，可以确保班级工作的有序进行，提高班级管理的效率。

（四）利用数字信息技术进行微教育

在信息化时代，数字信息技术为学生班级自主管理提供了新的途径和手段。技工院校可以充分利用微信、微博、微课等数字信息平台，开展微教育活动。例如，班主任可以建立班级微信群或微博账号，及时发布班级通知、分享学习资源、交流学习心得等；同时，还可以利用微课平台录制专业课程或班级管理相关课程，供学生自主学习和讨论。通过数字信息技术的运用，可以拓宽学生的视野，增强学习的趣味性和互动性，提高班级管理的效果和质量。

总之，技工院校学生班级自主管理是一项系统工程，需要班主任和学生的共同努力。通过开展班级点评活动、明确角色定位、合理分配任务及利用数字信息技术进行微教育等措施，可以提高学生的自我管理能力、团队协作精神和综合素质，为培养优秀的技能型人才奠定坚实的基础。

六、技工院校开展学生班级自主管理的理论基础

（一）人本主义理论

大约 20 世纪 50 年代以后，人本主义于国外兴起，主要在美国，也是当代心理学的流派之一，研究者主要有罗杰斯（Rogers）与马斯洛（Maslow）。人本主义核心观点强调人的尊严、价值及自我实现，主要理论包括罗杰斯的以人为中心理论、马斯洛的需求层次理论及自我实现理论。罗杰斯认为人的本性是积极、向前、可信赖且具有建设性的，因此在个体互动过程中，积极关注、真诚及共情尤为重要。马斯洛认为在人的生存与发展过程中存在不同的需要，形似金字塔，从低到高分别是生理需要、安全需要、社会需要、尊重需要以及自我实现需要，个体在不同的时期会有不同的需要占据主导地位，同时他认为每个人都具有自我实现倾向，即个体均具有对追求未来最高成就的人格倾向，这种人格倾向能够促使个体的各种才能和身心潜能在适宜的社会环境中得以充分发挥，从而实现个人理想。由此可见，人本主义认为教育的目的是培养尽其才、扬其性，能够主动灵活地适应环境变化，实现自我价值的人。人本主义的教育理念与春秋战国时期孟子的"性善论"，以及老子的"仁爱""有教无类""因材施教"等以人为本的教育观点不谋而合。我国著名教育学家叶圣陶先生也提出教育即教书育人，教育的目的应是引导学生认识自我、发展自我以及成就自我。在新时代技工院校教育中应该重视以人本主义理论为指导，一方面是教育体制与技工院校发展的需要，即坚持以人为本的发展观，培养出符合社会发展要求的高素质技能型人才，适应时代发展需要，落实科教兴国、人才强国战略；另一方面也是学生身心发展的需要，技校生处于身心发展的关键期，表现出思维活跃、个人表现欲强烈、主动参与意识强、善

于动手、富于创造力、渴望进步与被认可的特点，同时也存在意志力薄弱、缺乏自制力、自信心不足、程度不一的厌学情绪等问题。因此，在技校生教育过程中，应坚持以生为本，鼓励学生全面认知自我，增强自我意识，引导其充分发挥个体潜能，健全人格发展，促进个体成长。

在学生班级自主管理过程中遵循"人本位"及"人本性"的管理理念，尊重学生的地位，肯定学生在班级管理中的主体和本位作用，引导学生开展班级自主管理，积极接纳学生的个性表达，为学生创造信任肯定的成长环境，培养其自立、自信、自律以及自强，推进学生自我管理的实现。

（二）主体性教育管理理论

主体性教育管理理论建立在主体性教育理论的基础上，它既是一种教育理念，也是一种管理思想，是在反对西方泛工具主义和技术控制严重的形势下提出的教育管理理论，对于教育管理理念和策略的革新具有重要的指导意义。"对主体性教育的认识，主要集中在学生的主体性、教育活动的主体性和教育系统的主体性三个相互联系、相互制约的方面。主体性主要是指人作为活动主体在对客体的作用过程中所表现出来的自主性、能动性和创造性"。学生的主体性指的是学生在自我发展的过程中，在接受教育的过程中其主动性被激发，创造性得到发挥，学生从中获得身心发展。从教育目的来说，学生的主体性指的是学生作为未来社会的一员，教育要实现学生的全面发展让其成为合格的社会中的一员。教育活动的主体性指的是要想获得学生的全面发展，必须通过教育活动来实现，学生的全面发展是教育活动的目的，为此，必须组织设计科学的教育活动，促进作为主体的学生和客体环境之间的互动交流，让学生在活动中受益，最终获得发展。教育系统的主体性指的是教育是培养人、塑造人的活动，它有自身发展的规律，它最大的作用或价值是育人，坚持育人目的本身就是教育主体性的一种表现。

主体性教育理论比较有代表性和影响力的是比斯塔主体教育理论。它的基本观点是学生作为教育的主体，必须为其创造良好的机会，为存在这样的机会而保留多元世界。比斯塔论证"好教育"的问题是一个复合性问题，需要从教育的三个功能来分析：资格化、社会化和主体化，它们也可以被看成教育的三个目的领域。主体化帮助新人成为自己行动和责任的主体；社会化帮助新人成为社会既有秩序中的一员；资格化帮助新人具备某种知识和技能以便更好地做事。它们虽时有冲突，但并不分离，而是交织在一起的；在三者间取得平衡才是"好教育"之所在。

中国自 20 世纪八九十年代就开始出现主体教育的思想，始于顾明远教授的观点"学生不仅是教育的客体，更是教育的主体"，从 20 世纪 90 年代开始，研究主体教育的组织陆续成立起来，主体教育理论也受到了许多学者的重视，"主体教育理论伴随着我国社会的发展不断深入，并转化为教育实践。大致可以分为四个阶段：认识论中师生主体地位讨论阶段（1981—1990 年）、主体性教育阶段（1991—2000 年）、主体间性教育阶段（2001—2010 年）和公共性教育阶段（2011—2021 年）"。从 20 世纪 90 年代开始，我国的主体性教育不仅停留在理论层面上，有的学者还开始探索学生主体性发展的实验，把发展学生的主体性作为教育的重要目的，力求主体性品质的培养。

主体性教育理论在技工院校学生班级自主管理中的价值和意义重大，为突出学生在班级管理中的作用，必须发挥学生的主体性，让学生成为班级活动、班级管理的主体。班级实施学生自主管理的目的就是促进学生综合素质的发展，实现学生在班级中的自主性、创造性、积极性、主动性，根本的办法就是重视学生的主体性，把学生摆在一切管理事务的核心，任何教育工作者都要努力创造良好环境，促进学生主体性地位的巩固，让学生成为班级管理的主体、受教育的主体、自己命运的主体。只有这样，学生才能获得更自由、更充分的发展。

第二节　技工院校开展学生班级自主管理的意义及特殊性

一、技工院校开展学生班级自主管理的意义

（一）有利于培养"大国工匠"

李克强总理在 2017 年的《政府工作报告》中强调，"要大力弘扬工匠精神，厚植工匠文化，恪尽职业操守，崇尚精益求精，完善激励机制，培育众多'中国工匠'，打造更多享誉世界的'中国品牌'，推动中国经济发展进入质量时代。"技工院校是培养高技能人才的重要场所，是培育"大国工匠"的主要阵地。致力于提升学生的工匠精神和技能水平成为技工院校的主要任务之一。产教融合、工学一体是技工院校培养学生的主要形式，无论在教学还是管理上，两者都是紧密结合的。工学结合班级形式是技工院校班级模式的重要组成部分。推动学生开展对于班级的自主管理，在学生技能培养上更能发挥学生的主动性，促进学生在技能提升上相互切磋、相互交流、相互学习和进步。在"大国工匠""工匠精神"成为时代热点名词的今天，如何提高"大国工匠"的数量和质量成为技工院校学生管理者的一个值得深深思索的问题。要想实现产业工人的整体水平和质量提高，实现从"制造"向"创造"的转变，需要采取多种方法，而让学生开展班级自主管理无疑是其中之一。

近几年来，国家对技工教育进行了较大的改革，出台了一系列鼓励技工教育发展的政策措施，强调要把劳动教育纳入技工院校人才培养之中，与德育、智育、体育、美育相融合，贯穿技能人才培养全过程，坚持培育弘扬劳模精神、劳动精神和工匠精神。积极开展技工院校学生班级自主管理可以让学生充分认识到培育弘扬"三种精神"的重大意义，把"三种精神"的培育融入班级自主管理中，作为学生教育管理的重要内容，采取切实有效的措施，提高学生班级自主管理质量。技工院校教育管理以服务为

中心，以就业为导向，技工院校育人质量主要体现在学生的职业道德、职业技能和就业质量等方面。培育弘扬"三种精神"，将"三种精神"融入学生班级自主管理各个环节，对于弘扬工匠精神、培养"大国工匠"具有重要意义。

（二）有利于促进学生身心发展

技工院校的学生正值青春期，身心快速发展，处于人生中最重要的一个时期。同时，他们的自主意识和独立精神也一步步得以显现，试图从家长和教师的怀抱中挣脱出来，想发挥自己的作用，展现自己的能力。自主性、独立性、创造性是他们身上的显著特点。对于一些事件，他们有表达自己见解的想法，也会为坚持自己的观点而争辩。当然，他们中的一些同学也有了自我管理的基本能力，自律性、自觉性都比较强。鼓励学生开展班级自主管理，可以激发学生的自我管理热情，有助于引导学生在观念和行动上加强自律，提高自控能力。也有利于学生内心需求的满足，积累一定的经验和教训。在从事班级自主管理的工作中，学生可以充分发挥自己的管理潜能，表达自己内心的想法，使学生养成自律、自省的习惯，形成热爱交往、积极进取、善于管理的心态。

（三）有利于学校管理质量的提升

班级自主管理是班级管理的一种新型模式，技工院校积极推动学生开展班级自主管理，在发挥学生作用、提高学生能力的同时，可以缓解班主任和学校的管理压力，让广大学生参与班级管理，在班级管理甚至是学校管理上贡献自己的才智，一定程度上有利于学校民主氛围的形成，促进学校管理水平的提升。每个班级都由学生自主管理，在班主任和其他管理者的科学引领下，让学生不断解决出现的一个个问题，积累管理上的点滴经验，助推学校管理质量的提高，促进技工院校整体管理从"不治"到"善治"的转变。

二、技工院校开展学生班级自主管理的特殊性

按照《人力资源和社会保障部关于印发技工院校设置标准（试行）的

通知》的要求，"技工院校应全面贯彻党的教育方针，坚持科学发展观，坚持教育培训与生产实际相结合，坚持服务经济建设和社会发展、促进劳动者就业的办学方向。""技工学校实行学制教育与职业培训并举、学校教育与企业培养相结合的办学模式。技工学校培养适应现代化生产、服务需要的中级技工，同时面向社会开展各类职业技能培训，并承担职业技能鉴定和就业服务等任务。"技工院校的设置目的决定了其办学目标和教育目的与其他学校不同，就学生班级自主管理而言，必然与其他学校也有一定的区别，它的特殊性集中体现在以下几个方面。

（一）管理目标的特殊性

技工院校作为职业院校的一类，其教育目标是以职业为导向的，学生毕业即意味着就业，掌握一技之长，适应未来工作岗位是技工院校培养教育学生的重要目标。在这个目标的指引之下，学生在参与班级自主管理的过程中，企业行业标准会自然融入其中，有助于自己技能的提升与进步。

（二）管理方法的特殊性

校企合作、产教融合是技工院校等职业院校的特色之一，与企业、生产的紧密结合决定了技工院校的各种管理必然摆脱不掉企业实践的支持。各种类型的"校中厂""厂中校"在学校和企业之间频繁落地，也影响着学生在班级自主管理中管理方式的运用，企业的管理方式无时无刻不在技工院校的班级管理中留下足迹。

（三）管理体制的特殊性

实践是技工院校的不变主题，其教学、管理都是为实践服务的，管理体制必然带有很强的实践性，提高学生职业素养、提高学生实践能力是学校管理的目的，在班级学生自主管理上，让学生参与班级的管理，成为班级的主人，也离不开这个目的。学生参与班级管理的过程是一个实践的过程，在班级管理这个实践领域，学生的各种能力得到提升，必然助力其技能水平的提高。此外，技工院校的管理体制具有独特的灵活性。其生源不仅来自中考、高考的学生，还来自社会需要提升技能的工人、农民等，生源的多样性和多变性决定了技工院校的管理、教学等行为受到社会、市场需求的影响比较大，为更好地适应经济社会发展对高技能人才的需求，技工院校的专业调整也比其他院校灵活，管理体制上也会经常发生变化。学生参与班级自主管理，也必然要适应这种变动，在班级管理体制上不时做出各种调整，以迎合学校管理体制的变化和学生的切实需求。

为此，我们要在充分了解技工院校学生班级自主管理特殊性的基础上，在科学理论的指导下，深度解读技工院校学生班级自主管理这个课题，综合利用各种调查分析方法，揭示技工院校学生班级自主管理中存在的问题，并分析产生原因，提出有针对性的策略，在技工院校学生班级自主管理实践上凸显以学生为本的理念，把学生视为管理的主体。

第三节 技工院校学生班级自主管理改进对策

一、完善学生班级自主管理有关制度

(一) 建立学生自主管理班级的班规公约

从访谈中得知，技工院校的学生班级自主管理制度并不健全，一些班主任在班级管理中，试图去发动学生力量来帮助其进行管理，但是苦于学校没有出台一套完整的制度，班级班规公约也是站在班主任的角度并且落实不到位。制定有利于学生班级自主管理的班规公约，有利于班主任开展班级管理工作，有利于学生开展班级自主管理，有利于学校整个管理秩序的改进。因此，要制定一个操作性强、比较全面的班规公约。

1. 学生班级自主管理班规公约的制定

学校在出台这一制度之前，要注意几个问题，一是要听取广大班主任和学生代表的意见，集思广益；二是要坚持普适性与特殊性的结合。技工院校因为班级结构、学生所学专业等不同，每个班级的实际情况也是不一样的，不能千篇一律，在制定制度的时候要考虑留有班级管理一定的自由空间。学校层面制定的学生班级自主管理制度应该是一个总纲，把每个班

级的自主管理的内容和注意事项、操作流程总结出来，是一个指导性的、宏观性的文件，要把学生在班级管理中的作用、学生如何参与班级管理、班主任如何发挥学生积极性等作为重点内容来编制。学校制定出来宏观的制度后，班主任要和学生共同制定符合班级实际的学生班级自主管理制度，这个制度就是微观的，它其实就是一个班规的制定过程，首先班主任要加强引导，把本班级适合学生参与管理的事项囊括其中。其次，可以借鉴一些表现好的班级的经验。再次，要尊重每个学生的意愿，尽量让每个学生都发表意见，提出自己的看法，然后最大限度地采纳同学意见，这样制定出来的制度才容易被大多数同学认同，并自觉地遵守。最后，学生班级自主管理制度要能够发挥学生的主观能动性，要能够切实提高学生的自我管理能力，要能够促进班级管理质量的提升。

2. 严格落实学生班级自主管理班规公约

班规公约制定之后，要加强贯彻落实，班主任要带头遵守，严令班干部遵守，让全体同学都认识到一旦大家共同制定出制度就要共同遵守，因为学生参与了班规公约的制定，他们首先应该是对其抱有希望和信心的，班主任要注意加强监督，任何人都要在班规范围内做事，不能随意破坏它。要鼓励学生遵守班规，让他们认识到一个好的班级制度可以促进学生的良好发展。让全体同学认识到制度的约束力，班级的任何人包括班主任都不能随意改变和违反，任何同学违反了制度都要按规定来处理。只有这样，班规才能在学生班级自主管理中显示出威力，班级的每一个人都会产生遵守制度、保护制度的心态。学生班级自主管理班规实行一段时间后，一旦学生在班级管理中的作用显示出来，学生尝到了参与班级管理的乐趣，就会进入良性循环的轨道，学生就会在自己制定的班级自主管理制度的指导约束下开展班级自主管理活动，他们的能动性、创造性才能得到彻底的激发。

（二）试行技工院校学生成长小组制

传统的班级管理模式主要是科层制，少数学生组成班委对大多数学生进行管理，这种管理方式限制了大部分学生管理的主动性、主体性、创造性，使一些同学的才能得不到施展，这种模式是与公平公正的教育理念相违背的，也容易导致同学们之间的隔阂。班主任占主导的班级管理制度也不利于学生主体性的发展，忽视了学生个性的张扬，也不利于班级管理质量的提高。为克服这两种班级管理制度的缺陷，学生成长小组制应运而生，是学生班级自主管理制度的一次创新。它的核心思想是对原有的班委进行改革，扩大班委的数量和分工，根据班级管理的需要和学生的个人能力，以小组为单位对学生进行组合，这种小组被称为"自主管理小组"，自主管理小组是班级管理的核心力量，班主任对其起到引导和指导的作用，并不干涉它的正常权力的行使。自主管理小组根据班级所学专业技能的不同，一般分为生活小组、学习小组、文艺小组、劳动小组、纪律小组等，每个小组根据工作内容的不同，设置不同的岗位和职责，通过班主任、任课教师、学生三方确定合适的人选，如小组长的遴选。

学生成长小组制是一种学生全员参与下的专项小组合作制度，各类型的异质小组各司其职，有利于打造专业化的团队，使班级管理朝专业化、精细化方向发展；有利于促进小组间的良好合作。学生小组在班主任的指导下开展工作，完成小组成员的业务培训、岗位适应、小组活动的组织管理、与其他同学的协调沟通、小组工作的评价等。自主管理小组是在小组长的带领下完成自身任务的，小组长居中指挥控制，全体成员密切配合，共同推动小组管理目标的实现。小组成员的角色根据时间的推移应适当进行调整，让每个同学经受不同岗位的锻炼，从中认识到自己的优点和不足之处，在不同的管理岗位上得到发挥和弥补。小组成长制最大的优点就是发挥学生的自主性，作为学生主体性的一个重要方面，自主性对于学生成长的重要性不言而喻，学生在小组内积极地开展活动，从不知所措的状态到自我规划、自我管理，自主开展各类活动，让同学们在感受到压力的同时通过与其他同学学习交流，提升自主管理班级的能力。

（三）实施科学的学生班级自主管理评价制度

学生班级自主管理的效果如何，需要靠一个良好的评价制度来衡量。学生自主班级管理评价制度的建立要坚持以学生为本的理念，站在学生的立场上去改革这一制度，才能真正做到符合学生的利益和愿望。学生班级自主管理评价制度是提升学生管理班级效果的一种工具，它的制定要具有综合性、生本性、引导性。为了制定出科学的学生班级自主管理评价制度，我们要注意以下几个方面。

1. 对评价内容进行调整

首先，评价内容要突出综合性，对于班级管理的评价内容要涵盖班级管理的各个方面，包括班级活动组织、班级文化建设、班级纪律管理、班级学习管理等。其次，评价方式要突出科学性。在开展评价时，要把量化考核和定性考核结合起来，能够量化的尽可能量化，如班级学习情况等。另外，要把对师生的民主评议纳入其中，听取任课教师和学生对于学生管理班级的意见，并赋予他们一定的打分权力。再次，提倡评价制度的灵活性。要根据学校班级管理的形势，不断对学生班级自主管理评价制度进行调整和修改，坚持与时俱进。学生班级自主管理考核要与相关奖励机制结合，定期考核和评奖评优，尽可能地保证过程与结果的公正性和民主性，为进一步改进和完善学生班级自主管理机制提供参考，同时有效激励和保证学生参与班级自主管理的积极性。[①]

2. 评价制度要具有生本导向性

评价制度建立以后，要全校范围内都能起到引领示范的作用，班主任通过学习这一制度，就可以知道自己平常应该如何去引导学生管理班级，向哪些方面努力。同时，评价要突出管理的过程，把学生一定时间内的自主管理情况动态地反映出来，并根据评价结果及时反馈，伴随一定的奖惩，要让评价制度能够真正促进班级管理质量的提升。技工院校的部分学生自觉性较差，学校比较重视安全、技能等工作，班级管理原有的评价制度常常以不出事、少出事为底线，无论是班主任自己管理班级还是学生自主管理，以前的评价制度决定了管理者有时会忽视学生的需求，严格控制和监督监控成为班级管理的主要手段，目的就是保证不出安全事故。这种

---

① 范晓光：《试论大学生自我管理体系的构建与优化》，《中国成人教育》2012 年第 8 期。

评价制度的结果就是重结果轻过程，学生个人能力的培养被放在一边，班级和学生的长远发展被淡化。改革学生班级自主管理评价制度的目标之一是重视学生在自主管理中积累经验和提高能力的过程。学生自主管理班级的效果好坏，不能单独考虑班级管理中是否有安全事件发生，还要通过这种评价制度在班主任和学生之中产生一种新的价值导向，让班主任思考如何最大化地发展学生的自主管理能力，让学生思考如何通过自己的努力实现班级的最优管理效果和自身的最好发展。

3. 评价制度要突出学生管理的主体性

要想促进学生班级自主管理效果的提高，在评价制度上就要突出学生的主体作用，要让学生参与对自身管理的评价，把学生参与班级管理的情况作为重点评价内容列入其中，考察班主任是否在日常班级管理中尊重学生的意见，班级的决定是否符合学生的利益，学生参与班级管理的积极性是否得到发挥等。学校在对学生班级自主管理效果进行评价时，要坚持客观公正的态度，要坚持以学生的全面发展为首要目的，毕竟，学生班级自主管理的目的是提高全体学生的综合能力。

（1）区别对待学生管理主体的差异性

技工院校的学生思想新潮，创新性强，每个班级、每个学生对管理的理念、方法、策略都存在不同的见解，他们的心理需求也有区别，因此在制定班级管理评价制度时，要考虑到这种差异性，要有利于学生个性的发挥，有利于学生主体性的培养。

（2）要能激发学生主观能动性

学生自主管理班级本身就是激发学生主观能动性的过程。班级管理评价制度要以提高学生主观能动性为前提，鼓励学生主动、积极为班级管理做贡献，要把对班级管理的成就和学生个人的评价结合起来，成为学生个人评先树优的一个参考因素。主观能动性和主体性是密不可分的，学生只有认识到自己是班级的主人，能够有力量改变班级的管理现状，才能逐渐成为班级管理的主体。因此，要在创新评价制度上下功夫，千方百计激发学生在班级管理上的主观能动性，鼓励学生为班级管理贡献自己的才智。

（3）要顾及学生发展的全面性

评价制度要能够实现全体学生管理能力的提高，也要实现学生全部能力的提高。就技工院校而言，学生自主管理班级的目的就是锻炼学生的各种能力，不仅要促进学生技能水平的提高，让每个学生掌握一技之长，还要实现学生社会交往、组织协调等综合能力的发展，让学生的创造性得到展现，让学生的团结合作精神得到彰显。

二、尊重并发挥学生在班级管理中的主体性

（一）要把学生视为班级管理的主体

理念是行动的方向和先导，如果教育理念发生了偏差，那么教育行动就会产生严重偏误。专业知识对于班级管理来说固然重要，但是没有科学的管理理念做指导，班级管理也容易走向误区。为此，班主任要学习先进的管理理念，用于指导自己的班级管理工作。学生主体发展和自主管理是社会化的重要体现。学生个体的社会化是从不知到知、从知之不多到知之甚多、从不成熟到成熟的社会生长过程。这是一个具有长期性的毕生课题。该课题的完成不仅仅要依靠主体发展与自主管理来完成，更要通过主体发展和自主管理体现社会化的成果。①

1. 要树立以学生为本的思想

以学生为本是当前教育的基本理念，班主任要以学生的一切发展和发展学生的一切为根本出发点和落脚点，在班级管理过程中，充分发挥每一个学生的主观能动性，树立为学生服务的意识，关注每一名学生的成长。技工院校的学生与高中、大专院校等的学生都有不同的地方，学生的学习策略、生活习惯、职业规划等还没有确定，班主任要全面了解每个学生的特点，引导他们融入新的大家庭中，要尊重他们、赏识他们，为他们的成长提供更大的空间。

---

① 李莹、徐原：《高校学生自主管理中的主体发展》，《中国成人教育》2016 年第 23 期。

2. 尊重学生在班级管理中的主体性

在班级管理中，班主任不仅要确保学生意识到他们是学校生活的主体，还要积极创造环境让他们成为班级管理的主体。班级的主体是学生。班主任关心的不只是学生的学习，还必须关心他们的心理发展及其他能力的进步，培养他们的主体意识，让他们看清成长的需求，产生发展和进步的动力。

（二）改革班级结构满足学生主体需要

在以提高学生技能水平为基础的综合职业能力为目标的班级内，技工院校要致力于优化班级设置，实现学生的技能、自我管理能力得到稳步的提升。首先，要保持班级形式的固定化。保持学生队伍的相对稳定，控制学生之间的年龄和性别差别，合理安排顶岗实习时间，让学生之间能够逐渐熟悉，相互了解彼此。在学生实习或实训时，要确保实训时间的固定，确保实训地点的固定，确保每个分组保持固定，避免随机分配。为更好地促进学生技能水平和自我管理能力的共同提高，我们可以试行把班级"企业化"，大体思路是：把整个班级视为一个企业，班级的管理类似于企业的经营，班主任把班级这个"企业"交给学生去管理。根据学生的实际能力、性格等进行管理人员角色的分配，如董事长、总经理、财务总监等。班主任组织学生或者让同学自己组织制定班级"企业"的各项规章制度。根据班级专业的不同，可以制订一定的经营目标，例如：汽车维修专业的班级可以根据年度维修汽车的数量设定自己班级"企业"的经营目标，年底根据业绩考核各个班组，对学生进行评先树优。这种企业化的管理模式带来了师生关系、生生关系的新变化，有利于班级共同目标的创建，有利于促进学生技能水平和学生自主管理能力的提高，有利于技工院校学生更好地适应未来工作岗位。"用企业化的管理模式来加强学生管理，是让职业教育和社会相连接，有利于培养学生的基本职业素养、敬业精神和创业精神"[1]。

---

[1] 张韦韦：《班级成了"企业"，看浙江技校"变脸"》，《教育与职业》2006年第34期。

（三）建设学生主体性班级文化

班级文化对于班级管理起到催化剂的作用，它潜移默化地影响学生开展班级工作。营造以学生为主体的班级文化，可以提高学生参与班级管理的主体意识，增强学生的积极性，主动为班级发展献计献策，主动担当起管理好班级的责任。建设主体性班级文化，就是要立足学生本位，唤起学生的内在需要，引导学生把动机与行为方式相统一，在班级文化建设活动中学会自己当家作主。①

学生主体性班级文化建设是个系统性、综合性的工程，它不仅需要学生主动作为和发扬个性，还需要班主任的正确引导。技工院校学生正值青春期，独立、外向，思想比较活跃，喜欢新鲜刺激的东西，我们要结合学生实际，建设多层次的主体性班级文化。首先，要树立以学生为本的理念。在班级文化建设上要征求学生的意见，发挥学生的主体作用，让学生充分认识到自己是班级的"主人"，避免任何形式的伤害学生主体性的行为和做法。其次，要塑造一个自主管理的环境。班级环境的塑造对于班级文化的建设意义重大。班级环境包括生态环境、学习环境、班风等，学生在参与环境建设的过程中，从环境的设计、规划、布设，到环境的保持、创新，每个学生都勇于参加，既可以彰显学生的个性，也可以促进班级凝聚力的增强，增加学生的成就感。学生在自己创造的优美班级中学习、生活，会自觉增强维护班级环境的主动性、积极性和创造性，使学生班级自主管理步入一个良性循环的轨道。最后，创设主体性班级文化符号。班级文化符号是班级的标志性特征之一，是一个班级区别另一个班级的特有符号，如班级的口号、班级的班徽等。通过创造班级特有的文化符号，可以让学生产生班级归属感和自豪感，固化学生的主体意识。

三、班主任要成为学生班级自主管理的协助者

班主任工作是推进学生班级自主管理的重要一环，班主任作为班级的

---

①　唐羽：《基于学生主体性诉求的班级文化建设路径》，《教书育人》2020年第7期。

"第一负责人"，其工作的好坏会直接影响学生班级自主管理的成效。要想实现学生班级自主管理质量的提高，班主任要转变管理理念和方式，提升班级自主管理指导水平。

（一）班主任要转变管理理念和方式

班主任在班级管理中要杜绝做"保姆"，也不要做"警察"，这两种类型的班主任管理班级的风格都不利于班级管理工作。在权威型班主任占据主流的技工院校，严管重罚一直是大多班主任的一贯主张，他们认为学生是被动的、不成熟的，必须严格控制。为此，在班级管理中，粗暴式管理、指令性管理常常大行其道。要想推动学生班级自主管理的开展，班主任要不断转变自身的管理理念。

1. 班主任要经常倾听学生心声

班主任要改变自己在学生中产生的传统权威型、压制型的形象，杜绝采取机械命令的方式与学生对话，新时代倡导发展平等和谐的师生关系，班主任要努力成为学生的朋友和知己，走进学生之间，关心学生的衣食住行等日常所需，关心学生成长过程中的点滴，与学生站在平等的地位上，经常倾听他们的心声，对于他们的一些抱怨和误解，要尽力去帮助解决。只有这样，班主任才能真正去了解学生群体，了解整个班级的管理状况，在实施管理的过程中，学生才会积极配合，尽情发挥自己的才能，在班级自主管理中作出自己的贡献。

2. 班主任要增强自己的影响力

唠叨是大部分班主任在班级管理中的通病，他们总是认为，只有经常提、事事讲才能让学生听到耳里、记到心里，大事小事不断重复向学生讲解，特别是安全问题，一开班会似乎成了必需的话题。班主任要改变这种说教式的管理方式，技工院校的学生多数已经超过16周岁，他们的思想开始走向独立，渴望新视野，渴望自主，如果把这种管理方式放到他们身上，必然会引起他们的反感。为此，班主任应该多做少说，在鼓励学生班级自主管理的事情上，自己发挥模范带头作用，用自己的言行去带动、感染学生，逐渐提高自己的影响力，让全体学生信服。

3. 班主任要成为学生的合作伙伴

学生是班级的重要组成部分，没有学生，班级无从谈起。班主任要想做好班级管理工作，必须获得学生的大力支持。首先，班主任要相信自己的学生。学生有多年的学习经历和社会阅历，虽然文化水平不高，但其他能力未必太差，当放手时就放手，班主任要大胆地把部分班级事务交给学生去做。只有这样，学生的能力才能被看到，也可能做得不好，但从中吸取一些教训也是有利于学生成长的。其次，班主任要与学生开展合作。在班级管理中，与学生开会商量哪些事情是需要班主任插手解决的，哪些是学生自主可以完成的。对班级管理的各项事务合理分工，把需要学生去做的让全体学生共同完成，需要班主任指导的地方适时去指导。只有这样，才能发挥班主任的指导和学生自主管理的合力，共同把班级事务管理得井井有条。

（二）班主任要提升班级自主管理指导水平

班主任队伍是学生班级自主管理的主要推动力量，只有切实提高班主任的专业化程度，才能对学生班级自主管理进行有效的指导。针对该校班主任设置的现状，首先要进一步优化班主任队伍结构，改变现在班主任专职较多、某些班主任因带班太多导致精力分散等现状，适当增加一些其他人员加入班主任群体，打造专业化班主任团队。其次要增强班主任职业道德，强化师德师风建设，提高班主任思想道德素质。班主任的德操修养相对任课教师来说更为重要，一言一行对学生的影响更大，一个班级的风气正不正，班主任的个人品德会产生不可低估的影响。最后要创造有利于班主任素质提高的外部环境。加强培训学习，提高班主任的专业化程度，增强班主任的综合应对能力，成为会沟通、善表达、懂科研、精管理的行家里手。通过专业培训让他们有机会接触新思想、新方法，通过各种渠道为班主任个人能力的提升创造良好的机会，通过健全职称评聘、中层干部选拔机制为班主任职业生涯搭建成长阶梯，畅通上升渠道。同时，建立班主任个性化发展机制，结合每位班主任的不同特点，包括性格、兴趣爱好、生活习惯等，合理搭配副手或副班主任，在对学生基本情况充分了解的基础上，选择合适的班级进行匹配，做到班主任、班级、学生融为一体，例如，一名计算机专业毕业的女性班主任可以安排带女生较多、班级学生数量不太多的计算机相关班级。对班主任的工作成绩进行科学考核评价，选拔一批优秀班主任，探索建立名优班主任工作室，以典型示范带动班主任队伍整体素质提升。

四、增强学生作为班级管理主体的整体实力

（一）抓牢学生干部队伍建设

学生干部队伍建设是学生开展班级自主管理工作的重要推动力，促进学生干部队伍健康发展，对于提高学校学生班级自主管理水平具有重要的现实意义。

学生干部干的工作怎么样，干得好的学生干部应该怎么奖励，这就需要建立一个有关学生干部的激励制度，出台一些激励学生干部干好工作的办法或措施，包括物质奖励、精神奖励、优先安排就业等，通过建立一定的考核制度，评先树优，把表现好的学生选拔出来，这是前期工作。再制定激励办法，对这些表现好的学生进行鼓励，目的是激发他们干事的动机，满足他们内心的需要，也可以树立标杆和榜样，对其他学生起到示范和带头的作用。当这些学生需要或者动机得到适当满足的时候，会激发他们的干劲，一旦这种激励考核机制建立并且长效执行下去，其对学生干部的健康发展的作用是显而易见的。

及时对学生干部进行培训教育，可以让他们尽快熟悉工作，提高业务水平和能力，也可以为他们提供交流的平台，创造机会让他们进行业务探讨，共同提高和进步。在选拔优秀学生充实学生干部队伍的同时，要通过培训教育着重培养他们的管理能力、处事能力、人际交往能力、团队合作能力等，注重学生干部培训内容的选择，包括思想道德修养、健康心理维护、实践能力等，进一步丰富学生干部培养的方式，课堂讲授的方式并不适合学生干部培养，应该以实践为主，创设一定的情境，让他们设身处地地学、向身边的优秀学生干部学、在班主任亲身指导下学，更加灵活地培

养学生干部。

要发展壮大学生干部队伍，充分发挥作用，必须加强学生干部管理制度建设，包括学生干部选拔机制、学生干部奖惩机制、学生干部考核机制、学生干部培训机制等，这是学生干部得以健康长远发展的基础，制度健全了，学生干部队伍发展的条条框框就建立了，就为队伍的科学、规范化发展划定了计划和实施基础。在健全学生干部管理制度之后，要强力抓好制度的执行，根据实际情况适时地进行调整、修订、完善，从学生干部队伍发展的实际出发，让制度的约束、管理效能得到充分发挥。

（二）开展心理辅导提高学生自信心

技工院校以提高学生技能为主要目标，存在心理健康课程开课较少、心理教师设置不多的问题，为加强学生班级自主管理整体水平，必须提高学生的自信心，帮助他们克服自卑心理。为此，要做到以下几点：一是提高全校上下重视心理健康教育的意识。学校领导和其他管理者要把学生的负面情绪的应对、维护心理健康作为重要工作，要充分认识到自信、健康的心理对于学生开展班级自主管理的意义，在学生开展班级自主管理时做好服务保障工作，千方百计为班级自主管理者保驾护航。二是要配备一定比例的心理教师。通过招聘录用一些学历较高、专业水平较高的心理辅导教师，建立心理咨询平台，开通心理咨询热线，及时为有困难、有疑问的学生释疑解惑，提高学生参与班级管理的适应能力，妥善处理在班级管理中存在的问题和矛盾。三是逐步提高学生的自信。在安排班级自主管理的任务时，为自信心严重不足的学生安排较轻松的工作任务，带他们熟悉工作并产生胜任力之后，信心就会得到提高，然后逐步安排较繁重的管理任务。

（三）加强对学生管理知识的教育培训

学生要想胜任班级管理工作，必须具备一定的管理能力，主要包括解决问题的能力、目标管理能力、组织协调能力、沟通交流能力等。为提高学生班级自主管理的胜任力，全面提高学生的管理能力，对学生进行相关的培训是一个较为快捷的途径，对于技工院校的学生要选择有针对性的培训内容：首先，学校要把管理知识融入教材。对思想品德课、思想政治课或者专业课教材重新编制，专门设置一个关于班级管理或者管理学的章节。在组织编写教材的过程中需要注意结合技工院校的实际，有关管理学知识的章节要进行改编，应该言简意赅、浅显易懂。其次，要加强文化知识的培训。加强对学生基础知识如计算、几何、阅读、传统文化等的学习教育，只有把基础知识学好，学生才能对管理知识理解得更透彻，才能在实际自主管理中灵活运用。最后，让学生教育学生。选择一些日常表现优秀、管理能力强的班干部作为典型，经常进行管理知识培训，邀请校外管理专家结合技工院校班级管理实际进行授课，让典型班干部以身传教、现身说法，把自己积累的一些管理经验、日常的管理心得传授给学生。

（四）增强学生自主管理班级的意识

要增强学生自主管理班级的意识，需要学校和教师为学生创造良好的环境，让学生得到尊重、得到关爱、产生信心。首先，教师或学生管理者要积极与学生心贴心地交流。尊重学生是关心关爱学生的前提条件，人的交往首先应建立在尊重的基础上，无论学校领导、班主任、任课教师还是其他学生管理者，都要尊重学生的主体地位，让学生感受到教师对他们的尊重，可以增进师生之间的感情，为激发学生的主动性和创造热情奠定基础。当代学生知识接触面广，思想活跃，对同学关系、教师、学校、社会等都有自己的想法，对学生的尊重要体现原则性，听之任之不是尊重，盲目喝彩不是尊重，要有利于学生个人学习、性格、品德的健康发展，尊重学生的个性，尊重学生的爱好习惯。学生管理者要把学生当作自己的亲人对待，心中时刻有学生，在管理学生的同时更好地为学生服务，无论在学生身体上、心理上还是学习生活中，都要积极地帮助他们、关心关爱他们，对贫困的学生要及时雪中送炭，对顽劣的学生要积极劝导他们悬崖勒马，对于追求进步的学生要鼓励他们再接再厉。对于各类型学生，学校有关部门要落实好国家政策，做好奖、贷、助、补、减工作，健全监督机制，确保资金发放到位。加大对生活困难学生的帮扶力度，维护学生心理健康，关心关爱每位学生成长，提高学生的归属感。现在技工院校的学生大多处于青春期，主要特点是心理上还不成熟，容易受其他外在因素的干扰，控制不住自己的情绪，容易感情用事。学校管理者要充分研究学生的身心特点，站在他们的角度思考，对学生多一些理解和信任，对于学生的承诺要予以相信，对于犯错误的学生要给予他们改正的机会。

班主任或任课教师要创设一定的认知情境，要积极引导学生参与管理，让每个学生对自己都有一个较为全面、清醒的认识，既清楚地知道自己的长处，也要知道自己的短处，学会经常反省自身，让学生学会主动沟通、交流，在与教师、同学、舍友相处的过程中提高对自己的管理能力的认识程度，班主任可以在班会、晚自习等时间让学生写短期总结，发言交流，并对学生的谈话进行适时点评，让同学们认识到每个人都有优缺点，要平等对待他人，与他人和平相处，增强自信。例如，通过讲座、班会等形式，对学生加强教育，增强学生班级自主管理的意识和能力。

（五）改进学生班级自主管理的方法

班主任根据管理目标，让班级氛围民主化、和谐化，组织学生学习学校的校规校纪，对每名学生设定不同的管理职责，约定班级纪律和班规班约，让学生积极参与班级自主管理活动，实行班长负责制、全员责任制等管理制度，提高他们的主动性和积极性，让他们敢于管理、乐于管理、善于管理，在管理中增强规矩意识。例如，在班级管理实践中，可以让学生采取民主的方式选举班委，在班级日常管理中，发挥学生的监督作用，让每名同学都形成主人翁意识，协助管理好班级事务，班主任在整个过程中要加强监督指导，为管理能力弱的同学释疑解惑、提供帮助，为管理能力强的同学做好宣传、以点带面。随着时间的推移，这种工作方式必然能够带来班级整体管理水平的提高和学生班级自主管理意识的增强。例如，在晚自习设置纪律检查员，让每名同学轮流参与，可以让学生认识到自身是课堂纪律的主导力量，主动维护课堂纪律，增强自律意识和能力。

（六）积极搭建锻炼学生成长的平台

活动创新，是高校学生自管体系的生存方式。大学生是在各类活动中成长发展的。活动是学生发展能力的重要载体，建立学生活动平台是促进学生快速成长、提高班级管理能力的一个良好路径。

在对学生进行调查的过程中，我们发现有相当一部分学生没有主动参与班级管理，对于班级活动的参与率也较低，如果学生没有参与到班级管理中，他们的管理能力很难获得提升。要想提高学生的管理能力，我们要想方设法为其创造各种活动的平台，让学生在参与各种活动中提高交往能力、协调能力、表达能力等各种管理能力，班级活动是在班级内有组织开展的各种教育活动，贯穿于班级建设的整个过程。开展丰富多彩的班级活动，对促进学生发展、加强班集体建设具有重要意义。① 为此，可以采取以下活动形式。

1. 组织各种形式的社会实践活动

社会实践活动的组织开展有助于学生自我管理能力的提高，既有利于学生开阔视野、提高综合能力，也有利于学生接触社会、提高社会化程度。当前，社会实践场所设置较为丰富，实践资源也比较多，如各种实践基地或活动中心等。在参加社会实践活动的过程中，班主任可以适当放手让学生去组织，这是学生开展自主管理的机会。班主任对学生组织的实践活动进行全程的指导，坚持非必要不干涉的态度，让学生自己组织、自己分工、自己维护活动秩序。在具备一定的经验后，学生的自我管理能力一定可以得到飞速的提升。

2. 经常组织校外实习活动

校企合作、工学结合是技工院校的一个特点，每年学校都要安排一定的学生去企业顶岗实习，一般是一个班级对接一个企业。在企业实习实训期间，可以有意识地培养学生的自我管理能力。"顶岗实习是职业教育培养全面型人才的重要途径，职业院校学生参与顶岗实习能让学校、企业及学生实现多赢。"在企业实训期间，学校要加强引导，帮助学生熟悉流程，在服从企业管理的前提下，在企业生活、纪律、人员管理上，可以发挥学

---

① 张书娟：《在班级活动中助力学生健康成长》，《中国教育学刊》2018 年第 S2 期。

生的自我管理作用，学生在主动与企业联系、与企业同事共同工作的过程中，通过自主学习、自主交际、自主管理，可以增强自己的团队协作意识，培养责任感和自立、自强、自律的精神，也有利于他们职业规划能力的提升，为其在回校进行班级自主管理时积累丰富的经验。

3. 鼓励学生自行组织社团活动

参加社团的学生一般是业余时间丰富、兴趣爱好广泛、自我提升意识强烈的群体，发展他们的自主管理能力的前提就是尊重这些学生的爱好与选择，对他们的活动在物质上和精神上予以大力支持。建立一个有利于学生开展自主管理的社团管理制度是必需的，在执行制度的过程中，要求管理者能够发挥社团成员的主动性与积极性，赋予他们一定的自主管理权，让他们参与制度的完善，自行协商社团管理中的问题和矛盾，教师的作用是引导和指导，在社团管理机构和制度的约束下，教师与学生、学生与学生之间充分交流互动，彼此信任、感情相依，必然会促进学生的管理能力的发展。

4. 开展以学生为主体的班会活动

班会是锻炼学生组织管理能力的一个好方法，可以提高学生的语言表达能力、组织协调能力、独立开展工作的能力。技工院校学生拥有较强的自我意识，在班会活动中追求民主，他们对于班会也非常渴望参与，也想在参与的过程中实现自身的价值。在班会开始前，学生可以自由讨论班会的主题、组织形式和时间等，让学生广泛参与班会的策划工作，集思广益，调动学生的主观能动性。在学生自主组织班会的过程中，班主任要成为一个引导者、评论者，不要控制班会的主题等需要学生自己解决的事项，所有环节都由学生自行完成。鼓励学生在班会上自由发言，大胆发表自己的意见，经常召开这种以学生为主体的班会，他们的组织管理能力和语言表达能力等都可以得到锻炼，也可以促进班级民主氛围的形成和提高班级的凝聚力。

五、整合其他资源促进学生班级自主管理

家庭、企业是技工院校开展班级管理工作的两个重要社会影响因素，因为家长与孩子的联系是较为紧密的，孩子对于学校、教师、学校其他人员的态度、行为很大程度上受父母或其他家庭成员的影响。为帮助学生形成正确的世界观、人生观、价值观，充分激发学生参与班级自主管理的潜力和热情，学校必须与家庭形成共建机制，在学生班级自主管理上形成共鸣，共同促进学生思想、学习、技能、身体上的成长与进步。企业是学生未来就业的舞台，技工院校的学生在校期间就通过校企合作进入企业工作，因此做好与企业的沟通也至关重要。

（一）积极与家长进行沟通交流

班主任是学校与家长之间联系的纽带，在家校共建、家校沟通上的作用不可忽视，班主任要通过微信、QQ 等聊天软件和家长会、家校联谊会等现场活动积极与家长进行沟通，积极传递正能量，把孩子们在班级自主管理中的一些良好表现对家长进行通报，获得家长的理解与支持。在适当的时候，班主任或学校管理者要对家庭困难学生进行家访，及时了解他们的困难，并给予力所能及的帮助。班主任要为家长提意见提供空间和平台，鼓励家长就学生班级自主管理提出自己的意见和建议，并及时吸纳合理建议。通过积极沟通交流，增强班主任、学校管理者与学生家长之间的相互了解和信任，为合力处理学生班级自主管理问题奠定良好基础。

（二）通过校企合作提高学生自主管理能力

技工院校的特点之一是与企业的联系紧密，校企合作是提升技校生自主管理能力的有力渠道，也是开展学生管理工作的重要途径。班主任可以发挥重要的引导和支持作用，引导学生逐步掌握自主管理和自我教育的能力。技校生应当培养强烈的责任感，不仅要增强与人沟通、共事的能力，还应具备企业所需的团队协作意识、竞争意识以及吃苦耐劳的精神。对学生的职业定向培训也应得到重视，帮助他们树立正确的职业观和择业观。

此外，班主任还应注重学生的自主管理能力培养，塑造他们的职业性格，培养实际操作能力和创新能力，以适应未来就业的需要。在学生实训和实习期间，与企业共同制定评价标准是十分重要的，这可以促进技校生的自主管理能力的发展。同时，学生不仅在学校学习，还要在企业实习，要以高标准来要求自己，以确保校园文化与企业文化的契合。这样，在学生培养过程中的各个环节都能够体现出人才培养的方向，使他们的思想观念和行为更符合企业的规范和需求。在校企合作的背景下，建立技工院校与企业合作提高学生自主管理能力的机制，在提高学生技术技能的同时，加强学生爱岗敬业意识、履职尽责意识的培养，引导学生在努力成为"大国工匠"的前提下，切实增强自主管理意识和能力，提升综合素养。

第六章　技工院校学生干部管理机制创新

第一节　技工院校学生干部概述

一、学生干部的定义

学生干部是在学生中担任一定职务，负有一定职责，协助学校教师参与学校管理的学生的总称。学生干部先为学生后为干部，来源于学生群体，为学生群体提供服务。学生是身份，干部是责任，在学校教师与学生之间起到桥梁与纽带作用，协助教师，带领同学，服务同学，为学校的稳定、发展作出自己的贡献。

班干部、校学生会干部及校团委（团总支）学生干部共同组成学生干部。班干部主要分为班委会和团支部两类，班委会由班长、副班长、学习委员、体育委员、劳动委员、生活委员、纪律委员、文艺委员、心理委员等成员组成；团支部由团支部书记、组织委员、宣传委员等成员组成。校学生会干部主要由学生会主席、副主席，各部门（学习部、生活部、宣传部、文艺部、体育部、外联部、社团部等）部长及副部长与干事构成。校团委（团总支）学生干部包括副书记，各部门（办公室、组织部、宣传部等）部长、副部长、干事等。

二、技工院校学生干部的特殊性

技工院校学生干部队伍在院校管理、学生活动组织及校园文化建设等方面发挥着不可替代的作用。相较于普通高等院校，技工院校学生干部的特殊性主要体现在以下四个方面。

（一）技术背景与专业性强

技工院校的教育重点在于实践技能和专业知识的传授，因此学生干部在履行职责时，往往需要将所学技术与专业知识融入各项工作中。例如，在组织技能竞赛或专业讲座时，学生干部能够利用自己的专业知识进行策划和宣传，使得活动更具针对性和实效性。这种技术背景与专业性的结合，使得技工院校学生干部在推动校园技术文化氛围建设方面有着独特的优势。

（二）实践能力强，注重操作经验的积累

技工院校的学生干部在日常工作中，更加注重实践能力的培养和操作经验的积累。他们经常需要参与到各类实训项目中，通过亲身实践来提升自己的专业技能和管理能力。这种以实践为导向的工作方式，使得学生干部能够更好地理解和解决学生在学习和生活中遇到的实际问题，从而提供更加贴心和有效的服务。

（三）沟通协作能力突出

技工院校学生干部在组织协调各类活动时，需要面对不同专业背景、技能水平的学生，这就要求他们具备出色的沟通协作能力。他们需要有效地沟通各方意见，协调各方资源，确保活动的顺利进行。这种沟通协作能力的锻炼，不仅有助于提升学生干部的个人素质，也有利于培养他们的团队合作精神和领导能力。

（四）职业素养和工匠精神并重

技工院校的教育目标是培养具有职业素养和工匠精神的技术技能人才。因此，学生干部在履行职责时，也需要注重培养自己的职业素养和工匠精神。他们需要以身作则，树立良好的职业道德风尚，引导同学们树立正确的职业观念和价值观。同时，他们还需要发扬精益求精、追求卓越的工匠精神，不断提升自己的专业技能和管理水平。

综上所述，技工院校学生干部的特殊性主要体现在技术背景与专业性

强、实践能力强、沟通协作能力突出及职业素养和工匠精神并重等方面。这些特点使得他们在技工院校的各项工作中发挥着独特而重要的作用，是推动校园文化建设和技能人才培养的重要力量。

三、技工院校学生干部在学生管理中的重要作用

技工院校作为培养技术技能人才的重要基地，肩负着为社会输送高素质劳动者和技术技能型人才的使命。在这个过程中，学生干部作为学校与学生之间的桥梁和纽带，发挥着举足轻重的作用。他们不仅参与学生日常管理工作，还承担着组织活动、传播正能量等多项职责，对于提升学生的综合素质、推动校园文化建设以及促进学校发展具有重要意义。

首先，学生干部在学生日常管理中发挥着关键作用。他们协助教师进行课堂纪律维护、宿舍管理、活动组织等工作，确保学校各项规章制度的顺利实施。同时，学生干部还能够及时了解学生的需求和困惑，向教师反映问题，为改进学校管理和服务提供参考。这种双向沟通机制有助于增强学生对学校的归属感和信任感，营造和谐稳定的校园环境。

其次，学生干部在组织活动方面发挥着重要作用。他们结合自己的专业知识和兴趣爱好，积极策划、组织各类校园文化活动、技能竞赛和社会实践等，为学生提供展示自我、锻炼能力的平台。这些活动不仅丰富了校园生活，还提升了学生的团队协作精神和创新能力。同时，学生干部还通过组织志愿服务等活动，引导学生关注社会、回馈社会，培养学生的社会责任感。

最后，学生干部在传播正能量方面也发挥着重要作用。他们作为学生中的佼佼者，具备较高的道德品质和综合素质。在日常学习生活中，他们以身作则、率先垂范，通过自身的言行影响周围的同学。他们积极传播正能量，倡导积极向上的生活态度和价值观，为形成良好的校园风气和校园文化氛围贡献力量。

然而，学生干部在发挥作用的过程中也面临一些挑战和困难。如何平衡学习与工作、如何处理好与同学之间的关系、如何不断提升自己的能力

和素质等问题都需要学生干部认真思考和解决。为此，学校应该加强对学生干部的培养和指导，为他们提供更多的培训和实践机会，帮助他们不断提升自己的综合素质和领导能力。

综上所述，技工院校学生干部在学生管理中扮演着举足轻重的角色。他们通过参与学生日常管理、组织活动和传播正能量等方式，发挥着关键作用。为了充分发挥学生干部的作用，学校应该加强对学生干部的培养和指导，为他们提供必要的支持和帮助。同时，学生干部也应该不断提升自己的能力和素质，以更好地服务于同学和学校的发展。

第二节　技工院校学生干部管理机制建设和优化

一、完善学生干部培养目标体系

学生干部的培养目标是学校培养理念、培养内容及培养机制的行为导向，为完善学生干部管理体系提供了方向。技工院校着力于培养人格健全、专业知识扎实、实践能力强、敢于开拓创新、善于合作的高素质技能型人才。学生干部在广大学生中有着重要影响，因此要形成培养学生干部的理念，树立学生干部培养目标，培养具有较强学习能力、组织能力、沟通能力、创新能力、团队协作能力的学生干部队伍。

（一）思想政治素质的培养

思想政治素质是每一名学生干部都应具备的基本素质，它包括政治觉悟、政治品德和政治理论水平等几个方面。技工院校的学生来源广、个性鲜明，普遍存在政治素养低、行为习惯欠缺、文化水平不高等问题，所以必须加大对学生干部的思想政治教育。同时，要将学生干部的思想政治教育与普通学生的思想政治教育区分开来，不仅要让学生干部树立坚定的共产主义信念，还要培养他们的服务意识。一方面，切实加强学生干部思想政治理论的学习，提高学生干部的政治素养。由于改革开放不断发展，外来文化大量涌入，技工院校的学生又普遍缺乏辨别能力，容易迷失方向。

学生干部在思想上比普通学生更具先进性，他们应有较高的政治觉悟、坚定的理想信念以及敏锐的辨别能力，还要有正确的世界观、人生观和价值观。因此，学生干部应利用各种机会学习，结合时代要求，用理论知识武装自己，不断提高思想政治理论水平。另一方面，要引导学生干部关心国家大事和时政新闻，提高政治觉悟，积极主动地参与社会实践和各项活动，通过实践提高自己明辨是非的能力和政治素质。

一名优秀的学生干部一定是因为自己足够优秀，才能凝聚人心，带领身边的人一起干好工作。学生干部要保持清醒的政治头脑，需要有一定的政治理论水平和思想政治觉悟，这样才能帮助其他同学树立正确的"三观"，增强同学们的爱国主义和集体主义信念，与同学们一起积极、健康、向上。

（二）业务能力的培养

学生干部业务能力的高低影响着学校学生管理的工作水平。优秀的学生干部通常应具有良好的语言表达能力、组织协调能力、执行能力，以及团结协作、科学决策、知人善用的能力等。技工院校的学生各方面能力相对较弱，所以提高学生干部的综合业务能力应从多个方面着手。

1. 语言表达能力

语言表达能力指口头语言（说话、演讲、作报告）及书面语言（写文章、作答）表达的过程中运用字、词、句、段的能力。学生干部作为教师与学生之间的纽带，在班上要传达信息和安排具体工作，同时准确地把学生的诉求反映给教师，在学校要制订活动计划、写总结、写策划书，这都需要他们有良好的语言表达能力。在工作中讲话简洁扼要、重点突出、逻辑性强，需要学生干部通过长时间的锻炼来实现。

2. 组织协调能力

学生干部在其本职工作内开展活动需要协调各方、合理安排，充分调动大家的积极性，顺利完成各项任务，这就需要具备良好的组织协调能力。学生干部在工作中要对工作内容有具体的认识，通盘考虑全局，协调学生与教师间、上级与下级间、干部与干部间、干部与学生间的关系，有组织、有策略地发动学生，通过不同群体的合作，保证活动有效地开展。

3. 贯彻执行能力

执行能力是指把上级的命令和想法变成行动，把行动变成结果，保质保量完成任务的能力。学生干部扮演着服务者的角色，上服务于学校，要将上级的精神和要求传达到各个班级，下服务于学生，为同学们提供力所能及的帮助。要保证学生工作的全面开展和顺利进行，学生干部执行能力的培养也变得极为重要。

4. 团结合作能力

团队精神是现代团体"作战"的保证。几乎每一项活动的顺利完成都需要学生干部相互合作，单靠个人的力量无法取得成功。精诚所至，金石为开，学生干部要懂得相互尊重和分享，学会尊重他人的利益，尊重他人的劳动成果，增进彼此间的信任和理解，学会与他人分享，不嫉妒，不拆台，发挥先锋模范作用。

5. 科学决策能力

学生干部在工作开展过程中需要对整个学校的学生活动、部门事务进行决策。面对繁杂的情况，学生干部要根据具体问题的具体情况，找出问题关键，权衡利弊并及时作出正确决策。一旦决策不及时或决策失误，往往会后患无穷，一发不可收。

6. 知人善用能力

学生干部要具有海纳百川和甘当人梯的精神，要能较快发现他人的长处，将每个人安排到合适的位置上。一方面，要善于发现人才，把真正有能力的人放到重要岗位上；另一方面，没有十全十美的人，每个干事也各有优势和劣势，把合适的人放到合适的岗位，才能最大限度地发挥每个人的能力，保障工作顺利开展。

（三）心理素质的培养

心理素质是人的整体素质的组成部分，是在后天的环境、教育、实践等多种因素的影响下逐步发展起来的。学生干部既是学生又是干部，他们比普通学生有更多的任务与工作，会面临更多的挫折与困难。只有具备良好的心理素质和强大的心理承受能力，学生干部才能完成不同身份的不同任务，发挥领导作用。良好的心理素质包括坚定的意志、适度的自信、抗挫折能力及时刻保持平常心。坚定的意志就是要求学生干部做事有韧性，不虎头蛇尾，坚持到底，为了实现目标不断努力奋斗，遇到困难不退缩，迎难而上。适度的自信是指学生干部在保持自信的同时虚心听取他人的建议，随时检查自己是否有过失。工作不会一帆风顺，学生干部在遇到挫折或困扰时要直面问题，找到症结及时改正。同时保持一颗平常心，不为名利所动，正确看待得失，顺境淡然，逆境泰然，无论身处何位，都保持一贯作风。

（四）创新能力的培养

创新能力是人类文明延续的重要力量，也是人类所特有的认识与实践的能力。学生干部的工作需要传承，更需要创新。在工作中不能因循守旧、墨守成规，而应不断地寻找新思路、新方法、新突破。随着科技的发展、新技术手段的出现，让学生工作有了新的形式和载体。因此，学生干部要适应潮流，敢于创新，结合学校特点开展有特色的活动，调动学生的参与热情。

二、建立完善的学生干部选拔体系

建立一支高素质的学生干部队伍是技工院校学生管理工作顺利开展的重要保障。学生干部的选拔是建立干部队伍的前提和基础。完善的学生干部选拔体系的建立需要从学生干部选拔需求、选拔渠道、面试方法、任命与离职等方面进行分析。

（一）学生干部选拔需求的分析

学生干部是学生工作队伍的重要组成部分，有助于各项教育工作的充分落实，合理选拔学生干部是培养学生干部的前提。为了更好地发挥学生干部的作用，在进行学生干部选拔工作前，需要充分了解学生干部的选拔原则、标准以及职务要求，吸引既有能力又有兴趣的学生到学生干部队伍中，并从中挑选出合适的人员，针对岗位的特性，结合竞选学生的个人特点，让合适的学生到合适的岗位上。《学联学生会组织改革方案》中指出：主要学生干部候选人必须符合政治合格、学习优秀、品德良好、作风过硬、群众基础好等标准。所以，在选拔学生干部时要注意以下几个方面：一是学生干部要有坚定的理想信念，在思想政治上要高于普通学生，有明辨是非的能力，知道什么是对什么是错，什么是真善美什么是假恶丑；二是要有较强的知识素养，学生干部的成绩要高于平均水平，能合理安排工作与学习；三是要有较强的责任意识，敢于担当，勇于奉献，能踏实完成各项工作；四是要有合格的身体素质和心理素质，能承担繁杂的工作也能应对高度的心理压力。

（二）学生干部选拔渠道的选择

通过调查发现，学生干部主要通过自主报名、民主选举、学生或教师推荐、直接任命等方式进行选拔。学生的多样性决定了学生干部选拔方式的多样性，但是不同的选拔方式也各有优劣。

1. 自主报名

自主报名是通过公开发布招聘信息，吸引有理想、有担当、有特长的学生加入干部队伍，这样的方式适合刚步入校园的新生或者有特长但表现力不足的学生。通过自主报名可以挖掘有特长、有才艺的学生，同时涉及的范围较广，在学校范围内的影响力较大，涉及的面比较广，可选择性也比较多。但是，通过这种方式报名的学生往往是抱着新奇、有趣、尝鲜的心理参加学生干部竞选的。这类学生在工作中常常让人感觉做事情有热情但是不够长久，一旦新奇感消失则会很快对工作失去兴趣，出现三天打鱼两天晒网的情况；同时，这类学生干部的素质参差不齐，在管理上难度较大。

2. 民主选举

民主选举的方式强调的是学生的权利和学生的平等，这种方式可以大大激发学生主动参与学校工作的热情，并且选出的学生一般是在学生中威望较高、有领导才能的，这样的学生干部更能服众，工作开展也较为容易。然而，在民主选举过程中往往缺乏严格有效的选举制度，投票时容易出现"人情票"，学生中的"老好人"常常会得到高票，而勇于站出来制止违纪行为、勇于担当、敢于管理的学生却很难得到拥护。同时，通过民主选举出来的学生干部从本人意愿上看未必完完全全愿意做学生干部的工作，倘若强行说服，工作的效果未必理想。这样的民主方式容易走入民主形式主义的误区。

3. 学生或教师推荐

一些学生刚入校时可能对学校情况不是很了解，导致没有参加任何形式的学生干部选拔，但是经过一定时间的相处，同学或教师对他们有所了解，认为他们有一定的能力或优点成为学生干部，所以进行推荐，这种方式可以挖掘出更多的学生人才。但是，每个人都有多面性，对不同的人群、环境、事物的表现都会各不相同，所以通过这样的方式选拔的学生干部还需多方观察和考评，不能单凭一方之言。

4. 直接任命

直接任命是指导教师根据岗位需要通过自己的经验物色出适合做学生干部的人选并直接任命。这种方式适用于对所有成员不太熟悉但又需要学生干部的情况，一般适用于新生，可以在短时间内使工作步入正轨。这样的形式选出的学生干部往往是成绩好的，或者强势的、能管住他人的，又或者是讨教师欢心的，这样的选拔形式主观性较强，其他学生难免不会心服口服，工作的开展中容易受到阻碍。

技工院校的学生特点与个性相对鲜明，所以在选拔学生干部时不应该局限于一种方式，而应该根据岗位的特点结合学生的情况综合考量，选择一种方式为主、多种方式相结合的选拔方式和渠道。例如：可以在学生自主报名后通过查阅学生档案了解学生过去的成绩、经历及任职情况，参考学生军训或上课期间的表现，综合考虑学生是否符合学生干部的要求；或者也可以在直接任命学生干部前做好调研工作，尽量选出学生喜爱、工作负责的学生干部；还可以在具体工作中选拔，以工作能力评价学生，有针对性地选出综合素质高、工作能力强的学生。平等参与选拔是学生的权利，择优录取是选拔的原则，量才适用是选拔的标准。世界上没有完全相同的两片树叶，也没有完全相同的两个人。每个学生都有各自的特点，选拔学生干部不能拘泥一方面，需多方面衡量，挖掘学生才能，唯才是举，将合适的学生放到合适的岗位，最大限度地发挥学生干部的能动作用。

（三）学生干部的面试及审核

为了学生干部队伍的良性发展，需要从普通学生中挑选出肯干事、能干事的学生作为新鲜血液补充到队伍中，所以学生干部的面试和审核在选拔过程中显得尤为重要。学生干部的面试及审核是一个系统性工程，是面试者和考官相互沟通的过程，一般包括准备、实施、总结 3 个阶段。

1. 准备阶段

成立学生干部面试工作的领导小组，由学生组织指导教师为组长，学生组织主要负责人为副组长，各部门部长、副部长为成员，具体负责选拔面试工作。由领导小组出台选拔标准、公布选拔过程及岗位需求，做好学生干部选拔宣传工作，尽可能让更多的学生知晓选拔程序及要求。同时提前准备好面试方式及考题，做好面试题目的保密工作，提前培训面试官，确保面试工作的顺利开展。

2. 实施阶段

考官开始面试前可通过相关资料展示学生组织的基本概况，让面试者对学生组织有一个全面、初步的了解。面试者通过 1 分钟的自我介绍开始面试，考官根据面试者特点有目的性地提出相应问题，了解面试者的知识情况、经历以及问题解决能力并做好记录。面试结束时可以给面试者一个提问的机会，考官可根据实际情况回答。

3. 总结阶段

领导小组根据面试情况参考选拔标准和岗位需求选出合适的学生；报名意向和分配部门不同的需要单独谈话后确定是否通过。对于通过的学生，还需要对该生的课堂表现、班主任评价等方面进行审核，确保录用的学生素质高、评价好、作风优良。全部工作结束后将所有面试资料存档、备查，对于录用的学生干部统一进行公示。

学生干部的面试和审核需要坚持公平、公正、公开原则，保证整个程序公开、透明，让学生干部队伍成为一支经得起考验、经得起打磨的队伍。

（四）学生干部聘用及离职手续

选好学生干部是开展学生工作的重要保障，干部的选用关系到整个队伍的发展。面试通过后，录用的学生将经过一段试用期（一般为1~3月），试用期表现合格后正式聘用为学生干部。对于新录用的校级学生干部，学生管理部门将统一召开学生干部聘用大会，宣布任职决定，建立学生干部个人档案。

由于部分学生干部加入学生组织动机不纯、不够坚持等原因，学生干部队伍具有一定的流动性。有些学生会提前提出退出申请，但有些学生则随意、无故退出，使得人员管理相对混乱，这就需要制定合适的离职程序，规范离职手续。对于不遵守学生干部规定的应予以清退，由部长、主席团认定、讨论，主席团下发辞退公告，经部长、主席团签章后交校团委盖章，当事人签字后由人事部门存档；对于自愿退出部门的学生干部，应由本人提前1个月向部长递交辞职申请，需要部长、主席团认定、讨论，主席团下发辞退公告，经部长、主席团签章后交校团委盖章，当事人签字后由人事部门存档；对于任职期满的学生干部则到期自动离职，由人事部门做好记录并存档。

三、加强科学有效的学生干部培训体系建设

技工院校的学生在知识水平和能力方面相对较弱，他们的年龄普遍较低，缺乏相应的人生经历和工作经验，在很多方面还需要进一步提高。开展学生干部培训，是提高学生干部队伍素质的重要途径，是加强学生干部队伍建设的重要方法，也是促进学校和谐、稳定、高效发展的重要手段。因此，加强科学有效的学生干部培训体系建设尤为重要。

（一）建立学生干部培训委员会

加强学生干部培训体系建设需要切实转变学校工作思路，学生干部不

应该只是传达学校要求的"传声筒"，而应该是学校与学生之间的纽带，协调双方。提高学生干部素质不能成为"空谈"，而应该自上而下建立科学有效的培训体系。建立学生干部培训委员会，以学生工作分管领导为组长，以学生管理部门负责人为副组长，以辅导员、班主任为组员，共同推进学生干部培训工作。因材施教，有针对性地根据学生特点，分层、分段制订培训计划，例如：新上任的学生干部对工作比较陌生，需要对其集中进行岗前培训和岗位培训；工作半年及以上的学生干部对自身工作内容较为熟悉，培训中需要注重对其个人能力和团队意识的培养；学生干部中的重点培养对象作为后备部长的人选，则需要强化其领导力、危机处理能力；等等。学生干部培训委员会还应制订完整的培训实施方案及培训流程，协调相关部门落实培训的场地、人员、设备，确保培训工作有序进行。同时还可利用互联网资源创建互联网平台，使培训工作线上线下共同发展，打破时间、空间的限制，促进学生干部之间相互交流、相互学习、共同提高。

（二）做好学生干部培训需求分析

培训需求分析是指培训部门或负责人在规划、设计培训活动前对被培训的人员进行分析，了解这些人员的基本情况，确定他们是否需要进行培训，以及如何实施培训。做好培训的需求分析，是顺利开展培训工作的前提，也是制订培训方案、实施培训过程、评估培训效果的基础。所以，加强学生干部队伍的管理和建设需要做好学生干部的培训需求分析，制订合理、高效的学生干部培训计划。学生干部需求分析就是通过科学的方式弄清楚哪些学生干部要培训、学生干部为什么要培训、学生干部要培训些什么内容，这些需求对学生干部的培训工作有很强的指导意义。

以往的学生干部培训较为单一和枯燥，不外乎是些理论性的讲座和课程，课程内容往往也是由指导教师决定的。指导教师会什么就为学生干部培训什么，指导教师认为学生干部哪方面欠缺就为学生干部补什么，通常不会考虑学生干部的实际需求，培训缺乏连贯性和系统性。同时，每个学生干部都是有不同特征的个体，他们有共性也有特性，对培训的需求也是因人而异的，比如，学生组织中不同层次、不同部门的成员的培训需求是不同的，即使是同层次、不同部门、同一成员在不同的时间段内所需要接受的培训也是不同的。因此，根据学生干部的实际情况和具体需求设计培训内容是十分重要的。加强学生干部培训体系建设需要充分考虑学生干部需求，可以通过访谈、问卷、观察等方法多方位了解学生干部，挖掘他们的需求，结合学生干部的职务、部门等特征，采取不同的方式进行培养，有针对性地选择培训内容，因需施教，制订符合学生干部特点的培训计划，同时在培训中不断总结经验，改善培训内容，着力提高学生干部队伍整体工作水平。

（三）科学制订培训计划和方案

科学地设计培训计划和方案是学生干部培训工作顺利实施的关键。培训计划是按照工作目标，在全面、客观分析学生干部需求的基础上，根据一定的逻辑顺序，对培训时间、地点、对象、方式、内容等进行预先设定的规划，是培训活动得以顺利开展的保证，也是培训方案制订的前提。学生干部的培训是一个系统、长期的工程，在实施之前必须有科学的计划和合理的方案。

为了促进学生干部能力的逐步提高，学生干部的培养计划的制订应考虑连续性和稳定性，可以将培训计划分为整体培训计划、学期培训计划、学年培训计划。学生干部的整体培训计划应根据学生干部的培养目标来制订，该培训应涉及全体学生干部，贯穿学生组织的所有部门，是最全面最基础的培训。年度计划和学期计划则是根据不同时期的不同特点，结合学生干部的自身需求所制订的有针对性的、阶段性的培训计划。

从学生干部培训的内容看，学生干部的培训方案应包括思想政治教育培训和业务能力培训。一方面，加强学生干部思想政治教育可以帮助学生干部树立正确的政治观念和政治思想。另一方面，有针对性地对学生干部进行业务能力培训，可以改进他们的工作方法，强化他们的工作意识，提高综合能力。

然而，培训计划和方案的制订还要紧扣时代主题，转变以往以传统讲座、课程为主的培训形式。学生干部培训要有详细的实施方案和具体的操作步骤，在制订培训方案的过程中，方案中的培训内容也要贴近实际，运用灵活多样的培训方式提高学生干部的培训效果。一是采用分层训练的形式，有针对性地根据学生干部的特点分层次、分年级地进行培训。比如，低年级的学生干部重点进行学生干部职责、工作任务、工作方式等方面的培训，高年级的学生干部主要培养其领导能力、组织能力、人际关系。二是采用专题培训的方式，对学生干部进行阶段性的培训。例如，为了保证某项活动的顺利进行，在开展活动前对相关学生干部进行培训，使参加者了解活动目的、要求及相关事项，保障活动顺利进行。三是举办经验交流会，搭建学生干部交流沟通的平台，让不同职务、不同部门、不同学校的学生干部相互交流经验，通过交流拓展工作思路和方法，取长补短，提高各自的工作能力。四是采用体验式教学方式开展培训活动。例如，组织学生干部参观红色教育基地或者到烈士陵园扫墓，通过特定的事件、场景、故事让学生干部受到教育，获得提高。

（四）制定有效的培训反馈机制

为了凸显培训效果，反馈培训信息，每次培训之后应该进行培训考核。可以通过小组讨论、发表讲话、提交培训心得、测验等方式进行考核，由培训组织部门统一打分，并将培训结果纳入学生干部的评奖评优或职位晋升中。有效的培训反馈机制一方面能促使学生干部积极主动地参加各项培训工作，以此提高他们的工作效率和工作水平；另一方面，通过实践有助于检验所设计的培训内容、培训方式是否合理，对当前的学生干部是否适用，为之后改进培养方式、完善培养计划提供了参考依据。

四、构建科学合理的考核评估体系

考核是按照一定标准和方法，对相关人员的岗位职责、业务能力、工作效果的评定，同时可以运用评估结果对相关人员的工作效果产生正面的引导作用。学生干部的考核评价是学生干部管理工作中不可缺少的一环，通过科学的考核制度、合理的考核方法，可以准确衡量学生干部的工作能力和工作成绩，借此分析学生干部管理工作中还有哪些不足需要完善，也为改进学生干部队伍建设提供帮助和支持。

（一）学生干部考核内容制定

学生干部的考核是对学生干部所承担的工作的定性、定量的评价，考核内容大体上分为思想政治、学习成绩、身心健康、业务能力等方面。思想政治水平是由学生干部的思想认识高度决定的，学生干部自我服务、自我管理、自我教育的职能要求他们具有较高的思想政治素养，对他们思想政治的考核也是对学生干部工作积极性、责任感及团队合作精神等方面的评价。学生成绩是学生干部的一项最基本的评价标准，也是一个硬性指标，它是对学生干部学习能力和知识水平的衡量依据。学生干部应做好普通学生的表率，所以在学习成绩考核中不应出现成绩不合格的情况。学生干部既需要有强壮的体魄应对繁杂的工作，也需要有健全的人格和乐观的态度，遇到挫折积极面对、不屈不挠，拥有较强的自我调适能力。故而身心健康也是考核学生干部的标准之一。业务能力是学生干部工作能力的体现，包括协调能力、沟通能力、应变能力、决策能力、创新能力等。考核学生干部的业务能力主要从工作成效和工作态度等方面进行考量。但是，不同岗位对学生干部的能力要求是不同的，所以在设定考核内容时，具体的考核指标应有不同。如对学生组织各部门部长的考核应侧重他们的领导能力、协调能力，对普通干事的能力考核应着重于执行力、应变能力等方面。

（二）学生干部考核方法制定

技工院校存在对学生干部重选拔、轻监督考核的情况，学生干部考核也一直缺乏统一的标准和方法。制定学生干部考核方法时要立足于学生干部岗位，选择全面、准确的考核方法。根据时间、主体等不同，可以选择不同的考核方法。

1. 日常考核和定期考核

根据考评时段不同，可以采用日常考核和定期考核。日常考核主要考核学生干部的出勤情况和平时工作的行为举止。定期考核是按一定的固定周期进行考核，如每学期末的总结考核。

2. 上级直接评估、自我评估、学生干部互评、普通学生评估

学生干部也可根据不同的主体进行考核。上级直接评估是一种自上而下的考核，这是使用最广泛也是最传统的考核方式。自我评估是学生干部本人对自己工作成绩和行为做的评价。这种方式透明度较高，有利于被考评者全面审视自己的工作，总结工作中的优缺点，实现自我约束。学生干部互评是根据工作情况客观地给出评价，有利于学生干部间的互相监督，体现了考核的民主性。普通学生对学生干部的监督更具客观性和真实性，他们更能反映出学生干部真实的状态，因此普通学生的民主评议能对学生干部起到良好的约束作用。

制定学生干部考核方法一定要遵循公正、公平、公开的原则，力求对学生干部进行全方位的考核，让考核的结果更具可信度，学生干部也可以通过考核认识自己的不足，树立危机意识，在自我纠正中完善自身。选用多种方式对学生干部进行考核时，为了保证考核结果的客观，还需要根据实际情况划分比重，比如，将评分权重调整为学生干部上级评估占 20%、自我评估占 20%、学生干部互评占 20%、普通学生评估占 40%，这样就形成了一个考核整体，多方面地听取各个主体的意见有助于考核工作全面健康地发展。

（三）学生干部考核结果反馈

相关研究表明，及时对活动结果进行评价并将结果反馈给评价对象，能强化活动动机，对工作起促进作用。学生干部的考核也是如此。学生干部考核结果综合了教师、学生、部门同事的评价意见，具有客观性和权威性，是一面映照学生干部品德、能力的明镜。对学生干部的考核结果进行反馈，有助于学生干部对照考核结果审视自身，能够更加清晰地看出自己哪些方面做得好，要进一步保持；哪些方面存在欠缺，需要改进；哪些方面存在误区，需要端正态度、提高认识。因此，针对性强地对考核结果进行反馈，帮助学生干部总结经验、改正问题，在提高学生干部能力素质和

改进工作作风方面势必起到正向推动作用。

与此同时，反馈考核结果的过程也是了解学生干部的过程，是掌握学生干部思想动态，提高学生干部考核公信力的重要渠道。在反馈中，可以允许被考核的学生干部根据考核结果做出必要解释，对考核结果有异议的可以直接提出。高质量的反馈有助于加强被考核的学生干部对考核结果的认同和信服，做好学生干部考核登记，完善学生干部个人考核档案可以为学生干部日后的选拔任用、评优评先打下基础，提供数据支持。

当然，学生干部考核结果反馈机制的建立不可一蹴而就，在总结经验的过程中要不断探索优化反馈的主体、对象、时机等要素，为推动学生干部队伍可持续发展提供动力支持。

（四）建立学生干部竞争激励机制

新公共管理理论主张在公共管理中引入竞争机制，竞争可以提高效率，增强参与者的自尊心和士气。技工院校学生干部的管理也需要引入竞争机制，通过培养竞争意识激发他们的斗志，提升工作积极性，提高工作效率，完善自身发展。同时，结合适当的激励措施，激励学生干部充分发挥主动性，有助于促成良好工作局面的形成。

学生干部队伍是开展学生工作的重要力量，是学校众多方针、政策的执行者和落实者。学生干部抱着为广大学生服务的心态为学校贡献力量，与普通学生相比，他们需要付出更多的时间、精力完成部门的工作，往往任务繁重、工作辛劳，若无法得到公正的评价，就会感觉到付出与收获不成正比。因此，要确保学生干部队伍的长期稳定，增强学生组织的吸引力，除了从理想、信念上调动学生的参与积极性，还要结合当前学生的特点，完善激励机制，采用多种激励方法多方面调动学生干部的工作热情。

其一，荣誉激励。荣誉是对学生干部工作最直接的肯定，也是对其工作能力最有力的认同。利用五四评比、推优评先、期末总结等特定时段，评选工作认真、业务能力强的学生干部作为"优秀学生干部""优秀学生干事""先进个人""优秀团员""优秀团干"，联合相关单位和部门为其颁发证书、奖状，同时将考核结果作为评定"奖学金""三好学生"的参考依据，在符合条件的情况下对他们进行精神与物质的奖励。

其二，信任激励。教师在信任的前提下，将一些具有挑战性的工作交给学生干部，由学生干部自主决策，教师只负责指导，在活动中给学生干部最大的自主权，并在活动过程中对学生干部给予充分支持和鼓励，挖掘学生干部的潜能。

其三，榜样激励。榜样是最好的标杆，为大家指引着砥砺奋进的方向。树立学生干部学习典型，表彰先进，可以充分发挥榜样的示范教育作用，激发学生干部的学习热情和工作积极性。

其四，竞争激励。竞争激励是竞争对手间相互的强化激励，没有竞争的学生干部队伍犹如一潭死水，毫无生机。采用竞争激励的方式可以极大限度地激发学生干部的创造力和潜力，增加学生干部的生机与活力。一方面，尝试竞争上岗。结合学生干部考核结果定期进行人员岗位调整，优胜劣汰，将考核不过关的学生干部调离原岗位，同时将考核优秀的学生替补上去。这样，既可以给在岗的学生干部一份压力，又可以给其他学生一份希望，还可以在保证干部队伍质量的前提下建设一支优秀的、有活力的学生干部队伍。另一方面，适当引入处罚机制。对工作出色的学生应该嘉奖，对工作消极、没有责任心的学生干部则应该进行处罚。适当的处罚方式，如批评、通报、取消评奖评优资格等可以激发学生干部的工作积极性，也可以对不合要求的学生干部起到警示作用。

第七章 技工院校顶岗实习学生管理机制创新

第一节 相关概念界定与理论基础

一、顶岗实习

顶岗实习（working practice as substitute worker）是学校安排在校学生实习的一种方式。顶岗实习要求学生完全按照其实习工作岗位履行一切职责，独立承担工作任务，具有很大的挑战性，是对学生职业技能、适应社会、沟通交流、自我约束等全方位的锻炼，意义十分重大。顶岗实习是《国务院关于大力发展职业教育的决定》中提出的"2+1"教育模式，即在学校进行理论学习及专业实训2年，第3年进入与学生所学专业对口的企业用人单位，进行为期12个月的带薪实习。顶岗实习过程中，学生将以企业员工的身份参与到企业的经营之中，将完全按照社会人的身份进行学习、工作和生活。实习学生将在其中学到的实践技能与学校所学的理论知识进行对比融合，实现自身对知识的再吸收，其根本仍然是实践性的教学环节。

二、技工院校顶岗实习的特殊性

技工院校顶岗实习作为职业教育中不可或缺的一环，其特殊性在于它直接关联学生未来职业发展的实际能力与实践经验的积累。这种实习方式既是对学生专业知识的检验，也是对学生职业技能的锻炼与提升。

首先，技工院校顶岗实习的特殊性体现在其实践性上。与一般的理论学习不同，顶岗实习要求学生走出课堂，深入生产一线，亲身参与实际工作流程。在实习过程中，学生需要将所学的理论知识与实际操作相结合，通过实际操作来检验和巩固所学知识，提升自己的专业技能。这种实践性的学习方式，使学生能够更好地理解和掌握专业技能，为未来的职业发展打下坚实的基础。

其次，技工院校顶岗实习的特殊性还体现在其综合性上。顶岗实习不仅仅是对学生专业技能的锻炼，更是对学生综合素质的提升。在实习过程中，学生需要面对各种复杂的工作环境和问题，需要学会与同事沟通协作，解决实际问题。这种综合性的学习方式能够帮助学生全面提升自己的综合素质，包括沟通能力、团队协作能力、解决问题的能力等，为未来的职业发展提供全面的支持。

最后，技工院校顶岗实习还具有高度的针对性。由于技工院校的专业设置与行业需求紧密相关，因此顶岗实习往往能够针对具体行业的特点和需求进行。学生在实习过程中能够深入了解行业的现状和发展趋势，了解企业的运营模式和管理模式，从而更好地适应行业的需求和发展。这种有针对性的学习方式能够使学生更加明确自己的职业定位和发展方向，为未来的职业发展提供更加明确的指导。

综上所述，技工院校顶岗实习的特殊性主要体现在其实践性、综合性和针对性上。这种实习方式能够帮助学生更好地理解和掌握专业技能，提升综合素质，适应行业的需求和发展。因此，技工院校应该重视顶岗实习这一环节，为学生提供更多的实践机会和实习资源，为学生的职业发展创造更加有利的条件。同时，学生也应该珍惜顶岗实习的机会，积极参与实习过程，努力提升自己的专业技能和综合素质，为未来的职业发展打下坚实的基础。

三、技工院校顶岗实习学生管理的需求

技工院校作为我国职业教育体系的重要组成部分，以培养技术技能人

才为主要目标，其实践性教学环节尤为重要。顶岗实习作为技工院校实践教学的重要环节，对于提升学生的职业素养和综合能力具有关键作用。然而，顶岗实习过程中的学生管理问题日益凸显，以下旨在对技工院校顶岗实习学生管理需求进行深入分析，以期提出有效的管理策略。

（一）技工院校顶岗实习学生管理现状分析

1. 学生自我管理意识不足

顶岗实习期间，学生往往处于从学校到企业的过渡阶段，对于企业的规章制度、工作流程等缺乏深入了解，同时自我管理能力不足，容易出现迟到、早退、工作态度不端正等问题。

2. 校企沟通不畅

技工院校与企业之间的合作机制尚不完善，导致顶岗实习期间校企双方沟通不畅。企业对学生实习期间的表现、问题反馈等难以及时传达给学校，学校也无法及时了解学生的实习动态和需求。

3. 实习指导与监管不到位

部分技工院校在学生顶岗实习期间缺乏专业的实习指导教师和有效的监管机制，导致学生实习过程中遇到的问题无法得到及时解决，实习效果难以保证。

（二）技工院校顶岗实习学生管理需求分析

1. 提高学生自我管理能力的需求

技工院校应加强对学生的职业素养教育，培养学生的自我管理能力。通过开设相关课程、举办讲座等方式，引导学生树立正确的职业观念，提高职业素养和综合能力。

2. 加强校企沟通与合作的需求

技工院校应与企业建立紧密的合作关系，共同制订顶岗实习计划和管理规定。加强校企双方的沟通与交流，确保学生在实习期间得到充分的指导和支持。

3. 完善实习指导与监管机制的需求

技工院校应建立专业的实习指导教师队伍，负责学生在实习期间的指导与监管工作。同时，建立有效的实习考核机制，对实习过程进行全面评估，确保实习效果。

技工院校顶岗实习学生管理是一项复杂而重要的工作，需要学校、企业和学生共同努力。通过提高学生自我管理能力、加强校企沟通与合作、完善实习指导与监管机制等措施，可以有效解决顶岗实习过程中的管理问题，提高实习效果，为学生的职业发展奠定坚实基础。

四、理论基础

（一）情绪管理理论及其对技工院校顶岗实习学生管理的启示

1. 情绪管理理论概述

情绪是对一系列主观认知经验的统称，是多种感觉、思想和行为综合产生的心理和生理状态。个体心理及生理的内部变化无法观察，但可以通过外部行为表现及生理上的变化进行判断。

情绪管理，是指通过研究个体和群体对自身情绪和他人情绪的认识、协调、引导、互动和控制，充分挖掘和培植个体和群体的情绪智商，培养驾驭情绪的能力，从而确保个体和群体保持良好的情绪状态，并由此产生良好的管理效果。情绪管理的核心应是人本原则，管理要站在人自身发展角度，充分体现人的价值。人应当从完善自我开始，调节自身消极情绪，保持积极向上的态度，树立顽强拼搏、自我激励的精神思想。在面对负面情绪时，应当做好自我控制，以正确的表达方式来释放情绪。

2. 情绪管理理论对技工院校顶岗实习学生管理的启示

在技工院校的教育体系中，顶岗实习是提升学生职业技能，实现理论与实践相结合的重要环节。然而，对于许多初次步入职场的学生而言，面对工作中的压力和挑战，如何有效地管理情绪，保持积极的心态，成为他们必须面对的重要课题。情绪管理理论为技工院校在顶岗实习学生管理方面提供了宝贵的启示。

①情绪管理理论强调个体对自身情绪的认知、调控和表达能力的提升。对于技工院校顶岗实习的学生而言，首先要认识到情绪对工作和学习的影响。在工作中，情绪的稳定与否直接关系到工作效率和质量。因此，学生需要学会识别和接受自己的情绪，理解不同情绪背后的产生原因，从而有针对性地进行调整。

②技工院校在学生顶岗实习期间，应当加强情绪管理方面的教育和指导。通过开设相关课程或工作坊，帮助学生掌握情绪管理的基本技巧和方法，如深呼吸、冥想、积极心理暗示等。同时，学校还可以邀请经验丰富的职场人士或心理咨询师，为学生分享情绪管理的实际经验和案例，让学生在实践中学习和成长。

③技工院校还应建立有效的情绪支持机制。顶岗实习期间，学生可能会遇到各种挫折和困难，导致情绪波动。学校可以设立专门的情绪支持热线或咨询室，为学生提供及时的情绪疏导和帮助。同时，学校还可以鼓励学生之间建立互助小组，通过分享经验和互相支持，共同应对工作中的挑战。

④情绪管理理论还强调积极情绪的培养和激发。技工院校在顶岗实习学生管理中，应注重培养学生的积极心态和乐观精神。通过鼓励学生参与团队活动、分享成功经验、设立奖励机制等方式，激发学生的积极情绪，增强他们的自信心和动力。

综上所述，情绪管理理论对技工院校顶岗实习学生管理具有重要的启示作用。通过加强情绪管理教育、建立情绪支持机制及培养积极情绪，技工院校可以更好地帮助学生应对职场挑战，提升他们的职业素养和综合能力。同时，这也有助于提高技工院校的教育质量和社会声誉，为培养更多优秀的技术人才贡献力量。

（二）需求层次理论及其对技工院校顶岗实习学生管理的启示

1. 需求层次理论概述

需求层次理论由美国心理学家亚伯拉罕·马斯洛于 1943 年在《人类激励理论》论文中所提出，他把需求分成生理需求、安全需求、爱和归属感需求（亦称为社交需求）、尊重需求、自我实现需求五类，依次由较低层次到较高层次排列。

生理需求主要是人们对呼吸、水、食物等的基本需要，这是维持生理机能正常运转的基础；安全需求是对人身安全、健康无疾病、资源财产保障等方面的需要，主要是人们对安全工具的寻求；爱和归属感需求是人们对友情、亲情等情感的诉求，它要比生理上的需求更加细致；尊重需求是人们对自我尊重、信心、成就等方面的需要，希望得到他人及社会的认可；自我实现需求是需求层次的最高阶段，具体包括针对真善美至高人生境界获得的需求，它是在前四层需求全部实现的情况下衍生的。这五种需求可以分为低级和高级两个等级。生理需求和安全需求可以从外部直接使人得到满足，是人的基本需求，属于低级需求。爱和归属感、尊重需求及自我实现需求则要从内部心理得到满足，属于高级需求。五种需求之间相互联系、层层递进，按照不同级别需求得到满足的过程，不断促使其向更高层次需求迈进。

2. 需求层次理论对技工院校顶岗实习学生管理的启示

在技工院校的教育体系中，顶岗实习是提升学生实践技能、实现学校教育与企业需求对接的重要环节。如何有效管理顶岗实习学生，既关系到学生的个人成长与职业发展，也影响到学校的教学质量和企业的用人满意度。在此背景下，引入需求层次理论，为技工院校顶岗实习学生管理提供了新的视角和启示。

首先，关注顶岗实习学生的基本需求。技工院校在安排顶岗实习时，应充分考虑学生的生理和安全需求，确保实习环境的安全舒适，为学生提供必要的生活保障。同时，学校还应建立健全的实习管理机制，保障学生的合法权益，消除其后顾之忧。

其次，重视顶岗实习学生的社交需求。在实习过程中，学生需要与同事、上级建立良好的人际关系，这不仅是工作顺利开展的基础，也是学生个人成长的重要方面。因此，学校应引导学生积极参与团队活动，加强沟通交流，培养团队协作精神和人际交往能力。

再次，满足顶岗实习学生的尊重需求。在实习过程中，学生渴望得到他人的认可和尊重。学校和企业应建立公正的评价体系，对学生的实习表现给予客观、全面的评价，对于表现良好的学生及时给予表扬和鼓励，激发学生的自信心和积极性。

最后，引导顶岗实习学生追求自我实现。顶岗实习不仅是学生提升技能的过程，更是他们实现自我价值、追求职业梦想的重要阶段。学校应帮助学生明确职业目标，制订职业规划，提供必要的职业指导和支持，鼓励学生不断挑战自我，实现职业发展和个人成长。

综上所述，需求层次理论为技工院校顶岗实习学生管理提供了宝贵的启示。通过关注学生的基本需求、社交需求、尊重需求和自我实现需求，学校可以更有效地管理顶岗实习学生，促进他们的全面发展，为社会培养更多高素质的技术技能人才。同时，这也将进一步提升技工院校的教育质量和社会声誉，推动职业教育事业的健康发展。

第二节　技工院校顶岗实习学生管理原则与要素

一、技工院校顶岗实习学生管理原则

技工院校作为培养高素质技术技能人才的重要基地，其顶岗实习环节在提升学生实践能力和职业素养方面发挥着举足轻重的作用。为确保顶岗实习的顺利进行，技工院校需要遵循一系列有效的管理原则，以确保学生能够在安全、有序的环境中完成实习任务，实现技能提升和职业发展。

（一）安全第一原则

安全是顶岗实习的首要任务。技工院校应确保学生在实习期间的人身安全和职业健康。具体而言，院校应建立完善的安全管理制度，明确实习期间的安全责任和安全要求；加强安全教育，增强学生的安全意识和自我保护能力；与实习单位密切合作，共同制定安全措施，确保实习环境的安全稳定。

（二）实践教学与理论学习相结合原则

顶岗实习是技工院校实践教学的重要组成部分，应与理论教学紧密结合。院校应合理安排实习与理论教学的时间比例，确保学生在掌握理论知识的基础上，通过实习加深对专业知识的理解与运用。同时，院校还应关注实习过程中的教学反思，及时调整教学计划和教学方法，以适应行业发展和技术变革的需求。

（三）导师制原则

技工院校应为顶岗实习学生配备专业导师，负责实习期间的指导和管理。导师应具备丰富的实践经验和良好的职业素养，能够为学生提供有效的技能指导和职业规划建议。院校应建立导师制度，明确导师的职责和权利，加强导师队伍的建设和培训，提高导师的指导能力和管理水平。

（四）过程管理与结果评价相结合原则

顶岗实习管理应注重过程管理与结果评价的有机结合。院校应建立科学的实习管理体系，对实习过程进行全程跟踪和监控，确保实习任务的顺利完成。同时，院校还应建立科学的评价体系，对实习结果进行客观、公正的评价，以反映学生的实习成效和技能水平。评价结果应作为学生学业成绩和毕业资格的重要依据。

（五）校企合作原则

技工院校顶岗实习的有效实施离不开与企业的紧密合作。院校应积极与企业建立长期稳定的合作关系，共同制订实习计划、安排实习岗位、提供实习资源。通过校企合作，学生可以接触到真实的工作环境和先进的生产设备，提高实践能力和职业素养。同时，院校还可以了解企业的用人需求和行业发展趋势，为人才培养提供有力支撑。

（六）以学生为中心原则

在顶岗实习管理中，技工院校应始终以学生为中心，关注学生的成长和发展。院校应充分了解学生的需求和期望，为他们提供个性化的实习指导和支持。同时，院校还应关注学生的心理健康和职业发展，帮助他们解决实习过程中遇到的困难和问题，为他们未来的职业发展奠定坚实基础。

综上所述，技工院校顶岗实习学生管理原则涵盖了安全、教学、导师制、过程管理、校企合作和以学生为中心等多个方面。这些原则共同构成了顶岗实习管理的完整框架，为技工院校有效实施顶岗实习提供了有力保障。

二、技工院校顶岗实习学生管理要素分析

顶岗实习与普通教学相比，其管理主体不仅是学校自身，企业、学生、家长等都可能对实习管理以及实习效果产生至关重要的作用。

（一）学生

技工院校作为培养技能型人才的摇篮，顶岗实习是其重要的教学环节之一。在这一环节中，学生作为主体，其管理要素至关重要。学生是顶岗实习的核心，学生自身实习态度对最终实习的结果具有决定性作用，只有学生认识到实习的重要性，积极投入实习当中，才能保证实习效果。

首先，学生的自我管理能力是顶岗实习成功的基石。在实习期间，学生需要独立面对工作中的各种挑战，因此具备良好的时间管理、情绪管理和任务管理能力显得尤为重要。学生应合理安排自己的学习和工作时间，保持积极的心态，有效应对工作中的压力和挑战。同时，学生还应主动与导师和同事沟通交流，及时反馈实习中的问题和困难，寻求帮助和支持。

其次，学生的职业素养和专业技能也是顶岗实习管理的重要方面。作为未来的技能人才，学生应具备扎实的专业基础知识和实践技能。在实习过程中，学生应严格遵守企业的规章制度和操作规程，认真履行岗位职责，不断提高自己的职业素养和专业技能水平。同时，学生还应积极学习新的知识和技能，适应企业的发展需求，提升自己的职业竞争力。

再次，学生的团队协作能力和沟通能力也是顶岗实习管理中不可忽视的要素。在实习过程中，学生需要与团队成员密切合作，共同完成工作任务。因此，学生应具备良好的团队意识和协作精神，能够积极参与团队讨论和决策，为团队的发展贡献自己的力量。同时，学生还应注重与同事和

客户的沟通交流，建立良好的人际关系，为企业的发展提供有力的支持。

最后，学生的安全意识培养也是顶岗实习管理中不可忽视的一环。在实习过程中，学生需要接触各种设备和工具，因此具备强烈的安全意识和防范能力至关重要。学生应严格遵守安全操作规程，正确使用设备和工具，避免发生安全事故。同时，学生还应关注企业的安全管理制度和应急预案，提高自己的安全防范能力。

综上所述，技工院校顶岗实习学生管理要素涉及学生的自我管理能力、职业素养和专业技能、团队协作能力和沟通能力以及安全意识等多个方面。对这些要素的管理对于保障实习的顺利进行和提升学生的综合素质具有重要意义。因此，技工院校应加强对顶岗实习学生的管理和指导，帮助学生充分认识和把握这些管理要素，为他们的成长和发展奠定坚实的基础。

（二）学校

在技工院校学生顶岗实习这一环节中，学校不仅扮演着教育者的角色，更是学生实践、成长的引导者和管理者。学校是顶岗实习的管理核心，为实习提供保障，其承担着实习计划组织实施、全程监管的重要任务。因此，学校需要精心策划并严格执行顶岗实习学生管理要素，确保学生能够在实践中提升技能，同时也保障学生的权益和安全。

首先，学校应建立完善的顶岗实习管理制度。这包括制订明确的实习目标、要求和流程，确保学生在实习过程中有明确的学习方向和任务。同时，学校还应与实习单位建立紧密的合作关系，共同制订实习计划，明确双方的职责和权益，确保实习活动的顺利进行。

其次，学校应加强对顶岗实习学生的监督与指导。在实习期间，学校应安排专门的实习指导教师，负责对学生的实习过程进行监督和指导。实习指导教师不仅要关注学生的技能提升情况，还要关注学生的心理变化和实习体验，及时发现问题并给予解决。同时，学校还应建立定期汇报和反馈机制，及时掌握学生的实习进展和存在的问题，以便进行针对性的指导和管理。

再次，学校还应注重顶岗实习学生的安全教育和权益保障。在实习前，学校应对学生进行安全教育，让学生了解实习单位的安全规定和操作规程，增强安全意识。在实习过程中，学校应密切关注学生的安全和健康状况，确保学生的人身安全。同时，学校还应积极维护学生的合法权益，对于实习单位的不当行为或侵权行为，学校应及时介入并协调解决。

最后，学校还应加强顶岗实习学生的评估和反馈。实习结束后，学校应组织专门的评估团队对学生的实习成果进行评估和总结，以便了解学生在实习中的表现和不足，为今后的教学和管理提供改进方向。同时，学校还应积极收集学生和实习单位的反馈意见，以便不断完善顶岗实习管理制度和提高实习质量。

综上所述，技工院校在顶岗实习学生管理中扮演着举足轻重的角色。学校需要建立完善的管理制度、加强监督与指导、注重安全教育和权益保障、加强评估和反馈等方面的工作，以确保顶岗实习环节的有效性和学生的全面发展。通过这些措施的实施，技工院校可以培养出更多具备实践能力和职业素养的高素质技能人才，为社会的发展和进步作出积极贡献。

（三）企业

技工院校顶岗实习作为培养学生实践能力和职业素养的重要环节，对于提高学生的综合素质和就业竞争力具有重要意义。在这一过程中，企业作为实习的重要参与者和指导者，其管理要素对实习效果和学生成长具有决定性的影响。企业是顶岗实习的实践环境保障，它为顶岗实习学生提供岗位和场所，搭建学生历练的社会平台。同时企业也是顶岗实习的另一管理要素，负责实习生校外的全面引导和管理，是学生的社会导师。下面将从企业视角出发，探讨技工院校顶岗实习学生管理的关键要素。

1. 建立完善的实习管理制度

企业应建立健全的实习管理制度，明确实习目标、实习内容、实习时间、实习评价等方面的具体要求。这有助于确保实习过程的有序进行，同时能够为学生提供明确的学习方向和评价标准。此外，企业还应制定实习生的日常管理规定，包括考勤、纪律、安全等方面的要求，以确保实习生的行为符合企业规章制度。

2. 提供专业的实习指导

企业应选派具有丰富经验和专业技能的员工作为实习指导教师，对实习生进行专业指导和帮助。指导教师应根据实习生的实际情况和岗位需求，制订个性化的实习计划，并定期进行实习成果的检查和评估。此外，指导教师还应关注实习生的心理变化，及时给予鼓励和支持，帮助他们解决实习过程中遇到的问题和困难。

3. 加强实习生的安全教育

企业应高度重视实习生的安全教育工作，确保实习生在实习过程中的人身安全和财产安全。企业可以通过开展安全培训、制定安全操作规程、设置安全警示标识等方式，增强实习生的安全意识和防范能力。同时，企业还应为实习生提供必要的劳动保护用品，确保他们在实习过程中得到充分的保护。

4. 建立有效的沟通机制

企业应建立与技工院校、实习生及其实习指导教师的有效沟通机制。通过与技工院校的合作，企业可以了解学校的教育理念和实习要求，为实习生提供更好的实习环境和条件。同时，企业应定期与实习生进行沟通交流，了解他们的实习体验和需求，以便及时调整实习计划和安排。此外，企业还应与实习指导教师保持密切联系，共同关注实习生的成长和发展，提供必要的支持和帮助。

5. 重视实习生的职业发展

企业应关注实习生的职业发展，为他们提供广阔的发展空间和机会。在实习过程中，企业可以根据实习生的表现和能力，为他们提供合适的岗位，让他们在实践中不断成长和进步。同时，企业还应关注实习生的职业规划和发展方向，为他们提供职业指导和建议，帮助他们更好地规划自己的职业生涯。

总之，企业作为技工院校顶岗实习的重要参与者和指导者，其管理要素对实习效果和学生成长具有重要影响。通过建立完善的实习管理制度、提供专业的实习指导、加强实习生的安全教育、建立有效的沟通机制和重视实习生的职业发展等方面的努力，企业可以为实习生提供更好的实习体验和成长环境，为他们的未来职业发展奠定坚实的基础。

（四）家长

技工院校顶岗实习是学生从学校走向职场的重要过渡阶段，是学生将理论知识转化为实际操作技能、提升综合素质的关键时期。在这个过程中，学生不仅需要学校的专业指导和企业的实践锻炼，更需要家长的关心与支持。家长是学生顶岗实习的精神保障，学生在实习当中的成长与家长的支持鼓励密不可分，家长的建议会对学生的决定产生重要影响，有时甚至起到决定性的作用。家长作为学生成长道路上的重要陪伴者和支持者，在顶岗实习中扮演着不可或缺的角色。

首先，家长需要了解顶岗实习的重要性和意义。顶岗实习是学生将所学知识与实际工作相结合的重要途径，有助于提升学生的职业素养和实践能力。家长应该积极与学校和企业沟通，了解顶岗实习的具体安排和要求，鼓励学生积极参与，并提供必要的支持和帮助。

其次，家长要关注学生在顶岗实习中的表现和成长。顶岗实习不仅是学生提升技能的过程，更是对学生性格、品质、态度等综合素质的锻炼和提升。家长要定期与学生保持沟通，了解学生在工作中的困惑和问题，鼓励他们勇敢面对挑战，积极寻求解决方案。同时，家长也要关注学生的心理变化，及时给予关爱和支持，帮助学生度过心理适应期。

再次，家长还需要与学校和企业建立良好的合作关系。家长可以通过参加学校组织的家长会、座谈会等活动，了解学校对顶岗实习的管理要求，提出自己的意见和建议。同时，家长也可以与企业负责人或导师建立联系，了解学生的实习情况和工作表现，为企业提供必要的支持和帮助。这种三方合作的模式有助于形成教育合力，共同推动学生的成长和发展。

最后，家长要引导学生树立正确的职业观和就业观。顶岗实习是学生接触社会、了解职业的重要机会。家长要引导学生正确看待职业选择和就业竞争，鼓励他们根据自己的兴趣和能力选择合适的职业方向。同时，家长也要帮助学生树立正确的就业观念，认识到就业是一个双向选择的过程，需要不断提升自己的综合素质和竞争力。

总之，在技工院校顶岗实习学生管理中，家长的角色与责任不可忽视。家长需要了解顶岗实习的重要性和意义，关注学生在实习中的表现和成长，与学校和企业建立良好的合作关系，并引导学生树立正确的职业观和就业观。只有这样，才能更好地促进学生的全面发展，为他们未来的职业生涯奠定坚实的基础。

第三节　技工院校顶岗实习学生管理机制创新策略

一、技工院校顶岗实习学生管理机制创新的必要性

随着社会的快速发展和产业结构的不断升级，技工院校作为培养高素质技能型人才的重要基地，其教育管理模式也面临着新的挑战和机遇。顶岗实习作为技工院校实践教学的重要环节，对于提高学生的职业素养和实际操作能力具有不可替代的作用。然而，传统的顶岗实习学生管理机制已经不能完全适应现代职业教育的需求，因此进行顶岗实习学生管理机制的创新显得尤为必要。

技工院校顶岗实习学生管理机制的创新是适应职业教育发展趋势的必然要求。当前，职业教育正朝着更加注重实践能力、职业素养和创新精神的方向发展。顶岗实习作为实践教学的重要形式，其管理机制的创新能够更好地满足职业教育的发展需求，推动技工院校教育教学改革，提高学生的综合素质和就业竞争力。

顶岗实习学生管理机制的创新有助于提升实习质量。传统的实习管理机制往往注重形式而忽视实效，导致学生实习过程中缺乏有效的监督和指导，实习效果不尽如人意。通过创新管理机制，可以建立更加完善的实习评价体系，加强对实习过程的监督和指导，确保学生在实习中能够真正学到知识、提升技能，从而提高实习质量。

顶岗实习学生管理机制的创新也是保障学生权益的重要举措。在顶岗实习过程中，学生可能会面临各种问题和挑战，如实习单位管理不规范、实习环境恶劣等。创新管理机制可以建立更加完善的学生权益保障机制，为学生提供必要的支持和帮助，确保学生的合法权益得到维护。

同时，技工院校顶岗实习学生管理机制的创新还能够促进校企合作的深化发展。通过创新管理机制，可以加强学校与实习单位之间的沟通和合作，共同制订实习计划和培养方案，实现资源共享和优势互补，推动校企合作的深入发展。

综上所述，技工院校顶岗实习学生管理机制的创新具有多方面的必要性。它不仅有助于提升实习质量、保障学生权益，还能够推动职业教育的改革发展，促进校企合作的深化发展。因此，技工院校应该积极探索和实践顶岗实习学生管理机制的创新路径，为培养更多高素质技能型人才作出积极贡献。

二、技工院校顶岗实习学生管理机制创新的原则

(一) 以学生为本原则

学生是顶岗实习的主体，他们的需求和发展应始终是管理机制创新的核心。技工院校应充分了解学生的职业规划、兴趣爱好以及个性特点，制订符合学生发展需求的顶岗实习方案。同时，要关注学生的实习体验，及时解决学生在实习过程中遇到的问题，确保学生的权益得到保障。

(二) 校企合作原则

顶岗实习涉及学校和企业两个主体，双方应建立紧密的合作关系，共同推动实习管理的创新。学校应积极与企业沟通，了解企业的用人需求和岗位特点，以便为学生安排合适的实习岗位。企业则应提供充足的实践机会和专业的指导，帮助学生更好地融入职场。通过校企合作，可以实现资源共享和优势互补，共同提升顶岗实习的质量。

(三) 实践导向原则

顶岗实习的本质是实践教学，因此管理机制创新应以实践为导向。学

校应根据行业发展趋势和市场需求，不断调整和优化实习内容，确保学生能够在实习中掌握实用的技能和知识。同时，要注重培养学生的创新意识和实践能力，鼓励他们在实际工作中发现问题、解决问题，提高综合素质。

（四）评价与反馈原则

有效的评价和反馈机制是顶岗实习学生管理创新的重要保障。学校应建立科学的评价体系，对学生在实习过程中的表现进行客观、全面的评价。同时，要建立畅通的反馈渠道，及时了解学生对实习的满意度和意见建议，以便对管理机制进行持续改进。此外，企业也应参与评价过程，提供对实习生的专业评价和建议，为学校的实习管理提供有力支持。

（五）动态调整原则

技工院校顶岗实习学生管理机制的创新不是一蹴而就的，而是一个持续动态调整的过程。随着行业技术的不断发展和教育理念的更新，管理机制需要不断地进行修订和完善。学校应密切关注行业动态和技术发展趋势，及时将新理念、新方法引入实习管理中，保持管理机制的活力和前瞻性。

综上所述，技工院校顶岗实习学生管理机制创新应遵循以学生为本、校企合作、实践导向、评价与反馈及动态调整等原则。这些原则共同构成了顶岗实习学生管理机制创新的基石，有助于提升实习质量，培养更多高素质的技能人才，为社会经济的发展提供有力支撑。

三、技工院校顶岗实习学生管理机制创新的路径

（一）强化院校实习管理体系建设，完善顶岗实习学生管理制度

1. 组织建设

组织保障是技工院校顶岗实习顺利进行的前提，更是学生管理高效实施的关键。在技工院校内应建立专门的实习学生管理组织，负责实习过程中学生管理方面相关事宜的统筹、决定和处置。该组织的构成应当具有规

范性、全面性和汇报制度。

第一，组织工作要符合职业要求，按照规范进行操作实施。在组织内部的工作安排上，要明确成员责任分工，确定职权范围，保证各项工作能够在有序的环境里高效开展。顶岗实习当中的学生管理问题往往需要快速应对、立即决策、妥善处理，这都要求组织内部的工作要保证时刻正常运行，防止出现责权不明、互相推诿的情况。

第二，组织构成要全面，创新纳入企业参与。从以往顶岗实习学生管理经验来看，大多数时间内是学校一方在实施具体的学生管理措施，企业则主要按照自身规章进行员工标准化管理，无法给学生管理工作提供支持和帮助。要彻底改变此现象，应约定学校和企业双方共同选派人员参与到实习学生管理组织当中，在整个组织内部实施对实习生的统一管理，缩小学校与企业之间的管理鸿沟。

第三，组织工作要定期汇报，认真总结。学生管理本身就是一个常态化工作，所遇到和面临的问题复杂多变，要形成良性的汇报制度，组织一线管理实施者要定期向组织领导层进行工作汇报，并仔细总结阶段性工作得失，为后续工作开展不断积累经验，并防止重复发生工作失误等情况。

根据以上原则，对组织人员构成的思路是顶岗实习学生管理小组组长由技工院校负责学生管理或者主管行政的院级领导担任，主要负责实习常规事务管理和学生思想教育工作管理；副组长由实习单位人力资源主管级人员担任，主要负责学生实习期间食宿及日常生活安排与管理；组员由实习指导教师和实习单位实习生事务员工担任，实习指导教师主要负责学生日常生活和思想管理并向组长汇报工作，实习生事务员工主要负责学生在实习企业的食宿及业余生活管理并向副组长汇报工作。

2. 制度保障

制度保障是指学校要大力加强顶岗实习学生规范管理，利用制度对工作进行指导，保障学生管理工作有序进行。同时，要重视工作流程的开发和利用，通过工作流程既可以明确管理者的行为实施，又能够对其进行相应的管理约束，防止管理失位、消极怠工等情况。

第一，制定《顶岗实习学生管理手册》。根据以往实习学生管理经验，从行为规范、实习要求、人身财产安全、宿舍管理等多方面全方位进行总结，并制定成规章手册，作为顶岗实习学生管理的制度依据。该手册的制定要保证公平公正，符合管理的实际，便于操作执行，并要认真考虑当代技工院校学生的行为特点。通过手册的制定，一是让管理者依规治理，有规可循；二是让学生明晰实习工作行为准则，保持良好的实习纪律，做好本职工作。

第二，制定《实习指导教师工作手册》。原本的制度建设，多是关注约束条例本身，缺乏对管理者工作的指导。《实习指导教师工作手册》就是专门为负责管理实习学生的教师量身定制的，手册将以往的工作进行流程梳理、业务整合、规范要求、案例编辑等。通过手册，实习指导教师将按照流程进行学生管理工作，工作范围更加明确，业务划分更加合理，案例集合指导更加丰富直观。同时，手册也对实习指导教师进行职业约束，明确工作时间节点，使其按时按期、保质保量完成各项管理任务。

3. 监管保障

对实习学生的监督和管理是顶岗实习顺利进行的基础。学校和企业双方应当共同制定监管制度，明确各自在其中所承担的责任，互相配合做好学生管理各项工作，争取实习取得圆满结果。监管制度的制定要全面，尽量不留死角和分歧；参与要动员全体，调动一切力量共同参与其中；要全过程监管，不能出现环节监督的漏洞，造成管理隐患。具体内容如下。

第一，校方监管。首先，实习指导教师执行具体管理措施，组织机构负责定期抽查，实习指导教师对实习生负有直接的监管责任。具体形式为"实习指导教师+辅导员+企业专人"三方配合管理机制。各方要明确自身所承担的责任义务，并认真执行。实习指导教师在一线实时关注学生实习动态，快速处理各种实习事务；辅导员根据实习指导教师所传达的学生动态，密切关注学生情况，协助解决学生的思想及心理问题；学校领导要定期看望实习生，给予人文关怀；企业人员建立内部监督网络，实时掌握实习生在岗工作情况，并及时向学校和企业两方汇报，积极协调各方意见，快速解决处理实习问题。最终，将此种管理模式常态化，并进行不断的完善和创新，逐步形成实效监管的新机制。

学校应当加强学生管理当中的亲情关怀，遇到学生生日等，要给予问候关心；学生生病，要多看望关爱；春节假期，要到实习企业进行慰问；学生遇到工作中的困难，要第一时间进行处理，照顾好实习生。管理组织只有在这些节日和关键时期深入学生实习岗位一线，认真了解听取实习生的心声和意见，才能真正发现管理上的问题所在，并且通过实习生寻找解决的方案，如此学校监管精密周到，才能保证顶岗实习学生的在岗稳定，使实习工作顺利平稳进行。

第二，实习单位方监管。在实习单位中，应保证双向监管体系并行。一是人力资源部门，二是直接用人部门。人力资源部门在实际的学生管理过程中与校方联系最多，它是实习单位与学校之间的沟通纽带，几乎所有问题都要在此进行沟通解决。人力资源部门是整个实习单位的人事管理部门，其本职工作就是对员工进行基础工作的管理，如思想状态、宿舍安全、业务培训等方面。人力资源部门要在员工管理基础之上，指派负责实习生管理专员，制定适合实习生特点的管理措施，对实习生在岗的考勤、工作态度进行监督，对其学习和生活进行管理，发现问题及时与实习指导教师沟通。用人部门与实习生日常接触最多，能够第一时间洞察实习生表现、状态。在工作中，用人部门领导应当多关注实习生心理动态，及时与人力资源部门沟通反馈，让实习单位尽快将情况告知实习指导教师，最终做好学生思想教育工作，舒缓学生紧张压力情绪，消除学生实习的顾虑忧愁。

4. 师资保障

好的管理需要好的人员去实施才行，顶岗实习学生管理是否到位对师资的要求不言而喻。以往实习指导教师多是辅导员或者兼职任课教师，都无法专门针对实习工作，所以精力的投入大打折扣。学校应当加强顶岗实习管理师资队伍建设，调整优化教学结构，选拔优秀教师作为专职实习指导教师，全身心投入实习管理工作中去，改变以往"有老师，无人管"的乱状。同时，实习指导教师应当更加趋向职业化和专业化。职业化意味着实习指导教师身份虽是教师，但行为应当更加趋于职业，因为实习学生管理工作中与企业沟通将成为重要方面，企业的管理本身就是职业要求的体现，教师更要加强自身职业素养，才能更有效做好各项工作；专业化是指实习指导教师应当提高实习管理专业能力，在管理当中更加符合顶岗实习的特性，这样工作将会更具有针对性，实习学生也更能接受。

做好对实习指导教师的绩效考核，把学生对实习指导教师的工作满意度、实习合作单位对实习指导教师的工作满意度、学校实习管理工作小组的考核及学生离职率控制及突发事件处理等作为对其考核的主要指标内容，并根据管理效果的好坏给予一定的奖励。

5. 资金保障

顶岗实习作为校外教学的实践环节，本身管理难度大，覆盖范围广，这都需要学校资金的投入保证各项工作顺利进行。一方面，实习指导教师身兼多职，既有校内工作，又要完成好校外实习管理，甚至有超负荷的工作量，学校应当给予适当补贴，保证教师工作热情。通过评优等政策奖励实习指导教师爱岗敬业、勤奋工作，也能鼓励学校其他优秀老师积极参与实习管理工作。另一方面，学校管理团队定期深入实习单位，做好顶岗实习问题调研、意见收集等工作，其间都需要资金做好差旅保障，这必然会加大管理成本。资金投入虽然提高，但带来实习管理效率提升，学生实习真正受益，校企合作成果显著，资金投入就是值得的。

（二）坚持以学生为核心，打造顶岗实习学生管理新模式

1. 顶岗实习学生心理阶段

学生在一年的实习工作中，会出现很多问题，但是经过多年的经验积累发现，学生在每个时期问题发生的类型十分相似，学生的心理会随着实习工作的开展与其适应环境的程度不断地发生变化。根据马斯洛需求层次理论，结合学生实习期间的行为表现，按照心理成长和规律两个维度，将实习期分为 4 个阶段，即职业认知适应期，技能熟练波动期、心理稳定成熟期和情绪倦怠浮躁期。每个时期约为 3 个月时间，贯穿整个实习学年。

针对每个阶段学生的心理特性，采用"阶段针对管理"，引导学生自我心理调整。在心理调整过程中，使学生逐渐认知自身的心理成长路径，学会自我控制和调节，并对特殊心理学生进行侧重性疏导。

（1）职业认知适应期

学生实习的第一个阶段（1~3个月）被称为职业认知适应期。在此期间内，学生刚刚进入全新的工作生活环境，对周围的人和物都有着强烈的好奇感，但更多关注的应当是基础生活条件，如工作环境、食宿条件、城市面貌及个人安全等，这符合马斯洛需求层次理论的生理和安全初级需求。所以，此阶段的管理应当加强与实习企业的沟通交流，关注学生日常基本需求，在合理的范围内，满足学生的生活要求，使其安心开始实习工作。但要特别注意，学生到达实习企业后，原本对实习的幻想与所处现实会发生冲突，甚至有学生会无法接受，进而在开始之初就提出放弃。对此实习指导教师应当在到岗之前对学生进行疏通，通过实景展现等方式，让学生了解工作环境实际状态，逐渐调整好理想与现实冲突为其带来的影响，帮助学生平稳过渡。

（2）技能熟练波动期

实习的第二阶段（4~6个月）为技能熟练波动期。经过第一阶段的工作了解和岗位适应，学生会认为自身已经基本熟练掌握业务技能，开始重视自身与领导同事的交际关系，逐渐进入马斯洛需求层次理论的社交需求阶段。但是，学生会面临着重复同样的劳动工作而厌烦的心理困境，甚至认为是否要继续坚持实习。该阶段会有约10%的同学产生是否要继续坚持实习的疑问。解决该问题的有效办法一是要紧密联系学生实习部门的领导，为学生架起与领导、同事沟通的桥梁，注重学生社交心理的成长；二是需要实习指导教师更加深入了解学生所处实习行业的特性，引导学生树立长远发展的理念，从基层做起，扎实业务技能，牢固发展基础。

（3）心理稳定成熟期

实习的第三阶段（7~9个月）为心理稳定成熟期。在此阶段里，学生已经完全了解并适应工作岗位，并对所在实习企业的管理文化有了更深的认识。学生在工作中，逐渐意识到自身的重要性，非常在意他人对自身的认可和重视，这也是马斯洛需求层次理论的尊重需求。在学生中，往往也会出现两极分化现象，部分学生对行业产生浓厚兴趣，愿意今后继续努力发展；同时也有部分学生非常排斥所处实习行业，表示未来坚决不会继续在该行业工作，并在内心产生强烈的放弃实习的想法，切不易动摇。实习指导教师要提早做好应对准备，一方面实时了解学生在岗实习动态，加强与企业的沟通，通过企业向各部门传达爱护并尊重学生的精神；二是深入学生当中，积极引导学生的世界观和就业观，密切关注负面情绪学生动向，有针对性地与其沟通，寻找产生该情绪的根本原因，并及时处理解决；三是通过表扬、鼓励、嘉奖等方式，多树立实习模范代表，发挥优秀实习学生的带动作用，改变消极同学的思想。

（4）情绪倦怠浮躁期

实习的最后一个阶段（10~12 个月）是情绪倦怠浮躁期。该时期因为实习即将结束，学生希望在最后能够完全体现个人的能力或者价值，从而获得实习优秀成绩，这是马斯洛需求层次理论中最高层次的自我实现需求的表现。在该阶段学生浮躁情绪上升，工作容易出现失误。实习指导教师应当从两个方面积极做好工作：一方面通过例会、座谈等安抚学生浮躁心理，鼓励学生站好最后一班岗，善始善终，圆满结束实习；另一方面要提醒学生防止重大工作过失的出现，运用以往实际案例，警示学生不要因为急躁而放松对工作的要求，做好自我情绪调节，将实习最后阶段作为自己实习生涯的总结升华，用享受和留恋的感情认真对待剩余的实习时光。

2. 建立以学生为核心的全方位顶岗实习学生管理模式

在顶岗实习整个过程当中，学校、企业多方因素都对学生产生着影响和作用，所以应当全面调动各方能动性，共同参与到学生管理当中，形成多方有机联动，建立一套以学生为核心的全方位管理新模式。

一是辅导员跟进，全程辅助学生管理。辅导员是学生在校期间的直接管理者，与学生相处时间最长，最为了解学生性格特点，能够为实习当中的学生管理提供有效帮助。辅导员的辅助工作应当在实习开始之前展开，学校应当专门设计"实习态度认知课",由辅导员作为主要授课教师。课程当中首先针对学生可能出现的人身财产安全、违法违纪等问题进行详细讲解,通过实际案例让学生直观了解可能面临的危险,在内心中提高警觉,防止类似事件发生。其次,带领学生认真学习《顶岗实习学生管理手册》条例,重点提醒学生可能出现的违纪情况,引导学生做好实习期间的行为规范,严格要求自己,遵守学校和企业的管理规定。最后,教授学生遇到危险时的应对措施,提高学生独立生存能力,加强对不良事物的抵抗力,做到遇事能够冷静对待、合理处理,为学生管理工作打下坚实基础。

二是实习指导教师努力提升实习专业指导能力,严格做好学生管理各项工作。实习指导教师在上岗之前要接受专门培训,对学生的实习心理变化、成长规律、阶段性特点、实习关键环节推动和突发事件应急处理等方面进行认真学习,并利用专业技能做好实习期间的学生管理指导工作。在学生管理当中,实习指导教师应当根据情绪管理理论,既要做好对学生情绪心理的观察,又要引导学生自我调节情绪变化,从学生能力成长的根本进行引导,最终实现每位学生的自我情绪管理。在整个监管过程中,指导教师要注重与学生的沟通交流,让学生对其产生信任,形成良好的师生管理关系。同时,要定期召开实习例会,收集学生实习当中遇到的问题,并及时与企业沟通解决,解除学生工作顾虑。实习指导教师还要做好学生关怀,如为学生送去生日祝福、到岗位给学生带去春节问候等,让学生在外消除孤立无援的感觉,感受到温暖。

三是专业教师辅助引导学生树立职业生涯规划,增强学生工作自信。学生在校期间的知识学习都来源于专业教师,学生对专业教师有着更深的尊重和敬畏感。要充分发挥专业教师的知识优势,形成实习导师制,帮助和引导学生树立自身的职业生涯规划,从专业角度为学生解决实习中遇到的疑惑和难题,增强学生实习信心和稳定性,为学生管理工作起到重要的支持和辅助作用。

四是企业实习学生管理专人认真负责,做好企业内部沟通疏导工作。学生进入实习岗位后,日常工作和生活的管理将完全遵照企业的规章,其间因为学生对环境还不适应必然会出现很多问题，所以企业应当明确实习学生管理负责人，全面负责实习生在企业内工作、学习和生活的协调沟通，保证学生能够快速适应工作环境。

五是"企业师傅"亲身传授，消除学生恐惧心理。学生进入实习工作环境后，由于陌生所带来的孤独，甚至是恐惧心理会对学生造成严重的影响。在顶岗实习中引入师徒制，在实习企业中为每个学生寻找到相应的师傅，在今后一年的实习期内，学生在工作方面将跟随师傅进行学习实践，而师傅既是学生实习的领路人，又是学生心理依靠的基石。企业的师傅同样要定期将学生实习情况向人力资源部门进行反馈，便于校方和企业共同准确掌握学生动态，及时做好相关管理措施的调整，保证实习工作有序进行。

六是家长、朋友积极鼓励，促进学生实习圆满完成。当学生萌发放弃想法，处于摇摆不定之时，往往会向家长和可信任的朋友进行求助或征询意见，此时家长和朋友的观点有可能直接影响学生的最终抉择。实习指导教师要做好家长信息统计，定期与家长进行沟通，如实反馈学生在岗实习表现，鼓励家长与教师一同激励学生，使其在困难面前更加坚强，勇于克服。

四、建立顶岗实习学生管理应急机制

顶岗实习管理的主阵地在实习企业，实习企业地域分布广，涉及数量多，如果出现学生突发性事件，处理难度将大大增加，如果不能及时控制事态，将会造成巨大的损失和影响。凡事预则立，不预则废，只有提早未雨绸缪，早做准备，防患于未然，才有可能避免事态扩大，减少不必要的损失。所以技工院校应建立顶岗实习学生管理应急机制，对在实习过程中可能出现的突发性事件尽早制订应对预案，能够在事件发生的初期快速处理、及时响应，防止事态进一步扩散，并能做好事后处理工作，争取妥善解决问题。

（一）制订技工院校顶岗实习学生管理应急处理预案

应急处理预案应立足"尽早、尽快"原则，做好全面控制、就地解决。预案要考虑周全、步骤简化、快速实施、执行高效。一是要明确责任，保证事件处理过程中各个环节的快速运转，明晰信息通报、全面协调、宣传沟通、检查监督等方面的职责详解；二是设定常见和突发两种应急处理流程，常见事件可按照一般处理程序执行，而突发恶性事件将采用特殊处理程序执行，简化汇报流程，紧急进入应急状态；三是与实习企业进行沟通协调，全面了解事件发生原因，寻找问题根源，确定合理的处理解决方案，并共同做好事件的应急处理工作；四是及时与媒体和学生家长进行沟通，全面翔实地向公众进行公开报道，防止片面或者错误信息传播，并向家长通报学生情况，营造良好的舆论氛围；五是及时向在岗实习的其他同学进行信息通告，并防止事态进一步恶化，告知学生不要轻信谣言，听从学校安排，避免类似事件重蹈覆辙；六是做好人力、物力和财力的应急保障，在事件解决过程中，给予必备的资源支持，有助于事件更加快速妥善解决。

（二）做好应急处理恢复工作

在应急事件处理完成之后，往往认为事态已经平息，应急处理工作已经完成，但是突发事件给当事人及相关人员内心带来的影响却很难立即消除，其产生的影响和作用可能是长远的。所以，在事件本身处理完成后，要做好后续恢复工作，缓解事件给相关人员带来的心理冲击和影响。学校要认真总结事件的处理经验，吸取学生管理的教训，去除管理上的漏洞，完善管理机制。

第一，事件处理完成后，学校要对危机进行全面评估，寻找管理上的问题，查找工作中的纰漏，确定造成事件的主要原因。

第二，及时做好实习工作和生活秩序的恢复，要进一步查找事件存在的隐患，制订更加详尽的措施防止事件再次发生。

第三，立即做好实习学生思想稳定工作，一方面，召开集体会议，通报事件处理过程及结果，剖析事件的本质，稳定学生心理状态，并提醒其他实习同学引以为戒，防止类似事件再次发生；另一方面，深入学生内部，与学生进行沟通交流，了解学生对事件的看法和态度，发现隐患心理问题，并采取相应措施进行疏导。

第四，对事件当事学生进行心理疏导，防止学生出现心理问题。突发事件的后果是恶劣的，给学生造成的影响巨大，甚至是永久性的，所以要不断对学生进行心理疏通，缓解学生的心理压力，通过多种手段逐渐使其走出困境，重新回到健康快乐的工作生活状态。

顶岗实习当中的学生突发事件有时无法避免，但高度警惕事件发生、做好应急处理却是技工院校必须进行的工作，只有这样才能保证顶岗实习更加让学校安心、让学生放心，并进一步提高学校的安全管理能力及处理类似事件的应对能力。

五、完善顶岗实习后总结、表彰及宣传工作

顶岗实习的完成对于学生来讲，是思想、能力和心理全方位的一次锻炼和升华。这期间学生会出现思想斗争，心理上产生矛盾冲突，同时应对不同境况的综合能力也会不断提高。实习完成优秀的同学也必然是在学生管理当中表现突出的代表，所以学校应当在实习完成之后，对实习进行全面评估和总结，评选优秀的实习学生，并进行大力表彰宣传。通过榜样示范作用，为今后的学生树立表率，使大家共同学习模范的品质和优良作风，在学生内部形成良性的竞争氛围，这将为后续的顶岗实习学生管理工作打下一代又一代的坚实基础。

第八章　技工院校学生自我管理机制创新

第一节　技工院校学生自我管理的
理论基础支撑与时代契机

一、学生自我管理概述

（一）学生自我管理的定义

学生自我管理是学生在教师积极引导下自行发现自我价值、发掘自身潜力、确立自我发展目标、形成适应社会发展和推动个体与社会发展的意识和能力的一种教育管理模式。学生自我管理是一个比较好的教育过程，是一个社会实践过程，也是学校励志教育的一种体现。自我管理是对每个学生充分授权，让其产生责任感，从而激励个人学习的自主性和创造性的管理方式。

（二）学生自我管理的意义

学生自我管理是学生自主发展教育的一个重要的有机组成部分，需要外在的良好的环境和氛围，需要以多样化的健康活动为载体，需要以人性化的制度来约束，需要以全面、客观的评价机制作保障。它是当前学校教育中一种较为可行的教育管理模式，有利于学生的终身发展，有利于国民素质的整体提高。这种教育管理的结果是，学生会在自律的前提下从自信走向自主，从自主走向自立，从自立走向自强，最终从自强走向自如，即能够灵活自如地适应社会的发展并推动个体和社会的不断发展。

实施学生自我管理教育，并非任学生自由发展，教师的引导作用不可忽视，也就是说，教师的监控要与学生的自我管理和谐统一。在不超出学生当前心理承受能力、自我调节能力的范围内，凡事教师都要敢于"放"，在学生误入迷途难以自拔的边缘教师要及时"收"。教师只有收放得体，学生才能具备积极性和创造力，才能闯出一片既有益于自己又造福社会的天空。

在引导学生自我管理时，第一，需要注意自我管理不等于放手管理；第二，自我管理不等于纪律、卫生的自我管理；第三，自我管理不等于部分人的自我管理。

（三）学生自我管理的原则

学生既是教育的客体，又是教育的主体。教师应把学生视为班级的主人，应该让全体学生进入自己工作的决策过程当中来，无论是制订计划、贯彻执行，还是检查监督、总结评比，都要让学生参与，使他们了解班级工作的上下环节，明确自己应该承担的各种义务。只有这样，学生才会具有主人翁意识，才会把教师建议完成的工作当作自己的使命，学会做班级、学校的主人。

二、技工院校学生自我管理

技工院校作为培养技术技能人才的重要基地，其教育环境、课程设置及学生特点与普通院校存在显著差异。在这样的背景下，技工院校学生的自我管理也展现出其特殊性。下面将围绕这一话题，探讨技工院校学生自我管理的内涵、特点及其重要性。

（一）技工院校学生自我管理的内涵

自我管理是指个体对自己的思想、行为、情感等方面进行自我调节、自我控制和自我约束的过程。对于技工院校学生来说，自我管理不仅包括日常学习生活的安排，更涉及专业技能的掌握、实践操作能力的提升及职业素养的养成等方面。

（二）技工院校学生自我管理的特点

技工院校作为培养专业技能人才的重要基地，其学生自我管理能力的培养尤为重要。自我管理不仅关乎学生个人的成长与发展，也直接影响到他们未来的职业道路。通过对技工院校学生自我管理特点的分析，以期对技工院校的教育管理提供一定的参考。

1. 目标导向性强

技工院校的学生往往具备较强的目标导向性。他们能清晰地认识到自己的职业定位和发展方向，因此在学习和生活中都表现出较强的自我管理意识。他们会根据自己的职业目标制订学习计划，合理安排时间，努力提升自己的专业技能和综合素质。同时，他们也会积极参与各种实践活动，通过实践锻炼自己的能力和技能，为未来的职业发展打下坚实的基础。

2. 自律意识高

技工院校的学生普遍具有较高的自律意识。他们深知自己的学习任务和职责所在，能够自觉遵守学校的规章制度和纪律要求。在学习和生活中，他们能够严格要求自己，保持良好的作息习惯，按时完成作业和任务。同时，他们也具备较强的自我约束能力，能够抵制各种不良诱惑和干扰，保持专注和高效的学习状态。

3. 团队协作能力强

技工院校的学生在自我管理的过程中，往往表现出较强的团队协作能力。他们明白在团队合作中，个人的力量是有限的，只有与他人携手合作，才能取得更好的成绩。因此，他们会积极参与各种团队活动，与同学们共同完成任务和项目。在团队中，他们能够发挥自己的优势，为团队的成功贡献自己的力量。同时，他们也具备较强的沟通能力和协调能力，能够有效地处理团队内部的矛盾和问题。

4. 创新能力突出

技工院校的学生在自我管理的过程中，还表现出较强的创新能力。他们不满足于现状，勇于尝试新的方法和思路，不断探索更加高效的学习方式和技能提升途径。他们能够结合自己的实际情况，灵活调整学习计划和方法，不断优化自己的学习和生活状态。同时，他们也具备较强的创新意识和创造力，能够在学习和实践中提出新的想法和解决方案，为行业的发展和创新作出自己的贡献。

综上所述，技工院校学生自我管理具有目标导向性强、自律意识高、团队协作能力强以及创新能力突出等特点。这些特点既是他们个人成长的体现，也是技工院校教育管理的成果。因此，技工院校应继续加强对学生自我管理能力的培养和引导，为他们未来的职业发展奠定坚实的基础。同时，也应关注每个学生的个体差异和需求，提供个性化的指导和支持，帮助他们更好地实现自我管理和个人成长。

（三）技工院校学生自我管理的重要性

技工院校作为培养高技能人才的重要基地，肩负着为国家和社会输送合格技术工人的重要使命。在这样的背景下，技工院校学生的自我管理能力的培养显得尤为重要。自我管理不仅关系到学生个人成长和未来的职业发展，更关系到国家和社会的整体发展。

首先，自我管理有助于技工院校学生形成良好的学习和生活习惯。学习是学生的主要任务，而良好的学习习惯则是高效学习的关键。通过自我管理，学生可以合理安排学习时间，制订学习计划，提高学习效率。同时，良好的生活习惯也是保持身心健康、提高学习效率的基础。自我管理可以让学生更加注重个人卫生、饮食健康、作息规律等方面，从而保持最佳的学习状态。

其次，自我管理有助于技工院校学生培养自我约束意识和责任感。在技工院校的学习生活中，学生需要面对各种诱惑和挑战。自我管理可以让学生学会抵制不良诱惑，坚持正确的价值观和行为准则。同时，自我管理还可以让学生认识到自己的责任和义务，更加珍惜学习机会，努力提高自己的技能水平。

再次，自我管理还有助于技工院校学生增强自信心和适应能力。通过自我管理，学生可以逐步培养起解决问题的能力，面对困难时能够冷静应对、积极寻找解决方案。这种能力在未来的工作和生活中都是非常重要的。同时，自我管理还可以让学生更好地适应社会环境，与他人建立良好的人际关系，为未来的职业发展打下坚实基础。

最后，技工院校学生自我管理能力的提升也是社会进步和发展的体现。随着科技的快速发展和社会的不断进步，对技术工人的要求也越来越高。具备自我管理能力的技工院校学生将更容易适应这种变化，成为推动社会进步的重要力量。

综上所述，技工院校学生自我管理能力的培养具有重要意义。学校、教师和学生本人都应该重视自我管理能力的培养和提升，为未来的职业发展和社会进步奠定坚实基础。

三、技工院校学生自我管理的理论基础支撑

（一）人本主义理论

1. 人本主义理论概述

人本主义理论是美国当代心理学主要流派之一，由美国心理学家马斯洛创立，代表人物有罗杰斯。人本主义反对将人的心理低俗化、动物化的倾向，也被称为心理学中的第三思潮。

人本主义于 20 世纪 50—60 年代在美国兴起，20 世纪 70—80 年代迅速发展，它既反对行为主义把人等同于动物，只研究人的行为，不理解人的内在本性，又批评弗洛伊德只研究精神病人，不考察正常人心理，因而被称为心理学的第三种运动。

人本学派强调人的尊严、价值、创造力和自我实现，把人的本性的自我实现归结为潜能的发挥，而潜能是一种类似本能的性质。人本主义最大的贡献是看到了人的心理与人的本质的一致性，主张心理学必须从人的本性出发研究人的心理。

人本主义强调爱、创造性、自我实现、自主性、责任心等心理品质和人格特征的培育，对现代教育产生了深刻的影响。马斯洛作为人本主义心理学的创始人，充分肯定人的尊严和价值，积极倡导人的潜能的实现。另一位重要代表人物罗杰斯同样强调人的自我实现、情感与主体性接纳。他

认为教育的目标是要培养健全的人格，必须创造出一个积极的成长环境。

人本主义教学思想关注的不仅是教学中认知的发展，更关注教学中学生情感、兴趣、动机的发展规律，"注重对学生内在心理世界的了解，以顺应学生的兴趣、需要、经验以及个性差异，达到开发学生的潜能、激发起其认知与情感的相互作用，重视创造能力、认知、动机、情感等心理方面对行为的制约作用"。

2. 人本主义理论对技工院校学生自我管理的启示

随着技工教育的不断发展，技工院校学生的自我管理能力逐渐成为影响其综合素质和职业发展的重要因素。在这一背景下，人本主义理论为技工院校学生自我管理提供了新的视角和启示。

人本主义理论强调人的内在价值、尊严和自由，主张关注个体的全面发展。在技工院校学生自我管理的实践中，人本主义理论提醒我们，学生不仅仅是被动接受教育的对象，更是具有主观能动性的个体。因此，技工院校在培养学生的自我管理能力时，应充分尊重学生的个体差异，关注他们的内心需求，激发他们的主动性和创造性。

首先，人本主义理论启示我们，技工院校在培养学生的自我管理能力时，应注重培养学生的自我意识。学生需要了解自己的兴趣、特长和不足，明确自己的职业目标和发展方向。只有这样，他们才能有针对性地制订自我管理计划，不断提升自己的综合素质。

其次，人本主义理论强调学生的情感教育和心理健康。技工院校在培养学生的自我管理能力时，应关注学生的情感体验和心理状态。通过开设心理健康教育课程、建立心理辅导机制等方式，帮助学生建立积极的心态，增强自信心和抗压能力，从而更好地应对学习和生活中的挑战。

最后，人本主义理论还倡导学生的自主学习和合作学习。技工院校应鼓励学生根据自己的兴趣和需求选择适合自己的学习方式和节奏，同时培养他们的团队协作能力。通过自主学习和合作学习相结合的方式，学生可以更好地发挥自己的优势，弥补不足，实现自我管理的最优化。

综上所述，人本主义理论为技工院校学生自我管理提供了重要的启示和指导。技工院校应充分尊重学生的主体地位，关注学生的全面发展，通过培养学生的自我意识、自主学习和合作学习等方面的能力，帮助他们更好地实现自我管理，为未来的职业发展奠定坚实的基础。同时，技工院校也应不断探索和实践更加符合人本主义理念的教育模式和方法，为培养更多具有自我管理能力的优秀人才贡献力量。

（二）彼得·德鲁克的自我管理理论

1. 彼得·德鲁克的自我管理理论概述

自我管理（self-management）是管理学等领域用语。自我管理又称为自我控制，是指利用个人内在力量改变行为的策略，普遍运用在减少不良行为与增加好的行为的出现。自我管理注重的是一个人的自我教导及约束的力量，亦即行为的制约是通过内控的力量（自己），而非传统的外控力量（教师、家长）。

坚持自我管理的 6 项基本原则如下。

①以目标为导向。无论做什么事情，都应该以目标为导向，坚持以目标为前提，才能够使做事的效率更高，也不会浪费时间，收获也自然更多。

②坚持高效做事原则。对于任何事情，都不要抱着拖延的态度，坚持高效做事原则，会让你拥有更多时间去思考关于人生的方向。

③注重自我管理的结果。对于一件事情，一定要坚持以结果为导向，而不是随意任由事情发展，这样不在乎结果的行为，只会浪费时间和精力。

④学会扬长避短。在自我管理的过程中，一定要学会放大自己的优点，遮盖自己的短处，毕竟只有知道自己的优势，才能够让自己更加自信。

⑤注重自我决策。在遇到事情的时候，一定不要先找到别人求助，而是应该自己先决定，不管结果对错，只要是自己的选择都不要后悔，这能够让自己变得更加强大。

⑥注重实践。在自我管理的过程中，一定要学会结合实践去锻炼自己

的某种行为，也只有这样才能够让自己的自我管理变得更加有意义。

2. 彼得·德鲁克自我管理理论对技工院校学生自我管理的启示

彼得·德鲁克（Peter F. Drucker）作为现代管理学的奠基人之一，其理论对各行各业都产生了深远的影响。其中，自我管理理论更是对技工院校学生的自我管理具有深远的启示作用。

德鲁克强调的自我管理理论，实质上是一种个人对自身心理与行为的主动掌握与调整，以达到预定目标的过程。这种理论鼓励个体在追求自身价值的过程中，通过自我认识、自我检查、自我分析以及自我调整，实现自我成就与自我超越。对于技工院校的学生来说，这种自我管理理论具有重要的指导意义。

首先，技工院校的学生需要找到自己的长处，明确自己的优势。德鲁克提出的"回馈分析法"为此提供了有效的工具。学生可以通过记录并对比自己的预期与实际结果，从而认识到自己的长处与短处，以及在做决策和行动时的模式。这有助于他们更好地认识自己，明确自己的发展方向，进而制订出符合自身特点的自我管理策略。

其次，技工院校的学生应当积极调整自我管理的目标与行动。自我管理并非一成不变，而是需要根据实际情况进行动态的调整。学生应当根据自己的长处和短处，制设出符合自身实际的自我管理目标，并通过持续的学习和实践，不断提高自己的自我管理能力。同时，他们还需要学会在遇到困难时积极寻求帮助，通过与他人合作，共同解决问题，实现自我管理的目标。

最后，技工院校的学生在自我管理过程中，还应注重自我激励与自我约束。自我激励可以帮助学生保持对目标的热情和动力，而自我约束则能确保他们在追求目标的过程中始终保持清醒的头脑，避免偏离方向。这种自我激励与自我约束的平衡，是彼德·德鲁克自我管理理论中的重要一环，也是技工院校学生在自我管理过程中需要重点把握的。

然而，技工院校学生在实施自我管理的过程中，也面临着一些挑战。例如，生源质量的偏差、男生多易躁动的特点以及缺乏规则意识等问题，都可能影响他们的自我管理效果。因此，技工院校在培养学生的自我管理能力时，也需要针对这些问题采取有效的措施，如加强心理辅导、完善管理制度、营造良好的学习氛围等，以帮助学生更好地实现自我管理。

综上所述，彼得·德鲁克的自我管理理论对技工院校学生的自我管理具有重要的启示作用。通过找到自己的长处，调整自我管理的目标与行动，注重自我激励与自我约束，以及应对挑战，技工院校的学生可以更好地实现自我管理，提升自我能力，为未来的职业生涯打下坚实的基础。

四、技工院校学生自我管理的时代契机

随着时代的进步和科技的飞速发展，技工院校的学生面临着前所未有的机遇与挑战。自我管理作为个人成长与发展的基石，在当下这个时代显得尤为重要。技工院校学生应当紧抓时代契机，提升自我管理能力，为未来的职业生涯奠定坚实基础。

技工院校学生的自我管理能力的提升，有助于个人职业素质的全面发展。在技能学习的过程中，学生不仅需要掌握专业知识和技能，更需要培养良好的学习习惯和自律精神。通过自我管理，学生可以更加高效地安排学习和实践时间，合理分配精力，提高学习效率。同时，自我管理还能帮助学生养成良好的职业道德和职业素养，为未来的职业发展提供有力保障。

当前，技工院校学生自我管理的时代契机主要体现在以下几个方面。

（一）信息化时代下的丰富自我管理资源

随着信息化时代的快速发展，技工院校的学生面临着前所未有的自我管理时代契机。信息化技术的广泛应用为技工院校的学生提供了丰富的自我管理资源，使得学生能够更加便捷、高效地进行自我管理与成长。

信息化时代为技工院校学生提供了多样化的学习资源。传统的技工院校学习模式往往局限于教材和课堂，而信息化技术打破了这一限制。现在，学生可以通过互联网获取到海量的学习资源，包括专业课程视频、技能操作演示、行业前沿资讯等。这些资源不仅丰富了学生的学习内容，还

为他们提供了更广阔的视野和更深入的学习体验。

信息化技术也为学生提供了个性化的学习路径。每个学生都有自己独特的学习方式和兴趣点，信息化技术使得学生能够根据自己的需求和兴趣选择适合自己的学习路径。无论是通过在线课程进行自主学习，还是通过社交媒体与同行交流学习心得，学生都能够更加灵活地进行自我管理，实现个性化的学习成长。

此外，信息化时代还为技工院校学生提供了便捷的自我管理工具。学生可以利用各种手机应用、在线平台等工具来辅助自己的学习和生活。例如，他们可以使用时间管理应用来规划自己的学习时间和任务安排，使用健康管理应用来关注自己的身体状况和心理健康，使用社交应用来拓展人脉和交流学习经验。这些工具不仅提高了学生的自我管理效率，还使得他们的学习和生活更加便捷和丰富。

然而，信息化时代也对学生的自我管理能力提出了更高的要求。面对海量的信息和资源，学生需要具备筛选、整合和应用的能力，以便更好地利用这些资源来促进自己的成长。同时，学生还需要具备自律和自主学习的能力，以便在信息化时代中持续地学习和进步。

技工院校学生自我管理的时代契机在于信息化时代提供了丰富的自我管理资源。这些资源不仅为学生提供了多样化的学习路径和个性化的学习体验，还为他们提供了便捷的自我管理工具。然而，学生也需要不断提高自己的自我管理能力，以便更好地适应信息化时代的发展需求。

（二）社会需求的转变提供了宝贵的时代契机

随着社会的快速发展和科技的不断进步，技工院校学生所面临的就业环境日益复杂多变。传统的教育模式已难以满足现代社会的需求，而自我管理能力作为学生综合素质的重要组成部分，正逐渐成为他们适应时代、立足社会的关键能力。社会需求的转变为学生自我管理能力的提升提供了宝贵的时代契机。

社会需求的转变体现在对技工院校学生的技能要求上。过去，企业可能更注重学生的专业技能和动手能力，而现在，随着工业4.0时代的到来，企业对于员工的综合素质要求越来越高。这不仅包括专业技能的掌握，还包括创新能力、团队协作能力、解决问题能力以及自我学习能力等的提升。这些能力的提升，都需要学生在日常学习和生活中加强自我管理，通过自我规划、自我激励、自我约束等方式，不断提升自身的综合素质。

社会需求的转变也体现在对技工院校学生的职业素养要求上。现代企业更加注重员工的职业道德、工作态度和职业规划能力。技工院校学生要想在职场中脱颖而出，就必须具备高度的自我管理意识。他们需要学会如何制订合理的学习计划，如何调整自己的心态和情绪，如何保持积极向上的工作态度，如何合理规划自己的职业发展路径。这些能力的培养，都需要学生在日常生活中加强自我管理，形成良好的习惯和品质。

技工院校学生自我管理能力的提升，不仅是社会需求的转变所驱动的，也是学生个人成长和发展的需要。通过加强自我管理，学生可以更好地规划自己的学习和生活，提高自己的学习效率和生活质量。同时，自我管理能力也是学生未来职业生涯中不可或缺的一项能力，可以帮助他们更好地适应职场环境，实现个人价值。

为了更好地提升技工院校学生的自我管理能力，学校应该加强对学生自我管理意识的培养和引导。通过开设相关课程、组织实践活动等方式，帮助学生了解自我管理的重要性和方法，培养他们的自我规划、自我激励和自我约束能力。同时，学校还应该加强与企业的合作，了解企业的实际需求，为学生提供更加贴合实际的职业指导和培训。

社会需求的转变为技工院校学生自我管理能力的提升提供了重要的时代契机。学生应该抓住这一机遇，加强自我管理，提高自身的综合素质和职业素养，为未来的职业发展打下坚实的基础。同时，学校和社会也应该为学生提供更多的支持和帮助，共同推动技工院校学生自我管理能力的提升。

（三）技工院校教育改革的深入推进为学生自我管理提供了有力支持

随着时代的进步和社会的发展，技工院校作为培养技术技能人才的重要基地，其教育改革的深入为学生自我管理能力的提升提供了有力的支持。在这一时代背景下，技工院校学生不仅需要掌握扎实的专业技能，更需要具备良好的自我管理能力，以适应不断变化的社会需求。

技工院校教育改革的深入推进，为学生自我管理能力的培养提供了广阔的空间。改革不仅体现在课程设置和教学方法的创新上，更体现在对学生全面发展的高度重视上。技工院校开始注重学生的综合素质教育，通过开设多样化的选修课程、组织丰富的课外活动等方式，培养学生的自我认知、自我规划和自我控制能力。这种教育模式的转变，使学生有更多的机会和平台去锻炼自己的自我管理能力，从而在未来的职业生涯中更好地应对各种挑战。

技工院校教育改革还注重培养学生的自主学习和创新能力。在传统的教育模式下，学生往往处于被动接受知识的状态，而现代技工院校则鼓励学生主动参与学习过程，发挥自己的主观能动性。通过项目式学习、团队合作等方式，学生可以在实践中不断探索和创新，提升自己的问题解决能力和团队协作能力。这种学习方式的转变，不仅有助于培养学生的自我管理能力，还能使他们在未来的工作中更具竞争力。

此外，技工院校还通过加强与企业的合作，为学生提供更多的实践机会和职业发展指导。企业实习、校企合作等项目的开展，使学生能够更早地接触和了解职业世界，明确自己的职业定位和发展方向。同时，学校还通过举办职业规划讲座、提供就业指导等方式，帮助学生制订合理的职业发展规划，提升他们的自我管理能力。

综上所述，技工院校教育改革的深入为学生自我管理能力的提升提供了有力的支持。在这一时代契机下，技工院校学生应该积极抓住机遇，不断提升自己的自我管理能力，为未来的职业生涯奠定坚实的基础。同时，技工院校也应继续深化教育改革，为学生的全面发展创造更多的条件和机会。

总之，技工院校学生自我管理的时代契机已经到来。学生应当紧抓机遇，积极提升自我管理能力，为未来的职业生涯奠定坚实基础。同时，学校和社会也应当为学生提供更多的支持和帮助，共同推动技工院校学生的全面发展。

（四）就业市场为自我管理提供了广阔的舞台

随着时代的快速发展，技工院校学生在就业市场中所面临的机遇与挑战日益凸显。自我管理作为一种内在的能力培养，对于技工院校学生来说，不仅是提升个人综合素质的关键，更是适应时代需求、把握就业市场机遇的重要途径。

技工院校学生自我管理的时代价值不容忽视。在信息化、智能化的时代背景下，企业对人才的要求不再仅仅局限于专业技能的掌握，更看重个人的综合素质和潜力。自我管理能力的提升，有助于技工院校学生在学习、生活中形成良好的习惯，培养自律、自信的品质，为未来的职业生涯奠定坚实的基础。

就业市场为技工院校学生自我管理提供了广阔的舞台。当前，就业市场竞争激烈，但同时也为具备自我管理能力的学生提供了更多的机会。通过自我管理，学生可以更加明确自己的职业定位和发展方向，有针对性地提升自己的专业技能和综合素质，从而在就业市场中脱颖而出。

技工院校学生应如何把握自我管理的时代契机，以适应就业市场的需求呢？首先，学生应树立正确的自我管理理念，明确自我管理的重要性，并将其融入日常学习和生活中。其次，学生应制订科学合理的自我管理计划，包括时间管理、情绪管理、目标设定等方面，以提升自己的综合素质。此外，学生还应积极参与实践活动，锻炼自己的实践能力和团队合作精神，为未来的职业生涯做好准备。

技工院校学生自我管理的时代契机在于就业市场的变化与发展。通过不断提升自我管理能力，学生可以更好地适应市场需求，实现个人价值的最大化。同时，技工院校也应加强对学生自我管理的引导和支持，为学生的成长和发展提供有力的保障。

综上所述，技工院校学生应充分认识到自我管理的时代价值，抓住就业市场的机遇，不断提升自我管理能力，以更好地适应时代发展的需求，实现个人和职业的双重发展。随着社会的发展和技术的进步，就业市场对技工院校学生的要求也在不断提高。除了专业技能外，企业更加看重学生的综合素质和自我管理能力。具备良好的自我管理能力的学生在工作中能够更好地适应环境、应对挑战，展现出更强的职业素养和发展潜力。

综上所述，技工院校学生自我管理的时代契机在于信息化背景下的个人成长需求，教育改革的推动以及就业市场的现实要求。因此，技工院校学生应该充分认识到自我管理的重要性，积极提升自我管理能力，为未来的职业发展和人生成功奠定坚实的基础。同时，学校和社会也应该为学生提供更多的支持和引导，帮助他们更好地实现自我管理能力的培养和提升。

第二节　技工院校学生推行自我管理的工作机制与路径创新

一、技工院校学生推行自我管理的工作机制

技工院校作为培养专业技能人才的重要基地，不仅需要关注学生的专业技能培养，还要重视其自我管理能力的培养。良好的自我管理工作机制有助于学生形成独立、自主的学习和生活习惯，为其未来的职业生涯奠定坚实的基础。本节旨在探讨技工院校学生推行自我管理的工作机制，以期为提高技工院校学生的综合素质提供参考。

（一）自我管理工作机制的内涵与重要性

自我管理工作机制是指学生在学习和生活中，通过自我规划、自我监控、自我评价等方式，实现个人目标的过程。这一机制的核心在于培养学生的自主性、主动性和创造性，使其能够独立思考、解决问题，并不断提升自身能力。

对于技工院校学生而言，自我管理能力的培养具有重要意义。首先，良好的自我管理能力有助于学生更好地规划自己的学习进度和时间安排，

提高学习效率。其次，通过自我管理，学生可以更好地掌控自己的情绪和行为，形成良好的行为习惯和道德品质。最后，自我管理能力也是学生未来职业生涯中不可或缺的一项素质，有助于其在职场中脱颖而出。

(二) 技工院校学生自我管理工作机制的构建

在技工院校的教育体系中，学生的自我管理能力培养是至关重要的一环。这不仅关乎学生个人的成长与发展，也直接关系到他们未来职业生涯的成败。因此，建立一套科学、有效的学生自我管理工作机制，对于技工院校来说显得尤为必要。

1. 建立明确的自我管理目标

自我管理始于明确的目标设定。技工院校应当引导学生根据自身情况，结合专业特点和未来职业规划，制订切实可行的自我管理目标。这些目标可以包括学业成绩的提升、技能水平的提升、个人素养的提高等方面。通过明确的目标设定，学生可以更加清晰地认识到自己的发展方向，从而有针对性地开展自我管理。

2. 提供自我管理的方法和技巧

有了明确的目标，接下来就需要掌握有效的自我管理方法和技巧。技工院校可以通过开设相关课程、举办讲座或工作坊等形式，向学生传授时间管理、情绪管理、压力应对等方面的知识和技能。同时，也可以引导学生通过阅读自我管理方面的书籍、观看相关视频等方式，自主学习和提升自己的自我管理能力。

此外，技工院校还可以鼓励学生参加各类实践活动，如社团活动、志愿服务、实习实训等，通过实践锻炼自己的自我管理能力。这些实践活动不仅可以让学生更好地将理论知识与实际操作相结合，还可以培养学生的团队协作、沟通表达等综合能力，为未来的职业生涯打下坚实的基础。

3. 建立自我管理的监督和反馈机制

自我管理的监督和反馈机制是学生自我管理工作有效开展的重要保障。技工院校可以建立学生自我管理的档案系统，记录学生的自我管理目标、计划、实施过程及成果等信息，方便学校对学生进行跟踪指导和监督。

同时，学校还可以通过定期的学生自评、互评及教师评价等方式，对学生的自我管理工作进行及时反馈。这些反馈可以帮助学生及时发现自己的不足之处，调整自我管理策略，提高自我管理效果。此外，学校还可以设立奖励机制，对在自我管理工作中表现突出的学生进行表彰和奖励，以激发学生的积极性和主动性。

需要注意的是，自我管理的监督和反馈机制并非简单地对学生进行考核和评判，而是要注重引导学生进行自我反思和总结，帮助他们从中汲取经验教训，不断完善自己的自我管理能力。

总之，技工院校学生推行自我管理工作机制是一项系统工程，需要学校、教师和学生共同努力。通过建立明确的自我管理目标、提供自我管理的方法和技巧以及建立自我管理的监督和反馈机制，可以有效提升学生的自我管理能力，为他们的未来发展奠定坚实的基础。

二、技工院校学生开展自我管理的路径创新

（一）更新技工院校教育管理理念，是加强学生自我管理的前提

随着我国教育改革的不断深入，我国技工院校教育已经由过去的"精英教育"转变为"大众教育"，学生的整体素质也相应地发生了变化。在这种转变下，要求技工院校必须更新教育管理理念，制定出适应学生素质的能加强学生自我管理的策略，这也是加强学生自我管理的前提。

苏联著名教育家苏霍姆林斯基说：只有能够激发学生去进行自我教育的教育，才是真正的教育。技工院校应充分发挥学生的自我管理作用，引导学生提高自我教育和自我管理方面的能力，促使学生学会做事，学会如何做事，学会学习，学会如何学习，更新教育管理理念，将自我管理教育纳入技工院校的教育体系中，渗透到各学科、各专业及具体的教学环节中，使技工院校学生在学习专业知识，不断拓展自己的知识结构的同时，增强自我管理意识，培养全面的、协调的、与时俱进的创新型人才。具体途径主要包括分阶段引导技工院校学生逐渐提升自我管理能力及正确引导

技工院校学生树立自我管理理念。

1. 分阶段引导技工院校学生逐渐提升自我管理能力

技工院校开设的专业学制一般分为一年制、两年制、三年制、四年制、五年制等。下面以三年制为例，阐述分阶段引导技工院校学生逐渐提升自我管理能力的策略。

由于技工院校学生入校的三年中，每年的情况都不一样，应以年级为阶段逐渐培养学生自我管理的能力。

一年级阶段，由于技工院校学生刚从高中走出来，此时的重点是熟悉学习、生活环境，构建周围人际关系。学校在此阶段的工作重点是提升学生的自立、自理能力，让学生明白这一阶段需要完成的目标，并对技工院校三年学习生涯有大致的学习规划，具体的方法是通过开办各类讲座，鼓励学生参与各种社团及活动，调整学生的思维方式、学习习惯、社交能力等。

二年级阶段，由于学生经过了一年的熟悉和调整，从行为和心理上已经具备了自理、自立素质，因此可以从专业知识上开始加强学生学习意识，并树立学生的职业观念，培养技工院校学生所应具备的职业操守和社会道德，教学生如何做人，如何将这些观念应用到以后的工作中去，从各方面严格要求学生，将自我管理能力落到实处。

三年级阶段，学生经过两年的学习，已经基本具备自我管理能力及所需掌握的专业知识，此阶段就是要学生将所学学以致用，学校要鼓励学生接受社会考验，积极参加社会实践活动，将所学的知识在社会大环境中去纠正，通过社会的考验，纠正学生的错误思想，让学生学会自我管理、自我约束、自我保护，提高学生综合素质，提高竞争能力，学会合作，为毕业踏入社会做准备。

三年的技工院校学习生涯中，每一时期学生所处的阶段都不一样，需要学校加以引导，同时学生根据自己的实际情况不断努力，逐渐完善自我。

2. 正确引导技工院校学生树立自我管理理念

技工院校学生需要树立自我管理理念，因为这是学生成才以及以后迈入社会所需具备的基本能力。学校在培养学生的自我管理理念方面责无旁贷。学校在树立学生的自我管理理念方面途径比较多，不过首先需要学校在教学管理方面引起重视，才能将这种思想具体落实到各种活动中去，如举办各种讲座、论坛等形式，只有学校首先重视，才能具体实施起来，引导技工院校学生学会自我管理的具体方法，逐步培养学生的自我管理能力。

（二）建立健全技工院校学生自我管理体系，是加强自我管理的保障

1. 日常生活与学习活动是加强自我管理的主阵地

技工院校要培养学生的自我管理能力，首先就需要在学生的日常生活和学习活动上下功夫。营造民主、团结、积极、上进的日常生活和学习活动氛围，让自我管理理念深入学生心中，自觉加强自我管理。

在日常生活中，让学生正确地认识和悦纳自己，总结概括出自己的性格、爱好、特长，积极发挥自己的所长，逐渐地培养学生的自信心，并概括出自己的自我管理类型，制订出针对自身的管理策略，给自己设定"底线"，制订自身日常行为规范，以实现自我管理和自我教育。

在学习上，以培养学生的自学能力为途径，自学是独立获得知识和技能，培养能力、锻炼品德的一种自觉的学习活动，能够培养学生的创新能力，成为一名高校"创客"，将学生充足的且无计划的时间逐渐转移到正常、有序的日常生活和学习中来。

2. 班集体活动是加强学生自我管理的重要基地

班集体活动是加强学生自我管理的最佳方式，通过学生自身组织以促进学生自我管理能力提升为目的的班集体活动，在共同的活动目标下，将所有学生都组织起来，不仅培养了学生的团结精神，同时促进了学生的交流和集体观念，促进学生的自我教育，主要的形式如下。

（1）组织健全的班集体学生干部管理制度

班集体学生干部是班集体学生管理的重要力量，在辅导员的指导下，班级成员之间互相合作，进行学生事务的管理，开展多种形式的活动，不仅消除了入学新生迷茫不知做何事的问题，而且培养了学生的自我管理能力。

班集体学生干部可以通过竞选的形式选拔，以提升学生参与的积极性，不仅锻炼了学生的班集体管理能力，同时也凝聚了班集体的团结力，提高了学生的自我管理能力。教师和学生之间由于年龄的差距，举办各种班集体活动时要多咨询学生，活动要贴近学生的喜好和实际，以满足学生的心理需求。

（2）学生组织及社团活动是加强学生自我管理的重要平台。

各类学生组织及社团活动是加强学生自我管理的绝佳平台。学校所搭建的各种学生组织及社团活动多以培养学生的实践能力和喜好为目的，更是为了提升学生的自我管理能力。通过参加各类活动提高学生的自我设计、组织管理与协调能力，多鼓励学生积极踊跃参加各种社团和组织，凭借各种学生组织和社团活动，让学生有事可做、有事可筹划，从中获得成就感和自信心。通过活动的开展逐渐培养学生良好的品德，提升学生的领导组织能力，提高学生的分析综合能力。

（3）充分运用网络开展学生自我管理能力培养

通过以辅导员或管理者为负责人，以网络为平台，建立班级 QQ 群、班级微博等，将思想政治教育扩展到网络，建立网络虚拟社区，加强学生与教师之间的沟通交流，充分运用网络资源加强对学生自我管理能力的培养。

（三）社会实践是加强技工院校学生自我管理的重要途径

社会实践可以大致分为两类：根据专业而选择的对口社会实践和创业实践，无论何种社会实践都能有效地加强技工院校学生自我管理能力。

1. 社会实践活动有利于缩短理想与现实的差距

由于学生大部分时间在校园成长，受社会现实因素的影响较小，各种想法未经过现实的考验而站不住脚，自己所见、所想、所思都受到自身社会经验的限制而与现实有一段差距。社会实践活动是一种将学生思想与现实相衔接的最好途径，通过学校的各种社会实践活动，有利于纠正学生的思想，与社会、现实挂钩，缩短理想与现实的差距。

2. 社会实践是自我检查、自我控制能力提高的过程

社会实践是学生对理论知识的转化和拓展，可以增强运用知识解决实际问题的能力。学生以课堂学习为主要知识接收方式，这对学生来说非常重要，但这些理论知识并不代表学生的实际技能，往往难以直接运用于现实生活之中。社会实践使学生接近社会和自然，获得大量的感性认识和许多有价值的新知识，同时使他们能够把自己所学的理论知识与接触的实际现象进行对照、比较，把抽象的理论知识逐渐转化为认识和解决实际问题的能力。

3. 社会实践为学生提供了独特的自我评价途径

社会实践活动将学生与现实世界相衔接，通过社会实践活动直接提升学生的自我管理能力、专业技能水平及思维方式。通过社会实践的开展充分修正学生的价值观，在社会实践开展之前，学生会存在各种各样的"离谱"观点及想法，经过社会实践的"纠正"，学生能够摆正思想，前期存在的如浪费时间、不认真读书、大手大脚消费、"娇""骄"等问题，会通过社会实践活动得到纠正，树立正确的自身评价意识，为人生的发展起到重要而关键的作用。

（四）职业生涯规划是加强技工院校学生自我管理的有效载体

职业生涯规划，根据中国文库对其的概念解析，是指对影响生涯发展的经济、社会、心理、教育、生理等各种因素的选择和创造，通常建立在个体对自我全面、深刻的认识基础上，并结合自身发展的优势及特点。技工院校学生的职业生涯规划，则是在自己的兴趣、爱好及专业特长和知识结构的基础上，对人生发展所做出的方向性方案。

美国学者德鲁克认为："一个人只能根据长处作出成绩，一个人不可能把成绩建立在弱点的基础上，更不必说把成绩建立在根本做不了的事情的基础上。"所以职业生涯规划的前提是建立在正确的自我认知基础上，并了解自己的专业特长，有了正确的职业生涯规划，就有了发展的动力及

奋斗的目标，能自觉地加强自我管理。

（五）提高教师及管理者管理水平是提升学生自我管理能力的关键

高质量的教育才能培养出高质量的人才，所以适时构建、提升基于学生特点的高质量教师管理队伍及水平是提升学生自我管理能力的关键。

子曰："其身正，不令其行；其身不正，虽令不从。"这就告诉我们，作为传道授业解惑的教师，其自身必须端正，为学生做出表率，那么学生自然就会跟从，如若教师自身不正，那么虽然三令五申，学生也不会服从。肩负"教师育人"使命的教师在教授别人之前需要提升自身素质与修养。"学高为师，身正为范"，在生活和学习等多方面要主动做好榜样，通过言传身教来感染学生、打动学生，学生在潜移默化中也具有了高尚的情操。

对于高校来说，辅导员岗位占据着举足轻重的地位，对辅导员经常进行培训，以提升其能力，是大部分高校所重视的一项工作，加强辅导员的工作素质与人格魅力，不仅可以拉近与学生之间的关系，易于学校开展各种工作，同时也可以逐渐提升学生的自我管理能力，让学生在辅导员的影响下，学会学习、学会生活、学会自我管理、学会交往等。

学生的自我管理能力的发展，是一个长期的、多方面共同努力的结果。除学生自我作用外，家庭、学校和社会也在学生的自我管理能力发展中扮演着举足轻重的角色。这就需要我们不仅重视学生的内在因素的培养与引导，更需要思考学校、家庭和社会在培养学生自我管理能力方面的行为与影响。在正确引导和教育的同时，更需要站在学生的角度看待问题，教育的目的是培养学生具备自我学习的意识与能力，而技工院校学生已经基本具备相应的自我管理能力，需要我们正确看待这群孩子，不能抹杀他们的主观能动性，在家庭、学校和社会三方面坚持协调性原则，既要重视家庭教育、学校教育和社会教育，也要充分发挥学生自我管理的作用，促使学生自身全面发展。

第九章 技工院校学生社团管理机制创新

第一节 技工院校学生社团的定义、特点、类型和功能

一、学生社团的定义

首先，所谓社团是"社会团体"的简称。一般人认为，它是社会人依照共同的兴趣、爱好自愿组成的文化、体育、科学技术方面的群众性组织。《中国大百科全书·教育》对学生社团（student society）的解释是这样的：中国中等学校和高等学校学生在自愿基础上自由结成的群众组织。这些社团可打破年级、系科及学校的界限。团结兴趣爱好相近的同学，发挥他们在某方面的特长，开展有益于学生身心健康的活动。学生社团形式多种多样，如学术问题、社会问题的讨论研究会，文学艺术、体育、音乐、美术等方面的活动小组，有文艺社、棋艺社、摄影社、美术社、歌咏队、话剧团、篮球队、足球队等。学生社团的活动以保证完成学生的学习任务和不影响学校正常教学秩序为前提；以有益于学生的健康成长和有利于学校各项工作的进行为原则。学生社团组织和活动的目的是活跃学校的学习气氛，提高学生自我管理的能力，丰富学生的课余生活。学生社团可以根据学校的不同情况利用学生的课余时间开展各种形式的活动，以交流思想、切磋技艺、互相启迪、增进友谊。学校的中国共产党组织和行政组织，学校的共产主义青年团组织和学生会，都应关心学生社团的活动，及时给予适当的指导和帮助。

上述定义已经对学生社团有了相对具体和周详的解释，但随着我国经济社会的快速发展，学生社团的概念和定义也在不断发生着变化。

随着近几年技工院校学生社团的新发展，对于其概念的理解也正在发生着改变，尤其是对其功能和管理体制的含义也有了新的解释，更加突出了时代性的特点。

基于以上对学生社团概念的分析，可以对技工院校学生社团作这样的界定：作为一个初级社会群体，技工院校学生社团是学生在自愿的基础上，以共同的兴趣、爱好、追求为纽带，为满足自我归属需要、交往需要、娱乐需要、成就需要和成才需要，按照自定章程自主开展活动而结成的学生群体中的群众性组织，是学生自我教育、自我管理、自我服务的有效形式，是技工院校构建"一体两翼"校园文化工作格局的重要组成部分。

二、技工院校学生社团的特点

（一）开放性

这是技工院校学生社团的主要特征之一，技工院校学生社团的开放性主要是指社团内接收信息的方式灵活，信息的来源广泛，开展活动的内容丰富，形式多样，参与社团的渠道多样，因此社团具有很大的可塑性、灵活性。开放性决定了技工院校学生社团组成人员比较广泛，信息渠道畅通。学生社团通过开放的特点，通过组织跨社团、多层次的活动，进行横向交流，加强了与社会的交往，提升了社团发展的层次和空间。

（二）自觉性

作为一个群众性组织，社团的约束力更多地依靠全体成员的自觉性，是一种无形的软约束。从形成之初开始，社团便应有一个约定俗成的共同行为规范来作为整个群体的活动准则，这一规范在社团成员的活动中一经形成，便不断内化为社团成员的心理尺度，保证了群体成员行为的一致和协调。在社团中，每一位成员都会自觉不自觉地将自己的行为纳入社团的这一共同行为规范之中。这也是技工院校学生社团与其他正式组织的差别。

（三）独立性

技工院校的文化活动主要采取学生自我管理、自我服务的形式，不再是由学校、教师包办一切，更加强调自主性，而学生社团作为学生自我管理、个性张扬的一个相对独立的载体，能够相对独立自主地进行组织管理和活动开展，与学生追求自我独立和个性张扬的内在需求有机结合，为他们在满足自主、自立、自强需求方面搭建了良好的平台，必然受到学生的欢迎和积极参与。

（四）趣味性

作为社团成立最为广泛的基础，兴趣爱好可以说是桥梁和纽带，这也是社团最基本的特征和最普遍的存在特性。学生作为社会中最活跃、最富有激情的群体，普遍具有良好的个人素质，他们思想活跃、精力充沛，有着多方面的兴趣和才能。以他们为主体的社团活动，从理论到实践，从内容到形式，丰富多彩，标新立异。这种活动的广泛性、趣味性正是社团的生命力所在。

（五）专业性

这既是社团相互区别的主要标志，也是社团彰显特色的主要体现。加入某一社团的学生成员总是在志趣、爱好、专长等方面具有某种程度的一致性，这种由个体目标的聚集统一而形成的学生社团，就必然要求其成员在某一方面有较高层次的知识结构和个人能力，形成专业性较强的特征。它能满足学生某一特殊方面的要求，使成员之间可以取长补短、相互补充，实现智能互补和素质互补。

（六）目的性

学生社团的成员自愿聚集在一起，加入社团与否，完全由自我决定，而不受靠外部强制力的影响。因此，学生社团的产生从一开始就具有明确的目的性，即满足青年学生日益增长变化的各种需要，包括自我归属需要、交往需要、娱乐需要、成就需要和成才需要等。社团成员为了实现这样一个共同的目的，能够团结一致，努力进取，产生健康向上的群体意识，迸发出主动性、积极性和创造性，达到沟通信息、沟通感情、相互激励、相互帮助的目的。

三、技工院校学生社团的类型

技工院校学生社团因其成立的自发性和开放性，所涉及面非常广泛，类型也多种多样，涉及校园文化生活的方方面面，可以说包罗万象。当前技工院校学生社团从大的层面大致可以分为政治理论型、学术科技型、志愿服务型、兴趣爱好型等几大类型，从小的层面又可以细分为政治型、科技型、学术型、服务型、文化型、体育竞技型、社会公益型、素质拓展型等。学生社团种类繁多，发展规模和结构层次也不尽相同。

所谓政治型社团是以时事政治活动和政治学术理论为主要内容的团体，与其他学生社团相比，它更突出思想政治教育，诸如"三个代表"重要思想研究会、马列主义研究会、邓小平理论研究会等；科技型社团是指以课外科技活动为纽带而结成的社团，兴趣爱好、专业性是其主要特征，共同的兴趣爱好和专业技能使社团成员的个体选择和群体整合都享有得天独厚的条件，诸如电脑爱好者协会、计算机协会、无线电爱好协会等均归此类；学术型社团是指以专业学习和学术研究为主要活动内容的社团，专业学习和学术研究是联系成员间的纽带，专业知识和成员的知识背景是其主要特征，诸如数学社、法学社、英语口语协会等均归此类；服务型社团是以提供服务为主要活动内容的团体，成员兴趣与奉献精神是其主要特征，给他人提供的服务内容和自身道德素养提升就成为整合成员的中枢，诸如志愿者协会、爱心协会、阳光服务社等归属此类；文化型社团是指以开展文化活动为主要内容的团体，趣味性、娱乐性是其主要特征，共同的兴趣和性格是其成员联系的纽带，诸如吉他爱好者协会、秦腔协会、艺术团、演讲协会、口才协会等归属此类；体育竞技型社团，顾名思义，主要是以强身健体、体育竞技为主要内容的学生团体，如跆拳道协会、篮球协会、乒乓球协会、游泳协会等；社会公益型社团是近年来兴起和发展的一类社团，主要以参与社会服务、承担社会责任为主要内容，如环境保护学社、爱心社、"三农"问题研究社等；素质拓展型社团主要以拓展综合素质，提升创业、就业技能为主要目的，如成才协会、创业协会、精英协会等。

四、技工院校学生社团的功能

从学生社团的特点来看，学生社团有着其他组织不可比拟的优势，在校园文化建设乃至人才培养过程中扮演着十分重要的角色。学生社团是校园文化建设的重要载体，丰富多彩的学生社团活动给校园文化建设带来了生机和活力，是校园文化不可缺少的组成部分，它在技工院校人才培养方面发挥着不可忽视的重要功能。

①社团活动开阔了学生视野，拓宽了知识面，有利于学生综合能力的培养和锻炼。学生社团为学生提供了一个自主学习的环境，而不仅仅是老师按照教学大纲教给学生固定知识。社团活动扩大了学生的学习空间，有利于学生根据自己的需要通过广泛的阅读、交流、研讨、实践等形式开拓自己的视野，学习各种知识和技能。如邓小平理论研究会、法学社、生命爱好者学会、英语爱好者协会等与学生专业课程相关的社团，通过开展学术研讨、作品交流、参观考察等活动，使社团成员学到更多的专业知识，这不仅加强了课堂学习效果，拓宽了知识面，还培养了学生解决实际问题的能力。社团成立的自发性决定了社团活动的自主性，学生在其中需要自我教育、自我管理、自我服务，社团组织者从思维方式到开展活动的方式，都由依赖变成自主，从而培养了学生独立思考、组织、社交、语言表达和自我控制的能力，体现了技工院校学生的主体意识、参与意识、竞争意识，提高了学生的综合能力。

②社团活动的开展，丰富了学生的课余文化生活。文化的体现必须借助一定的载体，校园文化同样如此。校园文化的体现形式是多种多样的，其借助的载体也不尽相同，但学生社团无论在何种情况下都是校园文化得

到全面体现的重要载体。学生是校园文化建设的主体，丰富多彩、形式多样、健康向上的社团是校园文化建设的重要手段。各个社团开展的讲座、竞赛、晚会、研讨会、作品展等活动使校园文化建设充满了生机和活力，将广大学生吸引到健康发展的道路上来，从而有利于学校的稳定和发展，对于正确引导学生、培养他们健康积极向上的精神风貌有积极的促进作用。学生社团活动的实践证明，众多种类繁多的学生社团既丰富了校园文化本身，也使校园文化的各种丰富内涵得到了表达。学生社团的自发、自愿的参与原则也体现了广大同学的利益需求，几乎每位同学都能在他喜欢的社团中找到自己的位置，并在这个广阔的舞台上展示自己、锻炼自己。校园文化蕴含的丰富内涵通过学生社团及其活动得到了有效、直观的表达，学生社团及其活动又不断地丰富和发展了校园文化的深刻含义，两者是相互促进、相互影响、不可缺一的辩证关系。

③社团活动培养了学生民主、团结、协作的精神。在社团内部，社团负责人由社团会员民主推荐，负责组织开展本社团的各项活动。社团会员之间的关系是一种真实的平等关系，成员之间相互支持、相互协作、取长补短，有着共同的兴趣爱好，共同的奋斗目标，没有所谓的"权威"，有较浓厚的民主气氛。随着社会主义市场经济的发展和社会分工越来越细化，竞争也变得更加激烈，团队精神显得尤为重要，而学生社团的特点和性质为培养学生的团队精神提供了重要的场所和实践机会。无论是哪一类的学生社团，都会根据工作需要分成几个部门或是工作小组，有的负责宣传、有的负责外联、有的负责策划等，只有每个部门的工作做好了又团结协作，整个团队才可能真正实现工作目标，只有每一位成员都有主人翁意识和集体责任感，才能凝聚大家的智慧和力量，形成合力，增强本团队的战斗力和工作的有效性。

④社团活动能促进学生的身心健康。能提高学生道德素质的社团活动如义务支教和奉献爱心志愿服务，可以使学生在实践活动中切身体会和感受到中国传统美德——儒家的仁爱之心，使自身的思想境界得到净化和提升，通过彰显自己的爱心，感染身边的每一个人。社区服务和参与社会公

益活动的学生社团在组织诸如环保宣传、反邪教宣传等活动时，更多地让学生认识到了自己作为社会的一员，有责任和义务为社会做些力所能及的事，关爱社会、回报社会。广大学生参加学生社团活动，不仅能陶冶他们的情操，培养他们的健康情趣，同时还利于他们身心健康的发展，提高综合素质，正确认识自身的能力特点，树立自己的理想，了解自己的优势与不足，可以做到自信、自爱、自强，提高自己的心理素质，形成良好的个性品质。在学生社团活动中，每位成员都要根据活动的需要独立自主地完成自己的工作，要广泛地与人接触交流、协调各种关系，还要与社会各方面进行沟通与合作，在这样的实践活动中，每位成员都会不同程度地遇到困难，在遇到困难、解决困难，遇到新的困难，又解决新困难这样反复的活动中，学生在心理素质方面经受了良好的锻炼，不断总结，不断进步，从而逐渐懂得了应该如何做人，应该如何创造自己多方面的条件去适应成才的需要。

⑤社团活动实现了学生自身发展和社会服务功能的"双赢"。"教育的本质是通过文化使个体社会化的活动"。现代社会对学生的发展提出了更高的要求，不仅要求学生发展自己的社会性，成为社会的合格一员，而且要能够不断适应变化着的社会生活。学生社团恰恰承担着青年学生社会化的重要职能。学生社团的非功利性特点和与社会广泛接触的特点决定了学生社团活动的社会服务功能。从另外一个角度说，学生社团的社会服务功能体现了学生的志愿者精神。如一些书画、摄影、文学、文艺等学生社团常利用周末、节假日走进社区、走进乡村，为广大群众送去了丰富的书画作品、精彩的文艺节目等。另一些如法律类、家电维修、计算机维护、环保类的学生社团，也常走上街头，免费为广大市民服务，进行有关知识的宣传。学生社团的社会服务功能对建设和谐社会，加强社会主义精神文明建设起到了重要的作用，学生社团也在社会服务过程中体现了价值，完善了自身的发展，是一种"双赢"的互动过程。

第二节　技工院校学生社团管理机制创新策略

社团管理机制是一个整体的、综合的、动态的系统。根据这个理解和判断，本节认为其主要由以下几种要素构成：制度、机构、经费、场地、环境氛围、人员等。综合各要素之间的关联和运行方式，本节以长效机制建设为统揽，将技工院校学生社团管理机制归纳为领导机制、保障机制、服务机制、考核评价机制、激励机制和育人机制六个方面。

一、社团领导机制

创新领导机制是技工院校学生社团管理机制创新的关键所在。领导机制包括外部领导机制和内部领导机制两个方面。从外部机制讲，技工院校各级党政组织首先要高度重视学生社团工作，切实加强对学生社团的领导和帮助，真正把社团组织作为技工院校战略发展的一个重要组成部分，站在培育高素质人才的角度扶持社团发展。

（一）加强学校对学生社团的领导

首先要加强学校党委对社团工作的领导，尤其要加强对于学生社团联合会的领导，要进一步完善学校党组织对于社团机构的领导和共青团组织对于社团工作的指导体制，坚持在党组织的领导和团组织的指导下，积极鼓励社团联合会按照自己的章程开展工作。学校党组织和团组织应该主动关心社团联合会的各项建设和活动安排，经常听取社团组织的工作汇报，定期研究部署社团工作，并及时与相关部门交换意见，避免出现"两张皮"现象。技工院校各级党组织要把是否关心、重视社团的工作纳入组织考核和党政干部考核体系中来，切实保证社团独立的组织机构、经费投入和人员配备。要高度重视对于社团管理干部的培养，把他们看作是党政干部的"蓄水池"、团结青年的"凝聚源"、技工院校学生自我教育的"领头羊"，给他们压担子、定目标，关心社团管理干部的成长。同时，党委宣传部、学生工作部、教务处等职能部门也要加强对思想政治教育工作进学生社团的指导。作为具体指导学生社团工作的技工院校各级共青团组织更要切实承担起思想政治教育进社团工作的具体任务，把社团工作纳入学团工作的整体格局，把社团中的青年学生纳入团组织的评价体系，这样就形成了各方面共同参与、协同配合、保障有力，推动思想政治教育进社团工作持续、健康发展的有效工作机制。

（二）完善社团领导管理体制

从内部机制讲，技工院校学生社团组织要坚持"一体两翼"的工作思路，积极构建"一体两翼"的大团建格局，以团组织为主体，以学联组织（学生会和研究生会）和学生社团组织为两翼，注重发挥学生社团的自身优势，积极探索新形势下学生社团的团建模式创新。各级社团组织要进一步加强与学校共青团组织的协调，推动社团工作与共青团组织更为紧密地结合，努力把社团的工作纳入全校学生工作的部署之中，逐步形成多重覆盖、立体交叉、相互补充的校园文化工作格局。同时，作为学校具体负责社团管理工作的社团联合会，要准确定位自己的工作职能，进一步理顺对各学生社团的管理、服务、协调、保障机制，从宏观和微观层面切实加强对学生社团的领导作用，努力为社团发展营造一个健康、有序的环境氛围。

二、社团保障机制

切实加强社团队伍建设、制度建设、经费投入、阵地建设和战略规划是搞好技工院校学生社团工作的重要保障。新时期对技工院校学生社团工作提出了严峻的挑战，艰巨性和复杂性越来越凸显，对保障机制也提出了更高的要求。

（一）要切实加强社团的干部队伍和社员队伍建设

加强社团的干部队伍建设，首先要重视社团干部的选拔、培养和使用工作，要按照"严进优出"的原则，要求基层社团干部必须有在社团最低工作时间限制，使其对于社团内部情况有全面准确的了解和认识，不至于出现工作的断层和脱节。要利用团校对新上岗的社团干部进行严格的上岗培训与岗上培训，持证上岗，严把"入口关"。要通过"定岗、定责、定人"来规范社团组织的机构设置、职能界定和人员配备，保证社团干部队伍的质量，为社团工作提供坚实的队伍基础。社团骨干是社团的组织者和管理者，社团骨干的素质如何是一个社团发展的关键。学校应将学生社团骨干作为学生干部重要组成部分纳入学校对学生干部的选拔、培养、考核和管理之中，要充分发挥学生骨干示范群体在社团建设中的积极作用，尤其是学生党员干部群体。学生党员干部是技工院校学生中的优秀分子，是全体同学学习的榜样，他们思想素质高、学习成绩好、综合能力强，在同学中能很好地起到积极的带动示范作用，充分发挥这部分优秀的学生骨干群体在学生社团工作中的作用，对于正确把握学生社团的发展方向，对于学生社团自身的思想建设、组织建设和作风建设及日常管理都有着重要的作用。学生社团管理部门可以选派优秀的学生党员干部参与到社团的管理和服务工作中，也可以选派到学生社团中担任社团负责人，进一步加强对社团的管理和引导，从而进一步引领学生社团的健康、可持续发展。其次，要大力加强社团成员教育培训工作，使其制度化、经常化。各级团组织应采取多种形式，建立以团校为中心的学生社团队伍培训班，各分团委要有计划地举办各种形式的培训，分期分批地使学生社团干部都有机会受到集中的培训。同时，要建立健全社团教育培训与素质测评制度，加大对社团普通成员的培训、培养力度，定期对社员进行培训，并根据《技工院校学生素质拓展证书》提出的要求，将社员与参加社团活动学生的素质拓展受益情况进行分类记录，并以此为着力点，建立吸引学生参加社团活动的动员机制、组织机制与考核机制。

（二）要进一步加强学生社团的制度建设，推进制度创新

"没有规矩不成方圆"，学生社团的建设也是如此。特别是在当前学生社团数量众多、类型丰富的情况下，更需要建立一整套科学完善的制度来规范、约束和服务于学生社团的建设，使学生社团建设步入制度化、规范化的良性发展轨道。社团的制度建设是一项系统工程，制度带有根本性、

稳定性和长期性的特点。加强制度建设，不仅要建立健全一套科学的管理制度，而且要狠抓制度的落实。过去，在长期的工作实践中，技工院校学生社团工作逐步形成了一些比较成功的制度，如日常管理制度、注册制度、活动申报制度、对外交流制度、年度评优制度等，但是这些制度还不够完善，还有许多"盲区"需要填补。新形势下必须遵循客观条件的发展变化，不断研究新情况、新问题，积极推进制度创新，进一步完善一套具有较强的可操作性，科学、系统、适应当前形势的规章制度。用制度说话，按制度办事，社团的各项工作才能得到切实保障。学校社团主管部门既要坚持处理好执行制度的原则性与灵活性，又要培养一批熟悉制度、执行制度、善于在实践中完善制度的学生干部。要通过学生社团组织的自我管理、自我教育、自我服务，达到依托制度规范管理、科学管理、全面管理的目的。

（三）要保证必要的经费投入，努力改善学生社团活动的物质条件

学生社团要想取得长足的发展和进步，解决经费问题是重要的，目前许多社团的经费严重不足，从根本上制约了社团的发展，因此学校要进一步加大对学生社团建设的投资力度，在每年的学生经费预算中要安排一部分专项经费在学生社团活动身上，并实行学生社团活动项目申报答辩制度，即学生社团可以根据学校每年的工作思路制订出有自己特色的活动策划书并参加学校统一组织的答辩，通过答辩就给予经费支持。学生社团也可以根据自身的特点和优势策划一些大型活动，如果通过了答辩，学校就给予经费支持。在加大学校对社团活动投资力度的同时，学校也要积极鼓励学生社团在学校统一规范管理的前提下走市场化运作的道路，寻求社会的支持，即积极鼓励学生社团走出校园，参与社会活动，为企业和他人服务，同时，又为社团争取了更多的活动经费，为社团发展提供必要的物质保证。

（四）要加强社团活动的阵地建设

任何一个学生社团开展活动都离不开场地，可以说，活动场地建设问

题是一个学生社团赖以生存和发展的重要物质条件。学校要努力创造条件，加大学生活动场馆设施、团报、团刊、团网等团属阵地的建设力度，积极为学生社团工作创造良好的环境。目前技工院校学生社团数量众多，为每个社团都提供专门使用的场地，如会议室、办公室、多媒体教室等，对绝大多数学校来说是不现实的，学校要制定出一套科学合理的长效机制，充分整合学校的场地资源，最大限度地利用这些校内场地资源为众多的学生社团服务。通过调查，很多技工院校存在这样一种情况：一方面学生社团急需场地，而另一方面是学校场地闲置，这就需要学校有关部门在充分调研的基础上制定出一整套《学生社团活动场地使用相关条例》，既满足学生社团活动的需要，又充分发挥了学校场地资源的作用。

（五）要制订社团发展规划，从战略角度指引社团发展

社团发展规划在社团保障机制中起指引作用，其制订尤为重要。这主要从两个层面来说：一是学校层面，要从学校整体发展的高度，认真分析研究全校学生社团的现状、问题、对策及今后发展方向，并按照长、中、短期进行宏观战略规划，制订切实可行的发展目标和任务，为学校学生社团的总体发展厘清思路、指明方向；二是社团层面，要结合本社团的实际情况，经过认真分析，找出优缺点，并在广泛征求社员意见的基础上，科学、合理、客观地制订出社团的近期目标和中长期目标，这个目标是相对微观和具体的，是能够实践操作的。只有将这两个层面的社团发展规划结合起来，才能真正对社团的长远发展起到保驾护航的作用。

三、社团服务机制

面对飞速发展的学生社团，面对日益多元化的社员，如何切实为社团服务，如何切实为广大社员服务，对技工院校社团管理部门和社团自身提出了更高的要求，也是技工院校学生社团管理机制创新的一个重要组成部分。

（一）转变观念，牢固树立"学生为本，服务至上"的工作理念

作为学生社团的直接服务机构——学生社团联合会，应牢固树立"学生为本，服务至上"的工作理念，不断增强服务意识，强化服务手段，拓宽服务渠道，提高服务质量，为社团创造宽松的发展空间。正如一位学生事务工作者认为，技工院校学生已是一个"成人"，他们自知自觉、热情主动，有对自己行为负责的意识，有多样化的自我需求。学生事务工作的作用是为学生"联络、协调、服务"，满足学生成长的需要。因此他们将自己的服务宗旨定位于"为学生提供周详的服务及设施，以帮助学生成长，发挥其潜能及提高其学习能力""照顾学生需要，根据学生的成长阶段提供专业服务"，时时处处为学生着想，为学生提供优质的专业服务。"学生为本，服务至上"的理念使他们对工作始终保持高度的敬业精神，对学生的各种需求采取积极的态度，并且延长服务时间，不仅仅局限在办公时间内。因此，如何变以前陈旧的"强迫式行政管理"为适应新形势发展的"主动式全面服务"，在思想上牢固树立"全心全意为学生社团和广大社员服务"的理念，是摆在各级学生社团管理部门面前的首要任务。

（二）加强引导，努力开创"健康有序、长久稳定"的社团发展新局面

技工院校学生社团之所以能够迅速发展，重要原因就在于它迎合和满足了技工院校学生渴望全面提高自身素质，尽快成长、成才的需要；同时，社团活动的健康发展，有利于丰富校园文化，营造浓厚的校园文化氛围。技工院校学生社团管理部门应充分认识学生社团在学生成长中的积极作用，对有利于学生成长的社团积极支持。在社团的注册成立审批、内部规章制度的制定、社团发展规划制订、活动的开展等方面要有必要的关心与指导。对于活动开展得好的社团，要给予必要的表扬与奖励；对有问题的社团要进行必要的整顿，为社团的发展创造良好的外部环境。应坚持宏观控制、微观搞活的管理原则，对学生社团的管理，首先是指导，而不是

行政上简单的领导。在社团的发展、重大活动的开展等方面要坚持原则，使其既具有校园文化特色，又能丰富繁荣校园文化；在具体的组织实施方面，又要放开学生的手脚，充分发挥他们的聪明才智，形成各具特色、勇于创新的社团工作新局面。

（三）立足青年，积极开展"形式多样、贴近实际"的社团服务活动

社团组织除了具有凝聚人、团结人的作用，还应该具有服务人的职能，竭诚服务技工院校学生是学生社团功能作用的集中体现，是社团生存和发展的根本基础。因此，创新服务机制，社团自身要不断加强服务职能，竭诚为技工院校学生的成长成才服务。技工院校学生社团组织应充分发挥组织优势，着眼于社员的成长与发展，主动了解社员的所想所需，结合技工院校学生自身的特点，积极开展宣传教育、兴趣培养、文体娱乐、心理辅导、困难帮助等活动，大力开发社员在特长、技能、责任心、服务等各方面的优秀人力资源，为社员拓展素质提供舞台和空间，服务社员的成长成才，服务学校的工作大局。首先，要不断深化宣传教育活动。加强对广大社员进行思想政治教育是社团组织的首要任务。技工院校学生社团组织要积极利用各种重大事件、先进典型等，通过举办论坛、讲座、研讨会、座谈会、在线交流等多种有效形式，对社员进行广泛而深入的世界观、人生观、价值观，以及形势政策、心理健康等方面的教育，为广大社员提供实实在在的教育服务。要充分利用社团的组织优势，积极争取教育的主动权，不断深化宣传教育活动。在做好团队教育的同时，注意做好重点对象的重点工作。在当前，尤其是要加强社员心理健康教育工作，加大心理健康教育的宣传、普及力度，努力实现心理健康教育的规范化、专业化、科学化，全面提高广大社员的心理健康意识和水平。其次，要大力开展切合社员技工院校学生成长成才需求的社团活动，这既是社团组织的光荣任务，也是技工院校学生自身成长的客观需要。一是要通过举办形式多样的社团活动，不断激发、培养广大学生的创新意识、创新精神和创造能

力，积极组织动员广大社员投身实践、大胆创新，促进不同专业、不同学科的学生相互交流，取长补短，相互促进。二是要通过举办社员喜闻乐见的社团活动，以活动为载体，丰富广大社员的校园文化生活，满足社员的精神文化需求，让社员在活动中增长见识、锻炼能力、张扬个性、拓展素质，从而达到服务学生成长成才的目的，反过来也有利于进一步增强社团组织的吸引力和凝聚力。三是要通过举办互帮互助的社团活动，主动了解社员的切身困难，积极为社员的学习、生活、就业、素质拓展等提供必要的信息咨询和帮助，特别是要为社团内的贫困生、后进生、问题生等学生中的弱势群体提供切实的帮助，维护他们的正当权益，解决他们的实际困难，更好地服务学生成长成才。

四、社团考核评价机制

建立科学的考核评价机制是技工院校学生社团工作机制创新中的一个重要环节。科学合理的考核评价机制具有导向性、示范性的作用，对于社团工作开展有明显的引导示范功效。

创新技工院校学生社团工作的考核评价机制，首先要建立一套科学合理的目标管理体系。在建立这个目标管理体系的过程中，一是要全面地分析各目标要素在整个社团工作中的地位和作用，合理地分配各目标要素的权重。二是要在注重目标管理体系完整性的同时突出评价指标的导向性作用。既要从全面提高素质着眼，防止片面性，又要从当前需要出发，突出重点。三是要强调评价指标的可操作性。对于那些过于原则化、抽象、笼统、在实践中难以操作的指标，应该果断地予以删除。尽可能地将评价指标具体化，并与评价对象的行为联系起来。

其次，应该建立一套动态的全过程的目标管理考核体系。不应该单纯地把社团发展规模、社团活动次数、社团规章制度等作为主要考核目标，而应该建立一套目标管理的工作体系，按照目标化的管理，对社团活动采取目标设立、过程控制、效果评估等一整套考核体系，尤其要突出社团工作的创新发展，建立一套动态的目标管理考核体系。随着学生社团数量的急剧增加，社团大量的活动日益社会化，迫切需要从目标管理的角度加强对社团工作与社团活动的考核。一是要建立工作动态报表制度。社团要从活动计划、活动准备、活动开展、活动总结等各个环节，定期向主管部门以报表的形式报告工作动态。主管部门根据社团报表，能够将目标管理与控制落实到社团活动的整个过程，特别是针对报表所反映出的社团日常工作或活动中存在的问题，切实解决社团的困难，有针对性地指导社团的发展。二是建立社团重大活动申报制度。对于社团组织跨校区、非常规、有社会力量参与的活动，必须在活动之前向主管部门提交活动报告，待主管部门审定后方可开展。同时，主管部门也要对提出申请的社团重大活动从经费、场地、教师指导等方面予以重点支持。工作报表制度与重大活动申报制度作为社团目标管理的主要制度，也是社团考核及参与各类评优评先活动的基本依据。

五、社团激励机制

建立科学合理的考核评价体系，仅仅是为构建评价机制打下了基础，评价机制的最终形成，关键在于确立一种动力效应，这种动力效应实际上就是一种激励。管理心理学认为，激励就是调动人们的积极性。激励机制就是运用物质和精神等手段，达到激发、调动人的积极性和创造性的目的的工作机制。

（一）创新激励机制，要把握正确的激励原则

首先，正确的激励原则就是要坚持围绕学校中心工作的原则。技工院校学生社团工作必须紧紧围绕学校的中心工作，按照学校的总体部署，协调一致，以营造健康、文明、和谐的校园文化氛围，培养高素质合格人才为最终目的，一切激励都应围绕这个目的进行，否则，就不可能真正从广大社团和技工院校学生利益的角度来调动相关人员的积极性。其次，坚持兼顾学校、社团和个人利益的原则，三者的利益在根本上是一致的，但在具体利益上有时会有一定的矛盾，当学校利益、社团利益和个人利益发生冲突的时候，绝不能只顾一头，应该同时兼顾三方的利益。最后，坚持满

足社团正当需要的原则。要激发社团的积极性，就必须满足它的需要。而社团的需要是多种多样的，对于那些正当的、合理的需要，学校应该尽可能地给予满足。只有坚持上述原则，才能真正起到调动社团和社员积极性的作用。

（二）创新激励机制，要使用合理的激励方法

激励的因素很多，激励的方法也很多。根据美国心理学家斯金纳（Skinner）的激励强化理论，可以把激励行为分为正激励与负激励，也就是我们通常所说的奖惩激励。在组织工作中，正激励与负激励都是必要而有效的。通过树立正面的榜样和反面的典型，形成一种良好的氛围，就会产生无形的正面行为规范，比枯燥的教条和规定更直观、更具体、更明确，能够使整个群体的行为导向更积极，更富有生气。一般可以从环境和个体两个方面来考虑。从环境因素上讲，要经常制造一些有益的冲突，来引起人们适度的心理紧张，从而产生驱动力，激励人们采取行动。比如，可以通过制订工作目标、公开布置任务、规定工作标准、鼓励良性竞争等方式来营造良好的激励环境。从个体因素上讲，要努力激发个体的主人翁意识，充分尊重其主人翁地位。如广开言路，鼓励广大社团干部和社员对自己所参加的社团活动及社团的其他事务多提改进意见和建议；对社团和社团干部取得的成绩及时给予肯定和表扬；主动关心社团干部和广大社员的学习、生活、工作等，切实为他们排忧解难；等等。只有因势利导、因人而异，合理使用激励方法，才能充分调动人们的积极性。

（三）创新激励机制，要建立完善的激励制度

激励机制是通过一套理性化的制度来反映激励主体与激励客体相互作用的方式。激励机制的内涵就是构成这套制度的几个方面的要素。对于技工院校学生社团工作来说，主要是完善落实目标管理、项目化运作和考核评优等制度，应重点从目标激励、物质激励、情感激励等方面着手，建立一整套行之有效的激励制度。对于目标激励，要实行项目化管理制度，对学生社团活动、发展提出明确的目标，既有长远目标又有阶段目标，这样

使得社团发展有了坚定的奋斗目标，有利于社团的长远发展。对于物质激励，要实行"两抓一促"制度，对优秀学生社团进行大张旗鼓的表彰奖励，对落后社团进行末位淘汰，通过"抓两头"来进一步引导促进中间社团向上的动机并控制其行为趋向好的一端发展。对于情感激励，要建立精神理想和归属教育制度，通过情感化的社团管理，将理想信念教育、集体荣誉教育等融入潜移默化的情感交流中，通过思想沟通、排忧解难、交往娱乐、批评帮助、民主协商等，充分体现出"人情味"，这样使得社员对社团的归属感不断增强，将真挚情感化作自愿接受领导的自觉行动。

（四）创新激励机制，要创新动态的激励模式

技工院校学生社团激励机制的创新方法不断增加，制度也在不断健全，可选择运用的手段也日益繁杂。如何更加有效地利用这些激励措施来适应不断发展变化的社团工作，是一个动态化的研究课题。在运用激励机制激发社团活力的过程中，应该注意以下几个模式的创新：一是由注重物质激励到注重精神激励。从马斯洛的需求层次理论可以看出，精神激励要远远高于物质激励，所起到的作用也是不尽相同的，因此应该更加注重对于高层次精神的激励；二是由注重组织激励到注重自我激励。组织激励和自我激励是一个被动和主动的关系，通过组织激励，最终目的是要能够形成自我激励，这才是激励机制的原动力；三是由事后激励到事前激励。一般来说，目前技工院校学生社团的激励机制大多是采取事后激励或者结果激励，只是凭着所取得的成绩和最终的成果来进行激励，往往不能做到激励的全过程化，使得激励的效果大打折扣。因此，创新激励机制，就要创新动态的激励模式，变被动为主动，通过组合式的激励措施来实现良好的激励效果。

六、社团育人机制

技工院校学生社团作为校园文化建设很重要的一个方面，不仅担负着繁荣校园文化、促进校园和谐发展的任务，还担任着育人的重要职责，因此如何创新社团的育人机制，在活动中坚持用科学的理论武装人、用正确

的舆论引导人、用崇高的精神塑造人、用优秀的活动鼓舞人,是摆在我们面前的一个重要课题。要创新社团育人机制,首先要弄明白社团育人的途径和方式。从调查分析中我们可以总结出社团育人的几种主要方式:活动育人、思想育人、组织育人。那么,该如何创新社团的育人机制呢?

(一)要以素质拓展计划为统揽不断创新社团活动内容

实施"技工院校学生素质拓展计划"的根本目标是围绕学校育人目标,配合教育教学主渠道,充分发挥第二课堂的作用,创造良好的育人环境,努力提高同学的全面素质,特别是思想道德素质。学生社团作为校园文化的主力军和素质拓展的排头兵,担当着素质拓展工作的重要任务。学生社团的活动覆盖了素质拓展计划项目活动的各个方面,承担了大量的项目任务,是技工院校学生素质拓展计划最有力的执行者和素质教育的有效载体。学生社团各项工作,归根结底还是为了培养和锻炼学生的综合素质。"技工院校学生素质拓展计划"的实施为学生社团工作提供了有利契机,技工院校学生社团应该以素质拓展计划为统揽,将社团的工作与活动纳入素质拓展计划的整体部署中去谋划、去推进。一方面,学生社团要进一步建立健全技工院校学生素质拓展训练体系,围绕技工院校学生素质拓展精心设计社团活动,并将其贯穿于技工院校学生素质拓展的整个过程。另一方面,要构建一整套项目开发体系。项目化发展是学生社团活动步入正轨的必然要求,也是现代社会的普遍原则。许多学生社团已经尝试开始了部分项目化的活动,获取了一定的成绩和经验。配合"技工院校学生素质拓展计划",全面推行学生社团活动项目化是学生社团发展的趋势。学生社团活动项目化改革,有利于学生社团走正规的道路,有利于学生社团与社会的接轨,有利于学生社团的发展更加有序和明确目标。这里需要强调的是,要制订一套项目开发的体系,使学生社团活动既能保留优秀的传统项目,又能开拓创新,开发新的项目,所开发的项目还需要考虑活动的规模、档次、学生参与度、影响范围、创新性、社员的受益程度等问题。活动开发是和所有的体系都有关系的,应该是一个学生社团核心的部分,也应成为每一个学生社团负责人最关心的事情。开展各种有意义的活动,锻炼学生社团干部的能力，全心全意为社员服务才是学生社团的生存之路。

(二) 要创新社团参与思想政治教育工作的模式

思想政治教育进社团是技工院校教育发展的要求，客观上也是适应技工院校学生学习、生活方式转变的需要。在社团活动中，技工院校学生思维活跃、情感表露真实，使学生社团活动成为技工院校了解学生思想状况的重要而真实的窗口，这有利于技工院校真实准确地把握学生的思想动态，调整自身工作思路，深入细致地做好思想政治教育工作，使思想政治教育工作更贴近学生实际，能更好地提高思想政治教育工作的针对性和实效性。技工院校学生的需求具有多层次性、多样性、多变性的特点，单靠学校的正式组织无法满足学生的这种成才需求，学校也不可能完全依靠自己的力量去满足学生的这种发展需要。学分制、公寓制等学生管理制度的逐步实行，为以社团为载体的学生活动创造了条件，也为思想政治教育进社团创造了契机。因此，如何紧贴时代主题和思想政治工作创新需要，创新社团参与思想政治教育工作的模式，也是社团工作创新的一个重要内容。创新社团参与思想政治教育工作的模式，首先必须以了解、把握技工院校学生心理特点、思想状况等为前提，不断创新方式方法，方能取得实效。技工院校学生社团应充分利用其自身的优势，准确把握当前技工院校学生思想、生活、学习的特点，积极主动地运用现代科技手段，使正确、积极、健康的思想文化占领网络阵地，通过有针对性、有参与性、有教育性而且在具体的操作中能本着贴近学生、贴近生活、贴近实际原则的社团活动，满足学生的多元化需要，促进学校的学风和校风建设及促进技工院校学生成才，并有力地化解冲突，保证学校的稳定，从而增强学生对学校的情感，增强学校的凝聚力。其次，在参与内容上要精心策划，注重过程。细节决定成败，活动从策划开始，就定位在高品位、精品化上，力争使每一个环节都比较完美，只有如此，才能被技工院校学生所深刻记忆和理解。此外，应更加注重整个活动的过程，把活动作为一项重要的教育手段，自始至终都结合技工院校学生的思想政治教育，做到润物无声、潜移默化。再次，在参与方式上要做到交叉互动，增强实效。思想教育是一种深化的情感体验，是一种较为强烈的心动感觉，是互动的双向结果，更是一种由外而内的或由内而外的情感表现。设计活动的目的是让广大学生从活动中普遍受到教育，因此能否取得实效，大家的参与很重要。在活动的每一个环节，都应尽可能增强互动性，让更多的技工院校学生主动接受并参与到教育工作中来，成为真正意义上的主体。最后，要把好的经验和模式不断总结出来，搭建平台，深化教育。活动的开展，正是为思想政治教育搭建了一个平台，让社团活动成为新形势下加强和改进技工院校学生思想政治教育工作的新模式。

（三）要通过加强社团团建来进一步优化社团育人功能

面对技工院校学生社团活动的空前繁荣，以及给思想政治教育带来的新机遇与挑战，加强学生社团团建工作具有重要的意义，是开辟学生思想政治教育工作新领域，提高技工院校学生思想政治教育工作针对性、实效性的内在要求和战略决策。强有力的思想政治教育工作是社团文化可持续发展的保证。新形势下，技工院校班级功能相对弱化，构建于班级的共青团组织面临着改革和调整，把迅猛发展的学生社团作为共青团依附和构建的对象，建立社团团支部是一种全新的尝试。社团团建重点应加强组织建设、工作机制建设和活动建设。

首先，应积极探索在学生社团中建立团组织的新模式，推进思想政治教育工作进社团。随着技工院校教育改革的不断深入，完全学分制已在技工院校中实行，这就使团支部（班集体）的概念随之淡化。面对新的情况，在团组织的建设上必须坚持"巩固传统阵地与开辟新的战场"双管齐下，"建立团组织与建立以团组织为核心的其他组织"双轨并行的方针。在社团中建立团组织即共青团组织建设的需要，也是开展团的思想政治教育的需要。社团团支部应发挥思想教育职能，积极配合学校思想政治工作，在活动中融入和渗透思想政治教育，提高成员政治素质。社团支部密切配合会长全面管理社团事务，参与社团重大活动策划、组织、实施的全过程。社团借助共青团组织影响、工作网络、人力资源、活动资金活跃社团文化，同时共青团组织将社团团支部纳入团的基层组织管理体系之后，也延伸了工作手臂，拓宽了工作领域，扩大了组织影响力。通过对兰州三所技工院校的调查分析可看出，在学生社团中建立活动团支部或者社团团支部是目前社团团建工作的一个突破和创新。在社团建立团支部在一定程度上克服了社团流动性大、社员流失严重的问题。社长及社团领导班子的职责偏重"经营社团"，团支书及社团团支部的职责则更多的在于"以人为本"，即通过组织生活、团日活动，凝聚社员，促进社员间情感交流。尤其是一些志愿服务活动，更应该由社团团支部发挥作用，从内心深处打动每一位社员，为社团活动的开展做好必要的前期思想准备工作。其次，在全面推进学生社团团建工作的同时，学生社团还可以探索大力培养学生，引导其向党组织靠拢。这项工作不会弱化、干扰原来培养工作的正常开展，而是对它的有力补充，是对理论学习的实践表现，是在思想上向党组织靠拢转化为现实的行动，是向党组织交出的一份答卷。在技工院校学科建设和改革的新形势下，随着完全学分制的实施，班级建制可能被打乱，院系管理可能比较模糊，传统的班级将很难全面考察一个人。学生党建工作很可能会转向进寝室，特别是进学生社团，及早入手，开拓技工院校学生党建工作的"第二战场"，让党组织在学生社团中建成坚固的堡垒，是学生党建工作的创新之路，也是未来学生党建工作发展的一个趋势。

以上对于社团管理机制进行了一个简单的阐述，基本上涵盖了目前我国技工院校学生社团管理机制的基本内容，尤其研究探讨了如何进一步激活各种机制、整合优化各种资源，如何理顺各种机制之间的关联，如何更加有效地运用这些机制来建立社团管理的长效机制。但目前我国学者对于技工院校社团管理机制的探讨还处于探索阶段，与美国等发达国家的技工院校学生社团工作相比还存在很大的差距，还需要不断地总结、改进和研究，这是一个长期的、动态的过程。

结束语

在深入分析与探究技工院校学生管理工作机制创新的多维面向后，不难发现，这一领域既是挑战重重的，又是充满无限可能的。面对新时代的诸多变化与挑战，技工院校学生管理工作机制的创新已经迫在眉睫。

在本书中，笔者尝试从教育理念、管理制度、技术手段及师资队伍等多个维度进行了详尽的分析与探讨。笔者认识到，教育理念的更新是推动学生管理工作机制创新的前提和基础，只有真正树立以学生为中心、全面发展的教育理念，才能为学生管理工作的创新提供正确的方向指引。同时，管理制度的完善与改革也是不可或缺的一环，只有建立科学、合理、人性化的管理制度，才能确保学生管理工作的顺利进行。

此外，技术手段的运用也为技工院校学生管理工作机制的创新提供了新的可能。通过引入先进的信息技术手段，技工院校可以更加高效、便捷地进行学生管理，提高管理效率和质量。而师资队伍的建设则是保障学生管理工作机制创新的关键，只有拥有一支高素质、专业化的师资队伍，才能确保学生管理工作的质量和水平。

然而，笔者也清醒地认识到，技工院校学生管理工作机制的创新是一项长期而艰巨的任务。它需要不断地探索和实践，不断地总结经验和教训，不断地进行改进和完善。同时，笔者也需要保持开放的心态，积极借鉴和学习其他领域的成功经验，为学生管理工作机制创新提供更多的启示和借鉴。

总之，技工院校学生管理工作机制的创新是一个复杂而重要的课题。只有通过多维度的分析与探究，才能找到适合技工院校特点的学生管理工作机制创新之路，为培养更多高素质的技术技能人才贡献力量。让我们携手共进，为技工院校学生管理工作的创新与发展而努力奋斗！

参考文献

［1］彭星．新时代学生干部培养管理机制的构建［J］．科教文汇，2024（9）：27-30.

［2］李心悦，高璐娜．学生管理与会展教育有效结合的实践探索［J］．中国会展（中国会议），2024（8）：74-76.

［3］王成．学生资助绩效管理的规范与优化［J］．教育财会研究，2024，35（2）：28-34.

［4］郭静静．数字化校园中学生管理效果及优化路径研究［J］．黑龙江科学，2024，15（7）：137-139.

［5］高佳杰．"一站式"学生社区综合管理模式路径思考［J］．新西藏（汉文版），2024（4）：49-50.

［6］葛璐琦．巧用班级日记，优化学生管理［J］．课堂内外（高中版），2024（11）：30-31.

［7］高伟．新媒体在学生教育管理中的应用实践［J］．中国报业，2024（6）：122-123.

［8］冯贺雷．网络新媒体在学生管理工作中的应用［J］．中国报业，2024（2）：236-237.

［9］谢金之．新媒体视角下学生安全教育管理工作研究［J］．佳木斯职业学院学报，2024，40（3）：142-144.

［10］张风娟，李继华．基于行为驱动的学生管理效果探讨［J］．黑龙江科学，2024，15（5）：143-145.

［11］冯懿，金逸帆．学生实习信息管理系统的设计与实现［J］．中国新通信，2024，26（5）：74-76.

［12］高振坡，吴少娟．释放学生自主思维 班级管理事半功倍［J］．天津教育，2024（7）：26-27．

［13］蔡汉贞．学生自主参与型班级管理要点探究［J］．成才之路，2024（6）：137-140．

［14］章莉．班级管理与学生心理健康的关系探讨［J］．山西青年，2024（4）：181-183．

［15］唐苏平．自主管理，让学生成为班级真正的"主人"［J］．中小学班主任，2024（3）：29-31．

［16］吴颖．新形势下学生管理工作探析［J］．品位·经典，2024（3）：107-109．

［17］魏亚南．学生资助档案规范化管理探究［J］．菏泽学院学报，2024，46（1）：139-142．

［18］花磊．新媒体环境下辅导员学生管理能力提升路径研究［J］．新闻研究导刊，2024，15（3）：209-211．

［19］王社民，袁英，申震．技工院校高级班学生自主管理的探索——以冀南技师学院为例［J］．中国培训，2024（2）：101-104．

［20］卜谦祥．"一站式"学生社区综合管理模式构建研究［J］．学校党建与思想教育，2024（3）：85-88．

［21］吴辰．论"互联网+"视角下的技工类院校学生管理创新［J］．山西青年，2022（22）：184-186．

［22］沈继章，卜宪存．以人为本管理理念在技工院校学生管理工作中的应用策略研究［J］．职业，2022（16）：60-63．

［23］陈晓杰．保民生 暖民心——全力做好技工院校学生资助管理［J］．中国培训，2022（8）：9．

［24］白庆华．技工院校德育工作中学生自我管理的反思探索［J］．新课程，2022（31）：228-229．

［25］张宗辉．人力资源社会保障部部署技工院校学生资助学生实习和安全管理工作［J］．中国培训，2022（6）：12．

［26］本刊编辑部，焦佳．进一步规范和加强学生资助管理工作［J］．天津教育，2022（1）：1.

［27］刘伟．大数据时代技工院校学生档案管理的挑战与对策分析［J］．兰台内外，2021（29）：37-39.

［28］孙璐．技工院校人力资源管理中的学生档案管理［J］．人才资源开发，2021（19）：61-63.

［29］杨丁弘扬．基于以人为本探究技工院校的学生管理工作［J］．好家长，2021（76）：81-82.

［30］尹呈荣．大数据时代技工院校学生档案管理探究［J］．黑龙江档案，2021（4）：30-31.

［31］咸晓燕．现代技工院校学生特点及应对措施研究［J］．现代职业教育，2021（5）：134-135.

［32］张晓丽．基于学生职业素养培养的技工院校班级管理探索［J］．时代汽车，2020（24）：43-44.

［33］李滔．关于加强和改进技工院校学生工作的思考［J］．中国培训，2020（11）：18-19.

［34］徐先恕，殷梦甜．"以学生为中心"的技工院校班级管理［J］．职业，2020（30）：56-57.

［35］黄浩兵，蒋召杰，王艳．技工院校学生跟岗实习管理研究与实践［J］．职业，2020（27）：82-83.

［36］沈朝辉．技工院校学生自治管理的基本思路［J］．职业，2020（22）：39-40.

［37］王红．学生管理问题初探［J］．职业，2020（17）：43-44.

［38］张晓丽．基于提升学生职业素养的班级管理策略［J］．劳动保障世界，2020（11）：42.

［39］韩冰，褚光晨．技工院校学生资助工作规范化管理的探索与实践［J］．中国培训，2020（2）：18-20.

［40］孟嘉宇．技工院校学生特点概述及应对措施分析［J］．现代交

际，2019（23）：142-143.

[41] 吴碧蓉．新时代技工院校班级管理工作杂谈 [J]．就业与保障，2019（23）：59-60.

[42] 马菲菲．技工院校心理健康教育探索分析 [J]．知识经济，2019（34）：162-163.

[43] 朱兆寅．技工院校班主任队伍建设的实践与思考 [J]．劳动保障世界，2019（32）：57.

[44] 鲁大超．技工院校行为偏差学生的管理教育研究 [J]．职业，2019（26）：29-30.

[45] 解大学．技工院校班级管理心得与有效管理措施 [J]．职业，2019（18）：65-66.

[46] 杨薇．技工院校管理学教学的实践与探索 [J]．现代职业教育，2019（14）：228-229.

[47] 沈桃．技工院校学生工作柔性管理的内涵与达成 [J]．科技视界，2018（32）：259-260.

[48] 马伏英．浅谈班主任在技工院校学生管理工作中的重要性 [J]．现代职业教育，2018（30）：250.